成果导向高职课程建设丛书

成果导向高职课程评价

金忠伟　等编著

中国教育出版传媒集团

高等教育出版社·北京

内容提要

本书是黑龙江职业学院"成果导向高职课程建设丛书"之一，主要展现了学院成果导向高职课程评价的实践成果和经验。全书共分为五章：第一章主要介绍成果导向教育的内涵及成果导向课程支持机制建设与配套制度开发；第二章介绍多元评价、学习结果测量等理论，分析标准参照评价与常模参照评价、信度与效度评价工具在高职成果导向课程评价中的应用；第三章分别列举项目课程、学习领域课程、CDIO 课程、模块式课程和顶点课程的内涵、设计实施要点及评价方式以及案例；第四章介绍课程教学目标的制订方法，分析课程教学目标的评价方式与评价工具的运用；第五章从建立持续改进与学习成果评价机制出发，介绍培养目标评价、核心能力评价的方式和方法。

本书适合作为高职院校教育教学改革和一线教师课程开发的参考书，也可为职业教育研究工作者提供参考。

图书在版编目（CIP）数据

成果导向高职课程评价 / 金忠伟等编著. -- 北京：高等教育出版社，2023.3

ISBN 978-7-04-059630-4

Ⅰ.①成… Ⅱ.①金… Ⅲ.①高等职业教育－课程评估－研究 Ⅳ.① G718.5

中国国家版本馆 CIP 数据核字（2023）第 015427 号

成果导向高职课程评价
Chengguo Daoxiang Gaozhi Kecheng Pingjia

策划编辑	周先海	责任编辑	胡乐心	封面设计	张 志	版式设计	李彩丽
责任绘图	李沛蓉	责任校对	窦丽娜	责任印制	朱 琦		

出版发行	高等教育出版社	网　　址	http://www.hep.edu.cn
社　　址	北京市西城区德外大街 4 号		http://www.hep.com.cn
邮政编码	100120	网上订购	http://www.hepmall.com.cn
印　　刷	涿州市京南印刷厂		http://www.hepmall.com
开　　本	787mm×1092mm　1/16		http://www.hepmall.cn
印　　张	17.5		
字　　数	290 千字	版　　次	2023 年 3 月第 1 版
购书热线	010-58581118	印　　次	2023 年 3 月第 1 次印刷
咨询电话	400-810-0598	定　　价	44.80 元

成果导向高职课程建设丛书

编委会名单

前　言

在学生座谈会上，有学生提问："老师，我将来能做什么？"这个看似简单的问题却令我感到不安。倘若现在是 21 世纪前十年，我尚可轻松回答这个问题。可是，现在的情况和那时截然不同。

20 世纪 80 年代，我国的高等职业教育从普通高等学校学科教育脱胎而来。以教师为中心、注重分科、强调思辨、忽视动手等学科教育特点不可避免地成了高等职业教育的先天缺陷。如果说，现实中的高等职业教育尚能应对 21 世纪前十年中国经济社会发展需要，那么在过去的 5 年里，随着制造加工、商品贸易、金融保险、医疗卫生、高新技术、信息产业等的快速增长，从"中国制造"向"优质制造"再向"智能制造"转型，劳动者的技术技能在生产资料的投入上从未像今天这样受到如此重视。高等职业教育作为经济社会生产服务一线劳动者的重要来源，再也无法回避自身的不足。发展理念相对落后、人才培养模式相对陈旧、国际化程度不高等问题迫使高等职业教育开始思考自身命运与中国经济社会共生共荣的和谐之道。

中国经济的转型升级，关键因素是人才。针对当下生产服务行业对劳动者素质的要求，我们可以用三个"前所未有"来形容：持续发展的知识社会要求劳动者必须具有终身学习的能力前所未有；持续增长的经济社会要求劳动者必须具备跨领域的适应变迁能力前所未有；持续一体化的国际社会要求劳动者必须具有良好的跨文化沟通与传播能力前所未有。这是改革开放以来中国社会取得重大进步的必然表现。与此对应的高等职业教育课程与人才培养模式的改革始终没有停止。

高职学生未来能做什么，我们无法回答这样一个原本就应该由职业教育工作者来回答的问题，困难在于两方面。一方面是我们不了解持续变化的行业岗位对劳动者能力的详细需求，高等职业教育系统与行业企业之间缺少一种通用语言，用以无歧义地描述双方达成共识的劳动者能力及其标准。另一方面是我们并不真正了解学生，高等职业教育系统缺少一种技术手段，用以科学测量学生个体能力发展水平的详尽指标。这些短板导致我们无法对学生的专业成长给予准确指导，更无法对学生的职业未来做出有价值的预测。在这种缺陷的影响下，所谓正确的职业教育导向都将成为依附在假设之上的想象，那些面向学生而开展的职业生涯规划都将成为缺乏根据的理性。

在市场发挥更加重要作用的未来社会，想要建设高职教育名校，黑龙江职业学院感到了课程与人才培养模式改革的必要性和迫切性。2014 年 6 月国务院发布的《关于加快发展现代职业教育的决定》指出，当前职业教育还不能完全适应经济社会发展的需要，结构不尽合理，质量有待提高，办学条件薄弱，体制机制不健全。加快发展现代职业教育是党中央、国务院做出的重大战略决策。《现代职业教育体系建设规划（2014—2020 年）》指出，建立现代职业教育体系，是促进现代职业教育服务方式、调结构、促改革、保就业、惠民生和工业化、信息化、城镇化、农业现代化同步发展的制度性安排，对打造中国经济升级版，创造更大人才红利，促进就业和改善民生，加强社会建设和文化建设，满足人民群众生产生活多样化的需求，实现中华民族伟大复兴的中国梦都具有重要意义。我国建立现代职业教育体系的总体部署已经展开，党和国家发展职业教育的决心更加坚定了黑龙江职业学院的改革信心，黑龙江职业学院做好了迎接机遇与挑战的准备。自 2014 年 7 月始，黑龙江职业学院启动"教学质量提升工程"。其中，最重要的举措就是引进成果导向教育理念，以学生为中心，以能力为本位，推动"一转、两建、三改"，将注意力主要集中于教育产品或成果上。

我们邀请我国台湾地区的教育专家李坤崇来学院做以"成果导向教育理念和课程开发实操"为主题的系列培训 5 场，派专业骨干教师团队赴我国台湾地区、美国进行专项学习 4 批次，组织开展院内专题研讨会 8 场，试点专业调研 4 次，示范公开课总时长 720 分钟。在此过程中，我们深入学习、研究了成果导向教育理念，及其发展、演变与应用的历史和教育影响。我们清楚认识到成果导向教育理念的相对优越性，并且科学论证了合理运用成果导向教育理念对现代职业教育优化结构、提升质量、健全体制机制等方面产生的进步作用。学院组建质量工程核心小组，以试点带动全局，扎实稳步推进各项改革工作。全院教师为成就此次改革而殚精竭虑、同舟共济，凝聚集体智慧，在新旧理念的碰撞中勇敢地剔除陈旧观念的糟粕，辩证地打破常规思考方式，不断超越定式束缚，在坚决尊重科学事实的基础上回归"以人为本"的教育本源，将教学重点落在学生毕业前的职业能力和毕业后的持续发展能力两个中心上，并在"成功教育"的方法框架中重构课程体系和人才培养模式。与此同时，我们也设计了与成果导向课程实施相配套的协同育人架构方案。

成果导向课程评价是此次改革各环节的重中之重，该环节直接影响人才培养质量的评价。成果导向课程评价主要包括课程教学目标评价、培养目标评价、核心能力评价等内容。以培养目标、核心能力、能力指标为时间轴，以校友、毕业生、在读生为对象，以学生学习成效、教师教学效能、课程设计与实施效果为维度，以数据沉淀、数据挖掘、数据呈现为手段，汇聚黑龙江职业学院成果导向教育课程改革的能力增值调研分析数据，为成果导向教育课程改革描绘出总体的、专业的、类型的效果图景，绘制出学生学习成果雷达图，寻找到影响成效的关键因素，总结出成果导向教育课程改革关键策略，提供优化学生能力结构描述证据，提出改善教师教学效能策略，修正课程设计与实施方略。

　　本书所介绍的原则、方法、案例以及总结皆出自黑龙江职业学院在高等职业教育具体实践中的勇敢探索。在未来的若干年中，这种探索既固化在黑龙江职业学院内涵建设中，也是黑龙江职业学院打造品牌、谋求发展的主要手段，更是黑龙江职业学院所肩负的职业教育责任的有力表达。

　　我国的职业教育起步较晚，但作为教育的一种重要类型，很快成为教育史上的重要力量。我们的改革固然难以完美，也许会遭遇质疑与批评的声音。我们将虚心考虑这些意见和建议，并努力改进做法。不管怎样，我们都希望这次改革能为我国职业教育事业增光添彩，为我国经济突围和升级注入活力。

　　本书是本套丛书的第五本，主要介绍学院有关成果导向高职课程评价的相关做法。其中，第一章介绍成果导向教育内涵与课程实施，由金忠伟撰写；第二章介绍课程评价理论，由胡云峰、韩双、欧阳慧英合作撰写；第三章介绍能力培养典型课程模式，由范海波、张皓、田浩鹏、孙洪梅、岳燕星合作撰写；第四章介绍课程教学目标评价，由杨书婕、陈京京合作撰写；第五章介绍培养目标及核心能力评价，由田文君、杨书婕撰写。

编　者

2022 年 10 月

目 录

第一章　成果导向教育

成果导向教育（Outcome-Based Education，OBE）由 Spady 于 1981 年在其发表的《成果导向教学管理：以社会学的视角》（*Outcome-Based Instructional Management: A Sociological Perspective*）一文中最先提出并使用。在其于 1994 年出版的《基于成果的教育：关键问题及答案》（*Outcome-Based Education: Critical Issues and Answers*）一书，对 OBE 给出了详细的理念支撑，他的观点对各国引进 OBE 具有相当大的影响力。

成果导向教育是对传统教育的实质性突破[①]。由于成果导向理念对于职业教育需求具有天然的适切性，高等职业教育必然会走向成果导向发展阶段。成果导向教育的本土化改造与推广，必将发展出特色鲜明、优势突出、成效卓越的职业教育新常态。

第一节　成果导向教育的内涵

一、成果导向教育的含义

（一）成果导向教育的基本内涵

成果导向教育是指教育系统中的一切都要集中围绕着所有学生在学习结束时必须能够做到的去组织。首先，要清楚明确学生能做什么是重要的；然后，组织课程（教学成效）、教学（活动）、评价，以确保所期望的学习成果最终能够发生。

成果导向教育"明确地意味着关注和组织教育系统中的每件事物，围绕着一个根本的目标让所有的学生在完成他们的学习经历后都能获得成功。这意味着首先要对教育结果有一个清楚的了解，然后据此组织课程、指导和评估以保证这一学习结果最终能发生"[②]。

成果导向教育的基本原理是"所有学习者均成功"，基本假设是所有学生都是有才干的，每个学生都是卓越的。其核心思想是学校的一切教育活动皆应围绕达成学生预期的学习成果而展开，对学生学习成果的明确预期不仅是教育教学活动的出发点，也是检验各项教育教学活动有效性的准绳。

"成果导向教育要求教师要清楚聚焦于学生在一段的学习经历后所达成的最终学习成果。教师的任务是帮助学生发展知识、技能和个性，使他们能够达成预期成果。成果导向教育对教师提出以下建议：首先，建立一个清晰明确的学生学习成果蓝图，以此作为课程设计、教学授

[①]　徐联恩, 林明吟. 成果导向教育的改革及其在美国实践的经验 [J]. 教育政策论坛, 2005(8).

[②]　Spady W G. Outcome-based education: critical issues and answers[M]. Arlington: American Association of School Administrators, 1994.

课、学习绩效评量的起点；其次，不论是教学设计还是评量设计，都应以学生能够成功地展现学习成果为前提；最后，教师应自始至终以伙伴关系介入学生的学习过程，目的是协助其达成各阶段成果，并共同分享喜悦。"[①]

（二）学生学习成果（SLOs）的含义

成果导向教育的成果（Outcome）是指学生学习成果（Student Learning Outcomes，SLOs）。成果导向教育和学生学习成果要解决的根本问题是培养什么人和怎样培养这样的人。其核心是从重视资源投入的教育转变为重视学生的"产出"，即学生学习成果。

成果导向教育的应用首先要解决学生学习成果的设计问题。学生学习成果描述的是学生在一段特定的学习经历后所表现出的清楚的预期学习结果[②]。其重点并不在于学生的课业分数，而在于学习历程结束后学生真正拥有的能力。关注的是毕业生"学到了什么"以及能实际"带走"的能力，特别是学生适应社会和未来的综合能力。实际应用中发现学生学习成果是一个看似简单而实际内涵丰富的概念。学生学习成果不是学校投入后办学条件和环境改善的结果（如教师数量增加、仪器设备增加），也不是学校不断工作产出的成绩（如毕业生人数、教学成果数），而是学生学习的成效。

学生学习成果具有如下六项特性：一是成果并非先前学习经验的累计或平均，而是学生完成所有学习经验后获得的能力；二是成果不只是记忆、理解和相信，更非仅是学习的短暂表现，而是学生内化到心灵深处的历程；三是成果不仅是所知、所了解的内容，还包括应用实际的技术技能、价值观和其他情感因素；四是成果越接近"学生真实学习经验"，越可能继续存在；五是成果应兼顾生活的重要内容或技能，并注重其生活实践性，不然会变成易忘的杂讯及片面知识；六是最终成果并未忽视学习历程的"经历"，学校应依据最显著的最终成果，秉持向下设计的原则设计课程，并分阶段评量学习成果。

"而真正影响学习成果评估成效的核心因素是在大学和学院内部对学习成果认识的一致性程度。随着信息技术、评估工具等新元素的加入，对学习成果认识的内部一致性越来越重要，因为这是确保学生获得系统、连贯、'脚手架'式的学习体验的重要前提。"[③]

①　王莉. 创新人才培养模式下成果导向课程的实践研究：以"自动控制技术"课程为例 [J]. 才智, 2016(24).

②　Spady W G. Outcome-based education: critical issues and answers[M]. Arlington: American Association of School Administrators, 1994.

③　王兴宇. 美国高校学生学习成果评估的价值转向 [J]. 高教发展与评估, 2019, 35(5).

二、成果导向教育金字塔

成果导向教育金字塔（The OBE Pyramid，见图 1-1）作为表达工具刻画了成果导向教育的内涵和要素。成果导向教育金字塔涵盖了成果导向教育的全部思想内涵，既是对成果导向教育的理性把握，也是推广成果导向教育改革的行动指南。

范例(Paradigm)

目的(Purposes)

前提(Premises)

原则(Principles)

实践(Practices)

图 1-1　成果导向教育金字塔

（一）一个范例

所谓范例，即指成果导向教育的思想方法，亦是成果导向课程设计所依循的价值取向。有别于传统教育所一向关注的"何时（When）"学习、"如何（How）"学习，成果导向教育认为更重要的是"什么"能促使成功学习、"是否"能成功学习。该范例用以指导成果导向教育金字塔其他各层的设计与实现，希望所有学生都是真实成功的学习者。

（二）两个关键目的

成果导向教育有两个实施目的。一是构建成果蓝图。构建一个清晰的学习成果蓝图，勾勒出必备的能力内容。这些内容是学生毕业时用以达到成功所需的知识、技能和素养，或称高峰成果（Culminating Outcomes）。例如，黑龙江职业学院计算机网络技术专业成果蓝图见表 1-1。二是营造成功情境与机会。构建让所有学生达成预期学习成果的适宜条件和机会，精心设计学习情境，全力创造有利条件，降低失败的风险，使成功学习的机会最大化。

表 1-1　黑龙江职业学院计算机网络技术专业成果蓝图

培养目标	核心能力	专业能力指标
1.培养具有有效沟通合作和独立思考能力的终身学习者	A 沟通合作（协作力）	AXc1 具备有效沟通、团队合作能力
		AXc2 具备跨界融合传统产业和尊重多元观点的能力
	B 学习创新（学习力）	BXc1 具备主动学习、信息处理的能力
		BXc2 具备独立思考、数据通信项目计划安排的能力

续表

培养目标	核心能力	专业能力指标
2.培养具有必备专业知识和较强实践能力的技术技能人才	C 数据通信专业技能（专业力）	CXc1 具备熟用数据通信技术知识，精熟数据通信技术的能力
		CXc2 具备较强运用数据通信专业技能、执行操作标准和流程、熟用工具的能力
	D 数据通信问题解决（执行力）	DXc1 具备发现、分析数据通信专业技术实际问题的能力
		DXc2 具备解决数据通信专业技术问题的能力
3.培养具有敬业精神和德智体美劳全面发展的负责任公民	E 职业素养（发展力）	EXc1 具备遵守规范、忠诚信息通信职业的能力
		EXc2 具备合理规划职业生涯和适应环境的能力
	F 责任关怀（责任力）	FXc1 具有关怀个人、社会的态度和行为
		FXc2 具备人文艺术素养、信息素养能力

（三）三个关键前提

成果导向教育的三个关键前提：一是所有学生均能学习并获得成功，但获得成功的时间和方式不同，虽然学生学习方式和学习所用时间不尽相同，但不会成为成功学习的障碍；二是成功是成功之母，即成功学习促进更成功的学习，成功的学习是建立在学生对前一阶段学习成果的充分认知基础之上的；三是学校掌控成功的条件，即学校的各项作为将直接影响学生成功学习，实施成果导向教育教学改革，要通过改变教学方式帮助和鼓励所有学生获得成功。

（四）四个执行原则

实施成果导向教育需要遵守四个原则，即清楚聚焦、扩大机会、高度期许、向下设计。

1. 清楚聚焦

清楚聚焦于重要的高峰学习成果。成果导向教育要求教师要清楚聚焦于学生在一段学习经历后所能达成的最终学习成果。教师的任务是帮助学生发展知识、技能和个性，使他们能够达成预期成果。

清楚聚焦是成果导向教育四项原则中最重要、最不可或缺，亦为最基本的内容（Spady，1994）。Spady 绘制了一系列两字短语的形象图，指出清楚聚焦如何引导教学设计与授课。为贯彻清楚聚焦原则，成果导向教育对教师提出以下建议：首先，建立一个清晰明确的学生学习成果蓝图；其次，教学设计与学生评量最优先原则，让学生成功地展现绩效成果；再次，对于所期望成果要有清楚蓝图，并作为课程、教学、评量设计与实行的起始点；最后，从第一天教师于课堂教学中开始分享、解释、示范并持续到最后。因此，成果导向教育的学习成果是可预期的，教师和学生像是伙伴般合作以达成学习目的。

清楚聚焦并不是要求所有教师必须拥有相同重点与运用相同方法。成果导向教育旨在让所有学生在未来均能成为成功的学习者，也并非意味着所有人需要在相同时间、采用相同方式学习。教师应该持续寻找较佳的教学设计与教学方式，协助学生运用不同学习方式、不同学习速度来达成相同的成果。

2. 扩大机会

努力为成功学习提供更多机会和支持。为确保所有学生均能成功，成果导向教育充分关注学生的个性差异，强调不必以同种方式在相同的时间为所有学生提供相同的学习机会，也不必要求所有学生在相同的时刻达到成功。

成果导向教育要求学校和教师应以弹性方式回应学生的差异性需要，为学生公平地提供可选择的学习资源，建立多元评量机制，使学生能以多种方式展示学习成果。Spady 指出，扩大机会的五大关键向度分别是时间（Time）、方法与形式（Methods and Modalities）、执行原则（Operational Principles）、绩效标准（Performance Standards）、课程的实施与构建（Curriculum Access and Structuring）。

时间是指学校的教学时间、学习时间、课程组合时间（学生在规定时间内选择特定的课程组合），这些与成果导向教育息息相关。成果导向教育强调，可通过扩展"学习机会的持续性、学习机会的频繁性、学习机会发生的精确时间"来提升学生的学习成效。学校或教师应掌握学习机会的精确时间，所以要不断重新定义与组织教学时间、学习时间和课程组合的模式。

方法与形式是指不同的学习方法与教学形式。加德纳（Gardner，1990）提出"七大智能"（Seven Intelligences）。成果导向教育重视多元智能理论，强调学生的多样性和差异性，教师与学生必须善用不同的教学形式与学习方法。

执行原则即同时执行清楚聚焦、高度期许、向下设计原则。教师秉持一致性、系统性、创造性，并同时应用清楚聚焦、高度期许、向下设计原则，扩大学生的成功学习机会。增进清楚聚焦可建立一个清楚的学习绩效目标；高度期许可刺激学生学习动机进而达到成功；向下设计则提供给学生清楚的追求目标与达到预期的学习目标。

绩效标准是让所有学生逐渐迈向成功的关键。对所有学生应明确定义所被赋予的高期待绩效标准，但不限制多少学生需要达到绩效标准，而是积极引导学生迈向成功，扩大学生成功学习的机会。

课程的实施与构建是指学校必须构建弹性、多元连贯的学习课程。学生学习的机会与使用重要课程、资源及如何构建这些课程的经验直接相关。若学校未提供重要的课程和计划，学生只使用固定的、单一的、片段时间的学习课程，学生的学习与未来成功将会受到限制。

3. 高度期许

成果导向教育期待并准许所有学生成功学习。高度期许并不意味着降低绩效标准，而是强调学校要采用高层次课程和高水平绩效标准。教师必须致力于提高标准的可接受度，创设良好学习情境，善用不同的教学形式，鼓励采取不同的学习方法，引导学生在挑战性的学习过程中获得较高成就。

高度期许比高标准的内涵更丰富。高度期许除强调高标准外，还强调增加达到标准的可能性。否则，一味提高标准只会降低学生的通过率，给成功学习带来障碍。Spady（1994）提出高度期许三大关键向度：一是提升学生可接受绩效标准，并执行清楚聚焦、扩大机会、向下设计原则，促使学生达到较以往更高的标准；二是排除成功配额，即舍弃钟形曲线或评定等级配额，鼓励学生迈向高峰标准；三是增加使用高层次课程，避免低层次课程造成学生停留在低标准的范畴。

4. 向下设计

从最终、高峰成果向下设计。成果导向教育要求教师最先定义学生学习的高峰成果。所有教学活动均由高峰成果向下设计，充分考虑所有迈向高峰成果的教学的适切性，以确保高峰成果的实现，如图 1-2 所示。

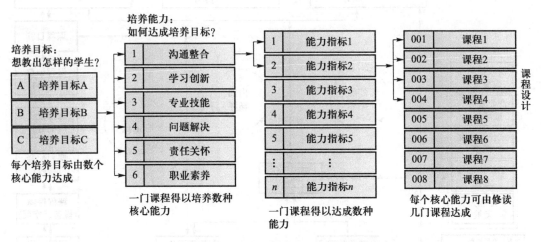

图 1-2　建立课程与成果蓝图之间的逻辑关系

向下设计有两点要求。一是从期望学生最终达成的高峰成果反推，得出基础成果（Enabling Outcomes）和零碎成果（Discrete Outcomes）。其中，基础成果是学生达成高峰成果的过程成就，是达成高峰成果的关键，也是学习绩效的基本；零碎成果是较为不重要的课程细节。在课程和教学设计上，必须遵守使难度自下而上逐级增强的原则，引导学生逐步达成高峰成果。二是不论是否情愿，教师都应尽力取代或删除不重要的零碎成果。教师必须始终聚焦于基础成果与高峰成果，排除或置换不必要的课程细节，有效协助学生成功学习并达成高峰成果。向下设计不仅是建立课程优先顺序与架构的实用方法，更是提供完整高峰成果架构的相关指南。但向下设计过程需要面对两种挑战：一是"技术"上必须确定基础成果确实存在于高峰成果之中；二是"情感"上教师愿意放弃所熟悉的、喜爱的但非必需的课程细节。

以上四个原则被当作学校教育系统的核心而被使用时才能将这一系统称为成果导向教育。Spady（1993）描述了一所学校充分开展成果导向教育的特征：① 具有达成共识的使命声明，承诺让所有学生成功，提供将承诺转化为行动的方法；② 明确颁布学生毕业前必须要达成的最终成果；③ 具有能实现最终成果的严谨教学计划、课程及教学单元的学生学习成果框架；④ 具有多种方式的教学策略支持系统，为学生提供多次证明自己成功达到要求的机会；⑤ 有明确的评估标准参照系统；⑥ 具有计划改善支持系统，包括员工问责、有效领导和员工合作等；⑦ 建有对所有学生有意义的成果数据库，以及反映学校使用情况和定期更新的关键指标，以此来改善促进学生和教职工获得成功的条件。

黑龙江职业学院成果导向课程开发与学习成效评量机制如图1-3所示。

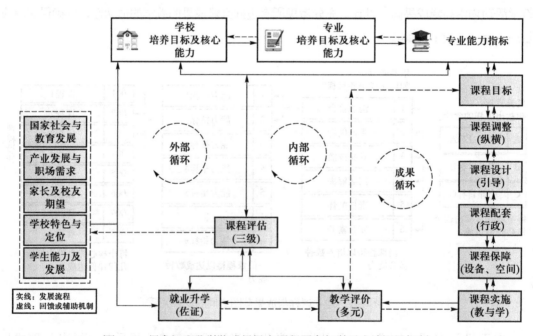

图1-3　黑龙江职业学院成果导向课程开发与学习成效评量机制

（五）五项通用领域的实践

成果导向教育五项通用领域：一是定义成果（Define Outcomes），成果既是全部教育活动的指向，也决定着学生的成功标准，因此必须清晰明确地定义成果；二是设计课程（Design Curriculum），成果导向教育强调整合课程架构、教学授课、测验和证书等内容，提倡与生活情境结合的跨科目领域及跨年级课程；三是实施教学（Deliver Instruction），成果导向教育的教学强调学生学到什么，做出什么，注重产出与能力，鼓励批判性思考、沟通、推理、评论、回馈和行动；四是结果凭证（Document Results），成果导向教育实施多元评量，评量结果由达成最高绩效成就的标准及内涵来反映，并不强调学生间的成果比较；五是决定进阶（Determine Advancement），成果导向教育认为所有师生均应拥有成功学习和教学的机会，学校应将达成高峰成果的历程分为若干阶段，分段设置成果次目标，让学生在过程之中逐步达向高峰成果。

第二节　成果导向高职课程实施

　　成果导向教育理念从提出至日趋成熟，一些国家和地区的教育组织与机构开发出了各具特色的成果导向教育课程发展模式。例如，美国工程与技术教育认证组织 ABET 的 EC2000 双循环模式、Roger 质量保证评估模式、国际高等商学院协会 AACSB 的确保学习成效流程模式、欧盟执行委员会赞助的 Tuning 计划的调整模式，以及我国台湾逢甲大学的双循环课程规划与管理机制模式、我国台湾"中原大学"的能力地图模式等。黑龙江职业学院借鉴现有成果导向课程发展模式，对成果导向"三循环"课程开发与学习成效评量模式进行完善和修订，提出"职场需要、连贯统整、能力检核、持续改进"的成果导向"三循环"课程发展与持续改进模式，如图 1-4 所示。

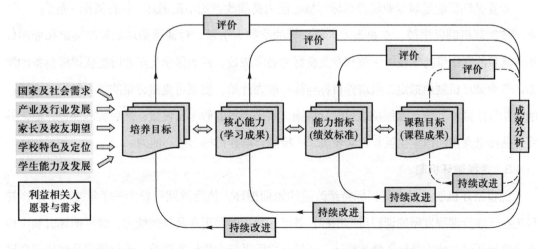

图 1-4　黑龙江职业学院持续改进"三循环"模式

一、成果导向课程支持机制

（一）"三循环"持续改进机制

"三循环"持续改进机制由短期回圈、中期回圈和长期回圈构成，每个回圈形成一个大的闭合循环，其中又隐含着大大小小的回圈，互相循环，彼此影响，环环相扣。三个循环的持续改进通过课程循环机制、专业循环机制、学校循环机制"三大机制"提供保障，"三循环"与"三机制"互相呼应，通过回圈不断循环进行，专业的培养目标与核心能力将更趋确实与完善。其用于解决学生应该学习什么、如何组织学生学习、学生应该怎样学习、如何评量学生学习、如何改善学生学习等一系列问题。

1. 学校循环机制

学校循环机制是对校级培养目标及核心能力持续改进的长期循环，执行周期一般为 3～6 年，其调整以学生首次就业以及未来 3～5 年在职场的发展为主要依据。其目的在于不断调整和改善学校的培养目标与核心能力，保障办学与人才培养质量。学校循环机制以学生及利益相关人需求为出发点，参考国家与社会需求、产业及行业发展、家长及校友期望、学校特色及定位、学生能力及发展等五个向度的外部与内部需求，以及课程评估结果来研究制定和不断完善学校培养目标与核心能力。课程评估的可靠性、有效性与结果直接影响培养目标与核心能力及学生就业升学表现，间接影响内外需求的五个向度，而学生就业升学表现、产业及行业发展需求两者直接相互影响，直接表现为职场要求。

2. 专业循环机制

专业循环机制是对专业培养目标与核心能力持续改进的中期循环，执行周期一般为 1～3 年。该循环机制以学校、专业人才培养目标的统整为引领，对课程循环机制起决定和导向作用。其目的在于维持学校、学院和专业良好的教学成效，并确保学生毕业时能获得应具备的能力。专业循环机制由拟定二级培养目标与核心能力开始，发展可直接评量的能力指标，之后以能力指标来调整、设计课程及规划配套措施，实施课程的教学及评量，然后实施课程评估，并将评估结果直接回馈学生就业升学表现，间接修订培养目标与核心能力。

3. 课程循环机制

课程循环机制是对课程目标持续改进的短期循环，执行周期一般为一学年或一学期。其目的在于维持课程发展的课程目标指标，并确保学生展现应具备的能力。课程循环机制由拟定可直接评量的能力指标（绩效标准）开始，之后以能力指标来调整、设计课程及规划配套措施，实施课程的教学及评量，并将教学或活动评量结果回馈能力指标、微调评量指标，以再次进入短期循环。由于第一次执行课程循环机制需要较多沟通协调，因此执行周期可能超过一学年。

（二）"三循环"模式内涵

1. 三级培养目标、核心能力及能力指标建置

培养目标是对毕业生在毕业后 3～5 年内能够达到的职业和专业成就的总体描述[①]。核心能力衍生自培养目标，是学生毕业时的学习成果，是学生未来获得成功所必备知识、技能和素养的整体行动能力。能力指标是对核心能力逐条分解、细化，形成若干更为具体、更易落实、更具可测性的指标，是考量核心能力实现程度的绩效标准。

三级培养目标与核心能力可遵循循序历程或同步历程进行建置。循序历程建置较理想，但比较耗时；同步历程建置可缩短建置时间，但需要相关人员保持持续多元沟通以确保纵向连贯性。培养目标与核心能力的建置都应遵循学生中心、简洁聚焦、高度期许、赋予时代特色、纵向三级连贯、横向合作协调、发展能力指标等原则。能力指标建置还应强化具体可评的重要原则。三级培养目标、核心能力及能力指标的建置路径都应遵循专题培训、形塑理念、定义需求、调查研究、民主研议、会议研决、专家审定等一系列严谨的程序和步骤，并进行科学的论证分析。同时，在建置过程中，一方面，针对"要求学生学习什么"，能与业界的用户一起，用长远需要的育才眼光进行设计与改进；另一方面，应针对"学生学到什么"，有一个全局性的考查与检验。

2. 课程（活动）调整

确立三级培养目标、核心能力及能力指标之后，二级学院和相关处室、专业要为达成核心能力与能力指标进行课程调整，并建立起课程与三级培养目标、核心能力及能力指标的关联。这是以成果导向教育理念引领课程改革最艰巨的阶段。用一种全新教育理念对全校课程体系与课程结构进行革新，依据核心能力与能力指标，按照"职场需要、纵向贯通、横向整合、精简学分"的要求统整专业课程、素质通识课程和非正式课程，势必要打破现行课程体系，增加和删减课程，这个过程必然会遭遇阻力。为此，课程改革的领导与组织者要以智慧、耐心和诚恳与教师沟通协调，确保课程调整达到预期目标。成果导向课程调整应遵循四项原则：一是向下设计，从三级核心能力及能力指标向下设计；二是微调重组，以最小变动获得最大收益为原则，先微调再重组；三是强化能力与课程关联；四是强化能力与活动关联。同时，为使所构建

---

① 中国工程教育专业认证协会.中国工程教育专业认证协会工程教育认证标准 (2015 版) [Z]. 2015 年 3 月修订.

的课程体系科学合理，要特别注意处理好如下几个关系：一是正确处理各类课程的横向和纵向关系；二是正确处理课内与课外的关系，将教学内容在时间和空间上从课内向课外延伸，让学生真正成为学习的主人；三是正确处理显性课程与隐性课程的关系[①]。

3. **课程（活动）设计**

课程设计取决于两种不同层次的课程编制的决策。广义的层次包括基本的价值选择，具体的层次包括技术上的安排和课程要素的实施。一般来说，课程设计包括课程目标、课程内容、教学组织、教学评价等要素。

成果导向课程设计将以往课程与教学设计聚焦于科目的层次，转向着重组织培养目标及学科之间的相互关系，甚至延伸至学科全体课程的层次。课程设计过程也是课程设计模式选择过程。没有一种课程模式是完全适合或完美的，但能确认组织这些模式是可以协助课程设计者强化并厘清课程设计所运用的方式，因此应依据课程目标及内容性质采用不同的课程设计模式。

就高职教育而言，教师进行成果导向课程设计时，应就如何将成果导向教育理念与现有的学习领域课程模式、CDIO 课程模式、CBE 课程模式、MES 课程模式、三明治课程模式、教学工场课程模式等有机结合，既使职业教育课程改革的成果得以固化，又进一步深化课程改革，这也是成果导向教育理念的魅力所在。在课程调整和设计后，应着重"导引"功能，绘制课程地图，向学生展现清晰易懂的学习路径。课程地图可呈现课程内容与学习成果的联系、检核课程规划的脉络与缺失等。

4. **课程（活动）配套**

实施课程要有严谨、完善的配套措施，而配套措施有赖于强有力的行政运作与支持。例如，课程开发审核机制、课程发展的组织运作制度、新课程模式实施办法、教师开课与审核办法、教材选编的规定、教师开课的操作平台与系统、学生选课办法、学生选课的操作平台与系统、学生学习成效评价的规定、教师教学质量评估办法、学生守护机制、教师职业生涯发展机制、课程实施保障条件与经费等，都要立足于培养目标与核心能力，根据课程实施需要，结合学校实际，建立健全配套措施，明确实施机构，方可确保课程顺利、有效实施。

5. **课程（活动）实施**

课程实施是落实培养目标与核心能力的具体行动。通过教师教学、学生学习及校园活动、教务运行引导学生形成预期的核心能力。在教师教学方面，教师依据各级各类培养目标与核心

12

---

① 李志义. 成果导向的教学设计 [J]. 中国大学教学, 2015(3).

能力实施教学，给予学生更多的机会学习、展现其学习内容，给予更弹性的方式满足学生的个性需求；在学生学习方面，提供课程地图，呈现多元学习、清晰明确的学习路径，并为学生营造弹性、多元、自主、负责的学习情境；在校园活动方面，进一步整合深化校园活动，引导学生积极参与（开发非正式课程）；在教务运行方面，开发学程化、学分制的开课选课系统，增加运行系统的预警、补救、强化等引导功能，提升课程行政效能。

课程实施的中心在于教与学。教师应熟悉各种教学方法的原理和原则，根据教学目标需要选取合宜的教学方法。应采取以学生为中心的教学取向，采用行动导向的教学方法，如项目教学法、角色扮演法、情境教学法、实验教学法、模拟教学法、案例教学法等，引导学生自主学习、合作学习、实作学习、体验学习、问题导向学习等。

6. 多元学习评价

课程实施后的评价是检核学生学习成效的主要途径。学习评价应紧扣三级核心能力与能力指标，依据课程目标，采取多元化的评价方式。除了传统单一化的笔试，还可以采用实作评价（表演、实作、作业、鉴赏、实践等）、档案评价（资料搜集整理、书面报告）、口语评价（口试、口头报告、会谈）等评量方式。

学习评价结果的呈现由以数字、文字为主的方式向更加人性化、更能体现学生变化与成长的方式转变。例如，根据学生每门课程评价结果绘制雷达图，可呈现学生当前达成的能力成果，将学生课程学习成效评价与核心能力直观形象地呈现出来。

7. 三级课程评估

课程评估是为了建设与改善课程，协助学校在课程发展过程中搜集信息、发现问题、研制策略、改进课程的重要机制。一般课程评估具有五个主要目的：一是再次确认课程需要努力改进的部分；二是评量已经进行改进的成效；三是展现目前课程的成效；四是符合定期课程评价的要求；五是满足专业的国际或行业标准认证。

成果导向的三级课程评估不仅用于持续提升课程与教学质量的依据，也用于检核培养目标、核心能力及能力指标。课程评估应由行业企业代表、家长代表、学生代表等多元主体参与，采取问卷调查、访谈、座谈等多元化方式，并兼顾形成性与总结性评价。学校应设立三级课程委员会行使校内课程评估职责，建立内审与外审机制，以学生实际的就业升学表现及其与三级核心能力的差距来检视课程。评估内容包括学校三级培养目标与核心能力的发展历程与内涵、课程调整、课程地图、课程实施、教学评量和能力指标雷达图、学生就业升学、整体课程发展需求与方向、课程发展过程以及行政配套等，并针对以上内容提出具体的改善策略与建议。

13

8. 就业升学

就业升学是检核三级课程评估、课程评价的直接佐证，是学生达成培养目标或核心能力的间接佐证。就业同时也是检核高职院校办学是否服务地方经济产业与企业需求的直接佐证。我国台湾高等教育评鉴中心将毕业生升学就业表现纳入大学系所评鉴的主要项目，其参考效标有五项：一是毕业生专业能力符合专业培养目标的程度如何；二是毕业生在升学与就业上的表现如何；三是毕业生对学校所学与自我工作表现和市场竞争力的关联满意度如何；四是专业收集并参考毕业生与相关机构及人员（如雇主、社区、家长等）的意见、作为专业持续品质改善的做法如何；五是专业建立联系管道、追踪毕业生生涯发展的情形如何。

高职院校的二级学院、专业可开展社会与企业调研，在访谈行业企业代表、毕业校友与相关人员之后，绘制各类职业的职业生涯雷达图，学生可依据其学习历程的能力雷达图与就职目标的职业生涯雷达图作对比，调整学修课程与活动；教师可针对能力雷达图与职业生涯雷达图的差距，诊断出学生缺乏哪种能力，据此参照各门课程的能力与权重，给学生推荐优先学修的课程与活动。

（三）成果导向教育理念的单元教学设计原则

单元教学设计应遵循以下九项原则。

1. 逆（逆向性、反向性）

逆是指单元教学设计要体现逆向性、反向性。所谓的"逆向"并不是指其逻辑逆向，而是指与传统教学设计过程中的习惯性操作相比较是逆向的。在习惯性的教学设计过程中，我们总是按照活动设计、安排结束之后，再制定相应的评价方式、标准，甚至在某些情况下，教学设计过程中教师并未明确指出评价标准。然而，逆向设计强调在教学设计过程中首先要明确评价标准和评价方式，然后依据评价标准和评价方式进行教学活动设计、安排。逆向设计可以被看作有目的的任务分析或有计划的指导，即先期确定的评价标准和评价方式是评价实施和教学设计的参照。

逆向设计过程分为三步。一是明确预期的学习结果，指学习者在教学结束时应该掌握的知识与技能，并强调围绕知识与技能进行重点教学。二是确定能证明学生达到预期学习结果的证据，指教师通过设计多种评价方式测试、考查学生是否达到标准，以判断学生是否已经掌握预期的学习结果。三是安排相关的教学活动。在确定持久性理解的教学内容和相应的评价方式、标准后，考虑如何合理安排教学活动，使学生掌握知识与技能。确定持久性理解的教学内容可以帮助教师在教学活动过程中把主要精力放在最重要的内容上；确定的评价方式可以使教师更加清醒地知道在教学活动中如何运用评价方式布置实践性、操作性任务；明确的评价标准可以使教师在教学中快速、准确地了解学生的学习效果，以便及时调整教学方法、教学策略。

2. 活（生活性、活泼性）

活是指单元教学设计要体现生活性和活泼性。设计单元教学目标、引导问题等要坚持所学知识与真实世界的相关性，要紧密地与学生的生活联系起来，探索"基于生活的问题导学"策略。所谓"生活"是广义上的概念，指学生所有的生活活动和经历的总和；"问题"是学生在学习过程中所产生的认知上的困惑与疑问[①]。基于生活的问题导学策略，就是以学生的生活活动和经历为基础，以问题作为驱动教学过程的核心要素，教师依照课程大纲和教学内容，通过创设生产情境，引导学生积极发现问题并探寻其解决的途径和方法，使学生学会学习，形成正确价值观的一系列思考、计划与方案。实施基于生活的问题导学策略，需要教师根据教学目标和学生的生活实际，创新一系列问题，形成螺旋上升的问题链，通过分层推进，逐层解答，最终达到解决问题的教学目的。问题与问题之间要有程序性和派发性，能展现和揭示学习过程与思想方法，使这些问题成为学生学习的线索、学习的动力。学生在不断提出问题和解决问题过程中，借助教师的启发和引导，自主获取知识、掌握方法、发展能力。

课堂教学中对每一个问题从构想设置到最终解决，一般要经历三个环节：一是创设生活情境，呈现问题；二是进行活动设计，探究问题；三是开展交流互动，解决问题。通过教师的分析与引导，进行问题迁移，情境再现，呈现下一个问题，这样就可以逐步向既定的教学目标靠近。同时，问题采取活泼生动、走入生活的策略，从生活和时事中取材，提升学生的学习兴趣；教学方法和评价跳出讲述、背诵的思维模式和考量标准，转向角色扮演、案例设计等方式。

3. 架（架构性、支撑性）

架是指单元教学设计中知识内涵架构的完整性和建立学生能力的完整支架。单元教学设计并非不重视知识，而是要把知识与技能结合，在设计时知识内涵架构要完整，要有可理解性和可迁移性，能够转移类化。同时，在单元教学设计中要帮助学生搭建知识支架，帮助学生建立学习起点，使学生能把旧有知识、经验和新的知识组成完整的顺畅连接体系。

"支架式教学"（Scaffolding Instruction）应当为学生构建对知识的理解提供一种概念框架（Conceptual Framework）。这种框架中的概念是为发展学生对问题的进一步理解所需要的，因此，事先要把复杂的学习任务加以分解，以便于把学生的理解逐步引向深入。

---

① 赵明仁, 李保臻. 论问题导向的教学设计 [J]. 教育理论与实践, 2013(23).

构建主义者从维果斯基"最邻近发展区"的理论出发，借用建筑行业中使用的"脚手架"（Scaffolding）作为概念框架的形象化比喻，也就是说，该框架应按照学生智力的"最邻近发展区"来建立，因而可通过这种"脚手架"的支撑作用，不停地把学生的智力从一个水平提升到另一个新的更高水平，真正做到使教学走在发展的前面[①]。

"最近发展区"理论将认知的发展分成实际的发展层次和潜在的发展层次，在这两个层次之间的差距，就是"最近发展区"（Zone of Proximal Development，ZPD）。支架的功能是帮助处于实际发展层次的学生，跨越最近发展区，达到潜在的发展层次。教师于教学活动中，应以学生原有的先备知识较有潜质方面（最近发展区）为基础，设计相关学习情境，让学生能在互动情境中构建知识及能力，发展其潜能。支架在建筑过程中起到临时性、过渡性作用。教师在教学中也是起到这个作用，把学习责任一点一点转移到学生身上。鼓励、讲解、提示、回馈、演示、点拨、指导等都是支架。

支架式教学由以下几个环节组成。一是搭"脚手架"。教师要围绕当前学习主题，根据学生已有的知识经验，创造性地利用教材，对教材进行新的编排和组织，同时遵循"最近发展区"理论，建立概念框架。概念框架是实现支架式教学的基础，同时它也是帮助学生智力向上发展的"脚手架"。二是进入情境。将学生引入一定的问题情境（概念框架中的某个节点）。一切知识都是在一定的情境中产生的，最终又回到情境中去运用。情境作为构建主义学习环境的一个重要组成部分，是学生构建知识的一个不可缺少的资源和运用经验、运用知识的不可替代的场景。创设的情境应具有针对性、趣味性或创造性，使教学更加生动形象，以特定的氛围激起学生热烈的情绪，使学生有身临其境的感觉，在优化的情境中，促使学生主动参与。三是独立探索。让学生独立探索，能够提高学生的自主学习能力。探索内容包括确定与给定概念有关的各种属性，并将各种属性按其重要性大小顺序排列。探索开始时要先由教师启发引导，激发学生的学习兴趣，使学生主动参与，只有在思维过程中获得的知识，而不是偶然得到的知识，才具有逻辑的使用价值[②]。探索过程中教师要适时提示，最后争取做到无须教师引导，学生自己能在概念框架中继续攀升。四是协作学习。进行小组协商、讨论，协作应贯穿于学习过程的始终。在协作学习小组中，具有不同智慧、知识结构、认识风格、思维方式的成员之间可以相互启发和补充，实现思维和智慧上的碰撞，从而产生新的认识，共同完成学习任务[③]。讨论的结果有可能使原来确定的、与当前所学概念有关的属性增加或减少，各种属性的排列次序也可能

① 何克抗. 建构主义——革新传统教育的理论基础 [J]. 教育技术学报, 2008(7).

② 杜威. 我们怎样思维·经验与教育 [M]. 姜文闵, 译. 北京: 人民教育出版社, 2005.

③ 程胜. 学习中的创造 [M]. 北京: 教育科学出版社, 2008.

有所调整，并使原来多种意见相互矛盾且态度纷呈的复杂局面逐渐变得明朗一致。在共享集体思维成果的基础上达到对当前所学概念比较全面、正确的理解，即最终完成对所学知识的意义构建。五是效果评量。对学习效果的评量包括学生个人的自我评量和学习小组对个人的学习评量。在自主构建过程中和结束后，学生需要对自主构建的总体情况进行反思和自我评量，主要是反思自己自主的程度、构建意义的情况以及对小组协作学习所做出的贡献，并结合实际内容参照其他同学的自主构建情况进行自我评量，为下一步的学习提供反馈信息，提高进一步学习的效率[①]。

在实际教学中，支架支持程度应随发展阶段调整逐步递减。实际教学活动中，教师必须依据课程大纲和教材内容以及学生特性，提供学生在学习过程中所需的支架，并且该支架的支持程度会随着学生在实际学习的情况不断调整修正。教学支架是适当、适时、适量的支撑与帮助。教学初期，支架以知识为第一位，但在教学后期，支架转为方法占主体，并给予适量的支持。

4. 组（分组性、合作性）

组是指单元教学设计中，要以分组合作学习形式为基准，强化小组的讨论、实操及成果，并强调在过程中的收获。分组时要考虑组内成员的个体差异，可以按兴趣专长、学习能力、学习态度、学习动机、学习成果、技能表现、行为表现、人际关系处理能力等多维度进行分组，这样能实现小组的互动，帮助学生在小组内和小组间建立不同类型的互动模式和交流模式，让学生互相学习，产生"脑力激荡"。同时，设计科学的小组合作，让学生通过设计队名、制订共同学习目标、成绩共享、角色分配、资源共享、任务合作等活动，培养学生相互帮助，协同合作的能力，使学生善于倾听，乐于接纳、懂得尊重。

"合作学习"（Cooperative Learning）是一种教学形态，是指两位以上的学习者，通过彼此的互动互助及责任分担，完成共同的学习任务，或达成共同的学习目标。这种教学方式重视学习者的参与，及以学习者为中心的教学设计，提供学生主动思考、共同讨论分享或进行小组练习的机会，使教学不再局限于教师的直接教导。在学习的过程中，每位学习者不但要对自己的学习负责，也要帮助同组的成员学习。

教师要做好合作学习的整体设计工作。

一是确定合作学习形式。教师在合作学习开展前要有整体考虑，根据课程特点、学生的特点，考虑采取什么样的合作学习形式最有效。如小组合作学习形式可分为组内交流和组外交流

---

① 裴娣娜, 李长吉. 教学论思辨 [M]. 北京: 教育科学出版社, 2009.

两类。组内交流形式主要有中心发言式、茶馆发言式、两两相对式、接力发言式等。组外交流形式有集中式、分进合作式、组际合作式等。

二是设计合作学习的目标。合作学习的形式和应用水平确定之后，教师要在分析课程内容的基础上确定合作学习的目标。学习目标在合作学习中具有重要的作用，它贯穿于合作学习的全过程，是引导教师设计和开展合作学习的出发点，也是学生合作学习的最终归宿。课堂教学中合作学习低效或者无效的一些原因与教师缺乏明确的目标有关。因此，教师在实施合作学习之前，要对合作学习目标有清晰的理解。合作学习的目标主要是根据学生、教学内容来确定，并且目标的表述要清晰。

三是选取合作学习的内容。合作学习主要是围绕一定的任务来展开的，其目的在于使每一个学生尽可能地参与到学习活动中来，因此要选取合作学习的内容。合作学习的内容一般是讨论或者探究的问题，要具有一定的趣味性、可合作性、深度、可评估性等特点。教师要根据不同的教学内容设计合作学习的问题，问题要具有开放性和挑战性，应有一定难度，这样有利于促进学生合作、培养学生的问题意识，有利于激发学生的主动性与小组学习活动的激情以及发挥学习共同体的创造性。合作学习问题的设计要难易适度，问题过于简单，往往会浪费学生的时间；问题太难，又会使学生产生畏惧情绪，不利于学生积极性的调动。

四是设计合作学习的过程。合作学习过程的设计，要考虑合作学习过程的整体，包括教师讲解的内容和时间、合作学习小组讨论时间、小组如何开展活动等因素。这样，教师就能从整体上把握合作学习的进程，根据合作学习活动的需要灵活调整，为合作学习有效性奠定基础。

五是建立一套有序的合作规则。每个小组成员必须进行合理分工，明确职责。小组内应设小组长、记录员、汇报员各一名。小组长应由具备较强的组织能力和合作意识的学生担任。小组长的主要职责是对本组成员进行分工，组织全组人员有序地开展讨论交流、动手操作、探究活动。记录员的职责是将小组合作学习过程中的重要内容记录下来。汇报员的职责是将本组合作学习的情况进行归纳总结后在全班进行交流汇报。教师应根据不同活动的需要设立不同的角色，并要求小组成员既要积极承担个人责任，又要相互支持、密切配合，发挥团队精神，有效地完成小组学习任务。不同合作学习形式具有不同的组织特点，见表1-2。

5. 合（整合性、融合性）

合是指开发单元教学设计时以真实生活为核心，整合不同学科、不同领域的知识，融入生活、生产和工作中的要素。在整合知识内涵时可以利用图标、图表等多种形式，避免杂乱；举例时，要融入生活实例，避免空洞枯燥。

表1-2　四种合作学习形式不同组织特点的异同比较

学生团队—成就分配（STAD）	团队—竞赛—友谊赛（TGT）	第二类交错搭配	团队辅助的个体化（TAI）
（1）教师呈现演讲或讨论的材料； （2）团队完成练习本上的问题； （3）教师对所学材料进行测验； （4）教师判断小组平均和个人进步分	（1）教师呈现演讲或讨论材料； （2）团队完成练习本上的问题； （3）组和组间进行知识点的竞赛； （4）教师对各小组进行打分，评出最佳小组和最佳个人	（1）学生阅读课文的部分内容，承担独立的问题； （2）在组内承担相同任务的同学在"专业组"中相会； （3）学生对每个讨论的问题进行测验； （4）个人测验得分被用于计算团队得分和个人提高得分	（1）由班长对学生进行诊断性测验或练习，从而决定学习材料的水平； （2）学生以自己的步骤学习； （3）团队的同伴对照课文检查答案； （4）班长对团队测验得分进行统计，计算团队得分

　　4C/ID 模型（Four-component Instructional Design Model）也称四要素教学设计模式，是整体性教学设计的代表模型，在国际教学设计领域具有重要的影响。传统的教学设计一般把复杂的任务分解为简单的成分，沿着自下而上、由局部到整体的顺序进行学习安排，这一逻辑背后隐含着"整体等于部分之和"的假设，即随着循序渐进的简单学习累加，复杂学习的结果必然产生[①]。但整体性教学设计认为，复杂技能的学习并不是孤立地学习各个不同技能的累加，而是将知识、技能、素养综合为一个整体，协调运用各种复杂认知技能来完成面向工作实际的学习任务。复杂学习的"整体大于部分之和"，多出来的部分即协调和综合这些"部分"的能力[②]。4C/ID 模型的根本特征是面向复杂学习是以提高和改进学生在专业领域的业绩表现为宗旨的，注重的是培养学生应用这些知识解决实际生活中所遇到问题的能力。4C/ID 模型利用整体任务学习代替部分任务学习，强调给学生一套具体的、真实的、面向实际工作实践的整体学习任务，同时为学生完成整体性学习任务提供有力的支持和有效的指导，以及能促进学生达到预期业绩的练习机会。4C/ID 模型把"学习任务、支持性信息、程序性信息、部分任务练习"四要素作为认知技能、改进业绩表现的核心设计要素。

　　学习任务是四要素的核心，它以整体任务的形式按照从简到难的任务层级呈现给学生，意味着学习应该是以整体的方式进行，而不是分开的。技能可以划分为重复性技能与非重复性技能。重复性技能是在学习任务和迁移性任务之间相同的技能，即不随整体任务难易情况而变化

19

————————
①② Merrienboer J J G V, Kirschner P A. Ten steps to complex learning: a systematic approach to four-component instructional desing[M]. Lawrence Erlbaum Associates, 2007.

的技能，它能在培训中被发展为常规业绩，每当完成迁移任务时被重复使用。非重复性技能是指在学习任务和迁移任务之间不同的技能，即随整体任务难易情形而变化的技能，如问题解决与推理，由于在不熟悉或不相似的任务情形中，需要学生理解、分解和推理一般的、抽象的知识寻求解决方案、完成迁移任务，所以非重复性技能是学生解决迁移矛盾的关键设计。学习任务设计有两种方法：一是部分任务设计法；二是整体任务设计法。对于非重复性技能学习任务，需要给学生呈现具体的、真实的、有意义的整体任务情境，引导和促进学生在具体情境中进行有意识的概括与归纳、推理与总结，完成认知图式的构建，必须运用整体任务设计法①。

支持性信息是指对学习和完成非重复性技能有帮助的信息。设计时要求首先针对每一个任务层级提供有用心理模式和认知策略；其次，对于每一个任务层级的信息都应该采取某种教学策略进行讲授和示范；第三，设计非重复性技能完成质量的认知反馈，并将其与所选择的学习任务相联系。

程序性信息是对学习和完成重复性技能随时提供的前提性信息。这些信息既包含对正确操作规则的直接说明，也包含正确运用这些规则所必备的知识。程序性信息是那些不需要理解、只需要记忆的信息，为学生完成重复性技能而随时提供所需的知识。

部分任务练习是为重复性技能达到自动化而设计的附加练习。对于自动化水平要求较高的某个重复性技能，足够的练习是关键。如果学习任务设计中难以为学生提供足够的练习机会以达到预期的自动化水平时，就需要设计附加的部分任务练习②。

4C/ID 模型的教学设计原则包括以下方面。一是整体性教学设计方式。学习是一个极其复杂的现象，是一个将知识、技能、素养协调整合的过程，而不是简单地获得一些被分解的、孤立的知识碎片。教学设计追求"科学理性"的设计，其价值追求不在于将复杂学习问题进行简单化处理，而在于回归学习复杂性和真实性本质。因此，应该面对一个完整的、真实的学习任务进行设计。任何一个任务类别的学习都是相对完整的、循序渐进的系统，教师指导由扶到放，先提供"脚手架"，后逐渐放手让学生独立完成。这是构建主义心理和"精细加工"理论所强调的。二是真实的情境。学校教育难以帮助学生将所学知识应用于日常情境，其原因是学习教育常常侧重于抽象的、脱离情境的知识的学习。因此，教学设计时要根据教学目标、教学内容和教学对象创设接近实际生活及生产的情境。整体性教学设计就是要设计教学活动来促进学习把知识、技能、素养协调整合起来，形成解决实际工作问题的实践能力

① 冯锐, 刘丽丽. 整体论视域下的教学设计探讨 [J]. 开放教育研究, 2009(4).

② 冯锐, 李晓华. 教学设计新发展: 面向复杂学习的整体性教学设计 [J]. 中国电化教育, 2009(2).

和综合能力。所以，教学设计应聚焦于真实情境的整体学习任务。教学设计的目的在于构建适应性的学习环境，促进学生的有意义学习，所以，教学设计应尽量提倡情境性学习、问题导向的学习、基于案例的学习等，倡导在尽可能真实的情境中利用教练策略、支架策略为学生的有意义学习提供指导和帮助。三是提供"脚手架"。4C/ID 模型中的支持要素的设计本质上是一种教学支架策略，即"脚手架"的设计。当学生在进行整体性任务的学习时，可以对其提供大量的具体信息，如呈现案例和进行示范，随后再明确呈现给学生这些案例和示例所包含的一般信息，随着学习任务的完成逐渐撤离"脚手架"，帮助学生提高实践能力和综合能力[①]。

6. 做（体验性、实作性）

做是指在单元教学设计中要多设置学生的实操和实作，让学生在实操和实作中体验，在体验中总结成功或失败的经验，让学生将自己的行动与结果联系起来，强化正确的经验，避免错误的行动，提高教学效果。

"做中学"是杜威提出的一种教学方法，是一种从经验中学习的过程。杜威的思维式体验五步法：第一步，学生要有一个真实经验的情境，同时学生对真实情境中的活动本身产生兴趣；第二步，学生在这个情境内部产生一个真实的问题，或者说这些情境的过程引发学生联想到一些问题，而这些问题又作为刺激物，促进学生的思考；第三步，学生根据自己已有知识资料，进行必要的观察，对情境中的问题进行分析和理解；第四步，通过对情境中问题的联想与推断，学生思维中会产生解决这些问题的方法，并对这些方法进行有逻辑的连贯排序；第五步，学生要有机会通过实践验证上述方法的可行性，并将可行性方案明了化，证实自己所寻找方法的有效性[②]。思维式体验五步法的核心思想是"做中学"的三个思想——教育即生长、教育即生活、教育即经验的改造。抓住思维式体验五步法的核心思想，了解学生在生长、生活过程中的思维个性，有利于教师更好地运用教学模式。

体验学习的特征主要表现在以下方面。第一，体验学习是一个学习的过程而不是结果。教育是持续不断的重新构建体验的过程。教育的目的与过程并非完全相同。第二，体验学习是以体验为基础的持续过程。这就意味着所有学习都是重新学习。第三，体验学习是在辩证对立方式中解决冲突的过程。冲突、差异和异议推动着整个学习的过程。第四，体验学习是一个适应世界的完整过程。它不仅仅是认知的结果，它更是一个人整体机能——思维、情感、感知和行为的融入过程。

---

① 吴向文. 面向复杂学习的整体性教学设计模式探析 [D]. 长沙: 湖南大学, 2010.

② 约翰·杜威. 民主主义与教育 [M]. 王承绪, 译. 北京: 人民教育出版社, 2001.

7. 放（开放性、放开性）

放是指在单元教学设计中教师应营造信任、鼓励、开放的课堂环境，在有充分设计的前提下放手，把课堂还给学生，让学生主导课堂。教师要充分信任学生，相信学生的能力，放开既有的答案和设计模式，激发学生的创意，精讲多练，少教多带，懂得放手，让学生有机会进行各种学习探索和研究。

8. 导（辅导性、引导性）

导是指单元教学设计中教师要善于辅导和引导，教师应从原来单纯的传授转变为积极的引导，让学生感觉到教师不是单纯的旁观者，而是引导前行、指引路径的领路人和同行者。

9. 法（方法性、法则性）

法是指单元教学设计中要体现方法性和法则性。在教法和学法上，应选择多种形式，如讨论教学法、示范教学法、反思教学法、问题导向学习法、合作学习法、专题学习法、体验学习法等。法则是要制定明确的课堂规则，不能只"放"而不定"法"，教师在教学中放手不意味着放任，要制定规则，明确奖励机制，规范教学秩序。

二、成果导向课程开发配套制度

为保证学生达成预期学习成果，成果导向课程开发要求学校将各部门、各环节中与学生学习成果有关的活动严密组织起来，将影响学习成果的一切因素控制起来，形成具有分工明确、相互协调和相互促进的教学管理有机整体。为保证其高效运行，需要建立课程行政配套系统，并制定相关制度，从而实现如下功能："能够持续地改进培养目标，以保障其始终与内、外部需求相符合；能够持续地改进毕业要求，以保障其始终与培养目标相符合；能够持续地改进教学活动，以保障其始终与毕业要求相符合。"[①] 具体体现为学生成长支持系统、教师成长支持系统和学习成效评价及持续改善系统等。

（一）学生成长支持系统

学生成长支持系统以学生为中心，以职场为导向，向学生提供丰富、优质的教学资源、教学环境和教学设备，指导学生制订符合自身实际的学习计划，合理安排学习进程，掌握良好的学习方法，提高学习技能。学生成长支持系统包括六步合一学习守护机制、五师统合陪伴守护机制、四期一体职业生涯指导机制和三级补救教学机制。

---

① 李志义. 用成果导向教育理念引导高等工程教育教学改革 [J]. 高等工程教育研究, 2014(2).

1. 六步合一学习守护机制

黑龙江职业学院根据学生培养学程建立课程、学期、全学程三级六步合一学习守护机制，主要包括启航、导航、诊断、预警、补救、追踪六步，如图1-5所示。

（1）学生入学前，根据学校的人才培养目标及各专业的人才培养方案，结合学生的特点和学校实际情况，实施启航计划，主要通过新生学前支持、学长帮助支持等工作强化学前的安置辅导。

（2）学生入学后，通过提供职涯指导、导师助理辅导等方式为学生提供引导，促进学生准确而有效地学习。

（3）学习过程中，通过实施诊断、预警、补救和追踪机制，促进学生的培养。

通过建立协助检测系统、课程诊断系统等协助学生深入了解学习问题，解析学生学习中遇到的核心问题，进而对学生学习进行诊断。

通过两次预警机制在学期中针对学习弱势学生予以警示，提醒学生学习状况，对学习态度和学习成绩欠佳的学生给予重点关怀辅导。

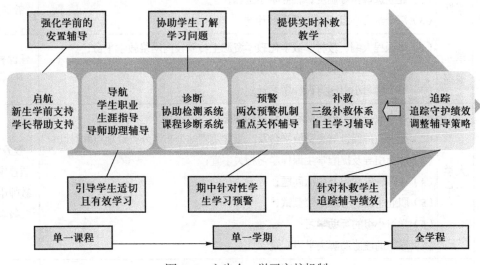

图1-5　六步合一学习守护机制

通过实施三级补救体系，授课教师、导师和教学助理提供课外辅导加强课程的学习，导师及授课教师配合补救教学系统开设补救课程，各专业视学生状况实施必修或核心科目的补救教学。

通过补救系统针对已被预警或经过补救的学生进行追踪辅导，守护已有绩效，实时调整辅导策略，强化持续改进。

六步合一学习守护机制一览表见表1-3。

23

表1-3　六步合一守护机制一览表

机制	学程	主要内容	责任部门（人）
启航	新生入学	（1）学生入学前，编制学生入学指南，随通知书发放给学生； （2）建立学工一体化系统，解决学生在线注册和管理； （3）通过学校网站、校园生活App移动应用平台、电子邮件、短信通知被录取学生； （4）学生报到和在线注册； （5）准备精彩入学季非正式课程，加强安全教育，规范大学生文明礼貌礼仪，强化纪律训练； （6）结合早军操、标准化寝室要求开展军事技能训练； （7）举办开学典礼，加深新生对学校的了解； （8）开展新生专业介绍，强化专业认知； （9）每个班级成立若干学习小组	招生办 学生处 二级学院
启航	单一学期	（1）在线注册，方便数字化管理； （2）建立选课指导制度，辅导学生选课； （3）每个学习小组制订学期学习计划	学生处 教务处
启航	单一课程	（1）将课程大纲、教材、数字化教学资源上传到校内网络教学平台； （2）建立选课指导制度，辅导学生选课； （3）每个学习小组制订课程学习计划	任课教师 教务处
导航	大学三年	（1）各专业在网上公布最新修订课程地图； （2）授课教师通过信息交流平台及二级学院网站公布课外答疑地点和时间； （3）线上引导及提醒学生课程学习相关事宜； （4）导师辅导学习及生活问题； （5）职业生涯、心理健康测试； （6）学习小组的互助学习； （7）导师助理协助解决学习问题	教务处 质控中心 教师中心 二级学院
导航	单一学期	（1）各专业每年在7～8月期间在网上公布最新修订课程地图，将课程地图的核心要点和执行情况做简要说明； （2）授课教师通过信息交流平台及二级学院网站公布课外答疑地点和时间； （3）导师及任课教师提供课前辅导，加强课程预习； （4）线上引导及提醒学生课程学习相关事宜； （5）导师辅导学习及生活问题； （6）学习小组互助学习； （7）组织二级学院师生座谈会； （8）导师助理协助解决学习问题	教务处 质控中心 教师中心 二级学院

续表

机制	学程	主要内容	责任部门（人）
导航	单一课程	（1）导师及任课教师提供课前辅导，加强课程预习； （2）线上引导及提醒学生课程学习相关事宜； （3）学习小组互助学习； （4）导师辅导学习及生活问题； （5）导师助理协助解决学习问题	教务处 质控中心 教师中心 二级学院
诊断	大学三年	（1）建立学习诊断检测系统，包括专业核心课程诊断、素质通识课程诊断、心理健康诊断、职业生涯发展测试等模块； （2）第一学期开展职业生涯规划和心理健康测试； （3）素质通识课程诊断； （4）专业核心课程、专业选修学程课程诊断； （5）非正式课程诊断	质控中心 教务处 任课教师 辅导员
诊断	单一学期	（1）诊断素质通识课程1门； （2）诊断专业核心课程1门； （3）诊断专业选修学程课程1门； （4）非正式课程诊断	质控中心 教务处 任课教师 辅导员
诊断	单一课程	课程学习诊断评量尺规的达标情况	任课教师
预警	大学三年	（1）学习成绩不佳（期中考试未达标或平时表现不佳）； （2）学习状态不佳（学习态度低落，迟到、早退及出席率低）； （3）技能水平不佳（操作技能未达标）； （4）通过实时预警系统、App、E-mail、微信、短信或电话通知等方式通知学生及家长； （5）导师对学生及家长即时提出适当的学习建议	教务处 学生处 信息中心 二级学院
预警	单一学期	（1）学习成绩欠佳； （2）学习状态欠佳； （3）技能水平欠佳； （4）通过实时预警系统、App、E-mail、微信、短信或电话通知等方式通知学生及家长； （5）导师对学生及家长即时提出适当的学习建议	教务处 学生处 信息中心 二级学院
预警	单一课程	（1）单科学习成绩欠佳； （2）单科学习状态欠佳； （3）单科技能水平欠佳； （4）通过实时预警系统、App、E-mail、微信、短信或电话通知等方式告知学生及家长	教务处 学生处 信息中心 任课教师

机制	学程	主要内容	责任部门（人）
补救	大学三年	（1）通过 App、E-mail、微信、短信或电话通知等方式告知学生及家长补救教学安排； （2）导师助理协助辅导； （3）导师及任课教师提供课外辅导，加强课程学习； （4）各专业实施核心课程或必修课程的补救教学； （5）建立三级补救教学系统； （6）建立毕业课程题库； （7）开发数字化学习资源，实现自主学习	教务处 学生处 信息中心 任课教师
	单一学期	（1）通过 App、E-mail、微信、短信或电话通知等方式告知学生及家长补救教学安排； （2）导师助理协助辅导； （3）导师及任课教师提供课外辅导，加强课程学习； （4）各专业实施核心课程或必修课程的补救教学； （5）建立三级补救教学系统； （6）开发数字化学习资源，实现自主学习	教务处 学生处 信息中心 任课教师
	单一课程	（1）通过 App、E-mail、微信、短信或电话通知等方式告知学生及家长补救教学安排； （2）导师助理协助辅导； （3）任课教师提供课外辅导，加强课程学习	任课教师
追踪	大学三年	（1）实施线上问卷调查，分析补救教学辅导成效； （2）追踪预警、补救学生的辅导效果； （3）召开座谈会，说明及分析补救教学辅导成效； （4）根据学习及生活表现反馈调整辅导机制	教务处 质控中心 二级学院
	单一学期	（1）实施线上问卷调查，分析补救教学辅导成效； （2）追踪预警、补救学生的辅导效果； （3）召开座谈会，说明及分析补救教学辅导成效； （4）根据学习及生活表现反馈调整辅导机制	教务处 质控中心 二级学院
	单一课程	（1）任课教师追踪了解学习成效欠佳学生的辅导成效； （2）根据学习及生活表现反馈调整辅导机制	任课教师

2. 五师统合陪伴守护机制

在黑龙江职业学院的实践中，五师统合陪伴守护机制如图1-6所示。

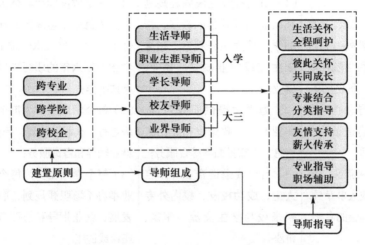

图1-6 五师统合陪伴守护机制

五师统合陪伴守护机制旨在培养学生品德、健全人格，促进学生全面发展，保证学生顺利成长。五师统合陪伴守护机制由生活导师、职业生涯导师、学长导师、校友导师、业界导师组成，保障学生成长支持系统的运行和实施，强化导师在学生成长中的作用，进一步增强教育守护功能，深化学生全方位辅导。各导师任职条件、工作职责及要求见表1-4。

表1-4 各导师任职条件、工作职责及要求

导师	任职（选拔）条件	工作职责	工作要求	侧重点
生活导师	（1）学校科级以上行政人员； （2）二级学院班子成员及团队带头人	（1）协助辅导员做好班级学生教育、学风建设、开展主题教育、完成《学生素质养成手册》实施与评定工作； （2）协助辅导员做好早军操、晚自习、寝室等日常管理工作； （3）帮助班级经济困难学生及特殊群体（违纪、心理），通过谈心、座谈等形式解决学生学习、生活中遇到的各种问题	（1）每学期开展1次学风建设主题班会，1次班级文明礼貌礼仪强化训练，协助辅导员完成《学生素质养成手册》，参加1次校规校纪教育； （2）每学期至少深入1次早军操、晚自习、寝室，至少听1次课； （3）每学期至少帮助1名经济困难学生，至少与特殊群体学生谈话1次，进行家访1次	生活关怀全程呵护

导师	任职（选拔）条件	工作职责	工作要求	侧重点
职业生涯导师	（1）教务处、学生处、招就处、思政部及二级学院在职涯规划、职业发展、就业指导和心理咨询方面有造诣的专兼职教师； （2）资深猎头、企业高管或人事专员，有创业经验的专家	（1）协助教师完成职涯规划和就业指导课程的教学，帮助学生建立职涯档案，指导学生完成职业规划、择业、就业； （2）为学生提供职业咨询、职业介绍、政策发布、用人信息、供需见面等综合服务； （3）自己或邀请企业界知名人士、成功校友、校内外专家来校与学生交流、座谈、讲座	（1）学院依据学生具体人数至少为每届学生配备职涯导师1—3人，完成本学院1届学生四期六年的职涯指导与帮扶工作； （2）每个学期至少为每个班级进行1次职涯规划、择业、就业辅导和咨询服务； （3）每个学期至少为每个专业举办1场职涯规划、职业发展、就业指导和心理咨询座谈或讲座	专兼结合分类指导
学长导师	（1）学生党员或担任过班级干部、学生会干部及学生社团联合会成员； （2）获得过各类奖学金、优秀学生干部、优秀学生党员等奖励的学生； （3）参加过国家级、省级、市级、校级等各类技能大赛并获得奖项的学生	（1）帮助学弟（妹）尽快熟悉校园环境、适应大学学习和生活； （2）帮助学弟（妹）解答和处理日常学习和生活中遇到的问题； （3）指导学弟（妹）参加各项实践活动和各类专业技能比赛； （4）帮助学弟（妹）处理其他一些力所能及的问题，积极向学院领导、辅导员反馈情况，协同解决重大问题	（1）每周至少与学弟（妹）进行座谈1次，深入班级1次，深入学生宿舍1次； （2）每月至少参加班会1次，参加班级集体活动1次，解决学弟（妹）实际困难1次； （3）每学期至少指导学生参加学院大型活动和专业技能比赛1次，每学期至少进行学生情况反馈1次	彼此关怀共同成长
校友导师	（1）曾在学校学习过的学生和工作过的教职工； （2）本行业从业经验5年以上； （3）有企业实体或常年从事就业咨询、实习指导工作的业界人士	（1）搭建优质校友平台，定期举办讲座，拓展学生知识面及信息面； （2）指导学生实习并通过电话、微信、邮箱等方式，对学生专业性的困惑进行答复； （3）为大学生就业、升学提供咨询服务	（1）每学期期初、期中、期末至少举办讲座1次、座谈会1次； （2）每月至少针对每个专业举办咨询服务1次； （3）每年至少帮扶特困生1人，为大学生解决实际困难1次	友情支持薪火传承

续表

导师	任职（选拔）条件	工作职责	工作要求	侧重点
业界导师	（1）在职且具有5年以上工作经历的行业企业专家； （2）具有较高的热忱、愿意分享业界经验的杰出专业人员； （3）学生顶岗实习的指导教师	（1）指导学生专业实习和社会实践，帮助学生适应职场； （2）在就业方面为顶岗实习学生提供咨询辅导或讲座； （3）为学生提供顶岗实习或就业岗位，并提供职业能力辅导，及时解决学生顶岗实习期间遇到的问题	（1）在顶岗实习期间至少为学生举办职业定位、岗位选择和就业流程等方面的讲座1次； （2）至少为学生提供实习、就业的咨询辅导1次； （3）帮助至少10名学生提供顶岗实习岗位，解决至少5名学生的就业问题	专业指导职场辅助

3. 四期一体职业生涯指导机制

为了帮助学生了解自我、认识职场、探索确定职业发展方向，及早规划自己的职业生涯，辅导学生顺利就业，培养学生优良的职业道德和职场态度，落实学生职业生涯辅导工作，完善学生成长支持系统，特制定四期一体职业生涯指导机制，如图1-7所示，其工作进度见表1-5。

（1）探索期。时间为大一的两个学期，主要进行课程引领，探索职业生涯规划。学校统一完成职业生涯规划课程教学，学生在课程结束时完成三年学业规划设计；各学院完成学生自我探索的各项测评，记录测评结果，归档三年学业规划，建立学生的初始职业生涯档案；各院完成生涯人物访谈、各类生涯讲座和生涯设计比赛等工作。

（2）决定期。时间为大二的两个学期，主要进行专题辅导，指导定向学业。学校完成就业指导课程教学讲座，讲解面试技巧、简历撰写和面试礼仪；各学院完成企业参访、证照辅导、工读体验和提供学生职场发展趋势、求职面试技巧及专业领域职业生涯辅导等职场相关实务咨询。

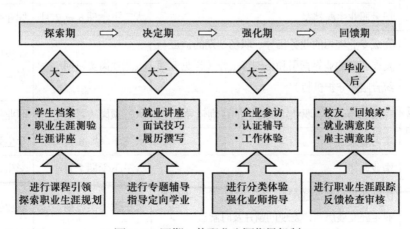

图1-7 四期一体职业生涯指导机制

29

表 1–5　四期一体职业生涯指导机制工作进度

阶段及具体时间	工作任务	完成时间	负责人（单位）
探索期，时间为大一的两个学期	入学生涯教育启蒙讲座	新生入学军训结束后	学生处
	职业生涯规划课程	大一上学期	思政部
	督促或组织完成职业测评	生涯课程期间	职业生涯导师
	建立初始职业生涯档案	生涯课程结束后	职业生涯导师
	职业生涯规划设计大赛	大一下学期	学生处
	敬业主题演讲	大一下学期 6 月	学生处
	校友职业生涯经验分享（重点放在企业认知、个人成长历程）	大一下学期	校友导师 / 各学院
	记录职业生涯档案	大一下学期 6 ~ 7 月	职业生涯导师
决定期，时间为大二的两个学期	企业参访	大二上学期	各学院
	敬业人士访谈	大二上学期 10 月	学生处
	敬业观影	大二上学期 11 月	学生处
	就业指导课程	大二下学期学期	思政部
	敬业讲堂	大二下学期 4 月	学生处
	证照考试和工读体验	大二上下学期	各学院
	职场发展趋势、求职面试技巧及专业领域职业生涯辅导等职场相关实务咨询或讲座 2 ~ 4 次（详见五师统合陪伴守护机制）	大二上下学期	校友导师 / 各学院
	走进职场宣誓	大二下学期 6 月	学生处
	记录职业生涯档案	大二下学期 6 ~ 7 月	职业生涯导师
强化期，时间为大三的两个学期	完成专业实习的业务指导、职场初期的适应与发展问题的业界指引和咨询等工作（详见五师统合陪伴守护机制）	大三顶岗实习期	业界导师 / 各学院
	完成职场适应、职业定位方面的咨询辅导工作	大三顶岗实习期	职业生涯导师
	实习成果展	大三下学期 6 月	学生处
	毕业典礼	大三下学期 7 月	学生处
	协助业界导师沟通配合，记录学生实习期的职业生涯发展历程，发现问题并及时解决	大三顶岗实习期	职业生涯导师

阶段及具体时间	工作任务	完成时间	负责人（单位）
回馈期，时间为学生毕业后的一到三年期	完成每年一次就业满意度调查、雇主满意度调查，形成分析报告	每年开学初	职业生涯导师／各学院
	完成职业导师业务培训、考核	每年开学初	各学院／教务处
	跟踪记录毕业学生的职业生涯发展和工作变动情况，完善职业生涯档案	每年开学初	职业生涯导师／各学院

（3）强化期。时间为大三的两个学期，主要进行分类体验，强化业师指导。学校提供职场适应、职业定位方面的咨询辅导；各学院根据学生专业实习的分布情况，在学生分布的不同区域聘请业界导师，完成该区域专业实习的业务指导、职场初期的适应与发展问题的业界指引和咨询等工作；同时，职业生涯导师及时与业界导师沟通配合，记录学生顶岗实习期间的职业生涯发展历程，发现问题并及时解决。

（4）回馈期。时间为学生毕业后的一到三年期，主要进行职业生涯跟踪，反馈检查审核。各学院在学生毕业三年内每年进行一次就业满意度调查和雇主满意度调查，每年一次跟踪记录毕业学生的职业生涯发展和工作变动情况，完善学生职业生涯档案。各学院成立本院的校友会，定期组织校友交流和邀请校友回校举办讲座及辅导在校学生等工作。

4. 三级补救教学机制

为提高学生学习质量，增强学生学习能力并改善学习效果，有效辅导预警学生，实施日常预警、期中预警、总结预警。

（1）学生学习成效预警级别及范围。

日常预警：包括日常学习管理、课程缺席预警和作业缺失预警。具体为学习态度受到任课教师批评3次者，或缺课时数达到该门课程总学时1/6者（迟到、早退3次按缺课1学时计），或不按时提交作业2次者。

期中预警：包括日常学习表现欠佳、单科课程缺席超规定和期中考试未达标准。具体为因学习困难预退修课程者，或单科缺课时数达到该门课程总学时1/3者（迟到、早退3次按缺课1学时计），或期中考试成绩不及格者，或前一学期期末考试不及格者。

总结预警：包括学习情况特殊者、累计考试未达成和累计缺课超规定。具体为学习情况特殊者（学习心理障碍或高关怀学生），或前一学期期末考试不及格成绩达到应修学分1/2者，或本学期期中考试成绩不及格成绩达到应修学分 1/2 者，或本学期课程累计缺课时数达到总学时 1/2 者（迟到、早退 3 次按缺课 1 学时计）。

（2）预警实施时机及方式。

实时预警：前一学期期末考试不及格者和期末考试不及格成绩累计达到应修学分 1/2 者，开学后 1 周内由二级学院向学生提出预警并下发预警通知单，同时送达导师、授课教师和课程教学助理请其加强辅导追踪。对于学习态度受到任课教师批评 3 次者、因学习困难预退修课程者、缺课时数达到该门课程总学时 1/6 者、作业缺失 2 次者，由授课教师记录并报送二级学院，二级学院向学生实时提出预警并下发预警通知单，同时送达导师、授课教师和教学助理请其加强辅导追踪。

期中预警：期中考试结束 1 周内，对单科缺课时数达到该门课程总学时 1/3 者和期中考试成绩不及格者，由授课教师上报二级学院，并由二级学院向学生提出预警并下发预警通知单，同时送达导师、授课教师和教学助理请其加强辅导追踪。

期末预警：期末考试前 2 周内，对本学期期中考试不及格成绩达到应修学分 1/2 者、本学期课程累计缺课时数达到总学时 1/2 者和学习情况特殊者，由授课教师上报二级学院，并由二级学院向学生提出预警并下发预警通知单，同时送达导师、授课教师和教学助理请其加强辅导追踪。

（3）补救教学辅导措施。

日常补救教学辅导：对日常预警学生，给予基础关怀，建立守护机制。具体措施如下：一是教师辅导，授课教师评估被预警学生学习成效后，与被预警学生进行面谈，提供辅导学习的措施；二是导师辅导，生活导师与被预警学生进行面谈，了解学习成效不佳的原因，与学生商议提出补救办法并实施，必要时生活导师可与授课教师了解被预警学生学习情况并与家长联络，以提高预警成效；三是课程指导服务，对于学习有困难学生，教学助理协助学生学习；四是建立守护机制，建立并实施以学生为中心的教学模式、六步合一学习守护机制、五师统合陪伴守护机制和四期一体职涯指导机制，长效持续守护。

期中补救教学辅导：对期中预警学生，给予关怀照顾，开设补救课程。具体措施如下：一是教学助理向学生寄发关怀信；二是严重者由教学助理通过微信或电话告知家长；三是教学助理于期中考前发微信通知，与学生沟通补救措施；四是生活导师与学生面谈，给予个别辅导；五是开设补救课程，实施授课教师在线指导课程学习、生活导师指导学生改善学习方法、教学助理协助学生学习。

总结补救教学辅导：对总结预警学生，给予重点关怀，建立补救教学。具体措施如下：一是生活导师、学长导师和职业生涯导师主动约谈协助学生改善；二是教学助理寄发关怀信并予以个别辅导；三是严重者由教学助理给家长发微信通知或电话约访家长；四是教学助理于期末考前发微信沟通，提醒学生留意学习成效；五是实施补救教学，授课教师、教学助理与导师协商补救教学办法，由授课教师在办公时间实施课程辅导、生活导师指导学生改善学习方法、教学助理协助学生学习。

（4）补救教学申请时间及人员安排。

补救教学日期：学生应于接到预警通知单后一周内提出申请。

补救授课教师：原则上以该课程授课教师为主，如遇1名以上授课教师同时出现预警学生时，原则上以预警学生人数最多的授课教师为主。

补救教学时间：二级学院依据学生补救申请，安排具体补救时间，并告知学生。

日常补救时间：辅导原则上不少于2次，每次2小时。

期中、总结补救时间：辅导原则上不少于4次，每次2小时。

（二）教师成长支持系统

成果导向教学要求学校由一个封闭系统转变为开放系统，从外界引入资源及人力协助学校进行改革与更新。教师教育质量的改进与学校教育质量的全面提高形成一种共生关系，其最终目的是通过更好的教师教育培养出更好的教师，从而办出更好的学校，培养出更好的学生。在推动教师专业发展的运行过程中，可能会遇到各方面问题，可以通过理论保障、政策保障、制度保障等各方面的保障来促进教师专业发展的运行。黑龙江职业学院教师成长支持系统通过教师教学能力认定机制、教师专业能力培训机制和教师职涯成长关怀机制来构建以学生为中心的教学模式。

1. 教师教学能力认定机制

教师综合能力包括教育能力、教学能力、学习能力、科研与社会服务能力、实践能力。其中教师教学能力认证主要检查教师针对"行动学习＋成果导向"教学模式开展教学设计和组织实施的能力，检查内容包括教学工作量、教学效果、教学研究和教学过程。

（1）教学工作量认定。教学工作量认定是指对教师编制课程大纲、设计课程单元、制定课程评价办法等工作总量的认定。

（2）教学效果认定。教学效果好坏能在一定程度上反映教学质量的高低，因此，教学效果认定是教师教学能力认定的关键因素。学生评教和专家评教是认定教师教学水平的重要参考指标。

（3）教学研究认定。教学研究认定是对教学课题和教材编写的认定。课题主要是指对于教学心得体会等进行的研究；教材是成果导向课程的使用教材或校本教材。

（4）教学过程认定。教学过程认定主要表现为教学态度、教学内容、教学方法、教学手段的综合考评过程。

2. 教师专业能力培训机制

要从根本上提升教师专业能力，最有效的方式是企业实践。要想使企业实践卓有成效，关键在于学校，而学校推动的关键在于制度[1]。教师专业能力培训机制的建立与实施，使教师的企业实践活动由一种自发的、可有可无的活动成为一种教师必须遵守的行为规则，具备了一定程度的强制性，可以有效地督促教师更积极主动地参与到企业实践的活动中。

教师专业能力培训机制是由培训目标、培训规划、培训实施、培训考评、培训总结五个模块组成的多元化培训模式，五个模块相辅相成，依次递进形成良性循环。

（1）确定全面的培训目标和规划。确定切实可行的培训目标，设计全面的培训规划，评估目标和规划制定得客观、科学和可靠，评估结果才能有效、可信和可行。

（2）制定可操作的培训方案。鼓励教师分期分批到企业进行顶岗实践锻炼，通过参与企业实际生产活动和企业指导教师的指导，争取与企业共同开展技术开发研究、技术咨询与服务等工作，不断学习、掌握与本专业相关的新知识、新技术，实时了解并掌握行业、企业及本专业发展的趋势和动态，把在企业学到的知识引入课堂，提高课堂教学的有效性和实用性，主动对接企业、对接市场。

（3）选择全方位、多方式、全过程的考评方法。全方位考评就是对教师参加培训的态度、成绩、出勤等方面进行综合评价。多方式考评是指使用多种评估，如问卷、考核、访谈及讨论等方式进行评价，管理者可根据考评的内容和目的选择使用，以获得全面而准确的数据。全过程考评是指对培训前、培训中、培训后进行评估，考评对象则包括培训的教师和内容，涉及培训过程的各方面。

（4）撰写全面、准确的培训总结。全面是指总结的内容涵盖教师培训的所有方面，以全面反映教师培训的业绩。准确是指充分反映教师培训工作的成绩和不足，以及培训效果，表现教师业务能力的提高程度。

（5）建立培训程序、培训结果和培训过程的循环反馈。反馈是培训机制的一个重要内容，包括程序的反馈、结果的反馈和过程的反馈。培训程序的反馈主要是评估者根据该反馈意见和

---

[1] 史文妍. 高职院校新教师入职培训的改进 [D]. 上海: 上海外国语大学, 2008.

建议及时修正，以期获得更好的效果。培训结果的反馈是管理者对被培训者就培训的成绩或效果，通过一定方式反馈给评估者。培训过程的反馈是对评估过程的总结性反馈，总体评价过程是否科学、合理。反馈机制能更好地对培训过程中存在的问题进行修正，培训者可根据培训的反馈情况，针对下一步的培训工作需要加强什么、需要改进什么做到心中有数，以便更好地做好下一步的工作[①]。

3. 教师职业生涯成长关怀机制

对于教师职业生涯成长，国内众多学者有大量论著。学者连榕、孟迎芳提出了三阶段论，即新手型教师、熟手型教师、专家型教师[②]。黑龙江职业学院根据教师职业生涯发展进程将教师分为见习教师、合格教师、骨干教师、专业带头人、专业名师。帮助教师设计职业生涯规划，建立教师业务成长档案，完成各个阶段目标：一年两年，站稳讲台；三年四年，走向成熟；五年六年，成为骨干；七年八年，形成风格；九年十年，树立品牌。

（1）见习教师是站上讲台的新教师，已获得从事教师职业的某些特质，以理论知识与间接知识为主要学习内容，对高职教育理论、培养目标、教学规律有初步的了解和认识，所获得的知识与经验具有一般化和表面化的特点。其发展目标是争取在 1～2 年内，站稳讲台，成为合格教师。其能力提升要求是认同教师职业责任，实现教师角色转换，了解学校工作常规，接受教育教学培训，形成教育实践能力。

（2）合格教师在岗位上已经初步适应教育教学工作，获得一些基本的教育教学能力与相关的教育潜质，形成具体直接的专业知识和实践能力，能够胜任理论知识讲授和实训实操。其发展目标是争取在 3～5 年内站好讲台，成为骨干教师。其能力提升要求是认同教师职业价值，树立现代教育观念，建立自身经验系统，形成教学指导能力，发挥教学支撑作用。

（3）骨干教师的教育教学能力和素质进一步提高，专业理论基础和教学技能向熟练化、深度化发展，专业化水平提高，个人素质向全面化和整体化方向发展，成为学校教育教学及科研工作的中坚力量。骨干教师的发展目标是争取在 5～10 年内成为学者型教师或者教育专家，能力提升要求是更新高职教育理念，形成独特教学风格，建立自身的教育艺术经验系统，提升多年积累的教育教学经验，主持完成高水平的科研成果，在行业范围内具有一定的影响力。

（4）专业带头人从教学经验成熟的骨干教师中选拔聘任，具有较强的组织协调能力、教研与科研能力、社会实践能力，能带领团队探索专业的教学发展。能力提升要求是洞悉专业领域

① 徐国成. 中国高等学校教师人才资源开发及模式构建研究 [J]. 吉林大学博士学位论文, 2010.

② 罗晓路. 教学心理学视野中的教师研究 [J]. 心理科学, 1997(20).

前沿，打造教师层次梯队，凝聚引领团队建设，探索行业发展趋势。

（5）专业名师已经形成高尚的职业道德、严谨的学风，具有发展创新的素质。专业名师可分为资深教师和专家两种。资深教师学术造诣深厚，教学科研成果丰硕，其能力提升要求是更新高职教育理念，形成独特教学风格，建立教育经验系统，提升教育教学经验。专家应具有影响力和凝聚力，其能力提升要求是引领专业领域前沿，探索高职教育发展，钻研科研成果应用，指导社会服务创新。

第二章　课程评价理论

第一节　多元评价理论

一、多元智能理论（评价内容多元）

（一）多元智能理论的内涵

智能，是智慧和能力的总称，是心理科学术语。传统的智能被认为是一种独立于学习的单一且通用的才能，这种才能被称为自然智能。简单地讲，智能是一种解答智力测验题（去除受教育程度因素的干扰）的能力。

多元智能理论自20世纪80年代中期开始出现，是由美国当代著名心理学家和教育学家加德纳（H.Gardner）于1983年在其《智能的结构》一书中首先系统地提出，并在后来的研究中得到不断发展和完善的人类智能结构理论。该理论自推出后就受到广泛关注。我国在20世纪90年代开始倡导素质教育，多元智能理论的内涵与素质教育有很多相近之处。我国近三十年开始认识到多元智能理论的重要价值，逐渐增加对多元智能理论的研究，认为多元智能理论是素质教育的最佳理论支撑，也是对素质教育的最好解释[①]。

传统的智能理论和加德纳提出的多元智能理论的区别较大。传统的智能理论认为，智力是以数理逻辑能力和语言能力为核心的，然后进行整合存在的一种综合能力，其实就是一种解答智力测验考试题目的能力，这是证明人类的基本能力。这种能力会随着年龄、阅历变化，但与教育和职场经历的相关性更大。多元智能理论认为，智力是解决问题的能力。就是针对某一特定发生的问题，通过分析问题发生的环境与因素，寻求解决问题的方法，进而能够使用综合能力寻求问题解决的答案。多元智能理论更侧重于解决问题的能力，以及解决问题中展现的创新能力。加德纳根据多方面信息以及研究成果，确定了人类的某种能力是否能成为智能的八个判断依据[②]。以这八个判据为衡量标准，经反复筛选、研究、讨论，最终确定了八种智能。

1. 音乐智能

音乐智能是指辨别、记忆、改变和表达音乐的能力，具体表现为个人对音乐美感（包含节奏、音准、音色和旋律在内）的感知度，以及通过作曲、演奏和歌唱等表达音乐的能力。音乐智能较高的人，节奏性与敏感度均较高。音乐是人类的一种普遍的本能。1985年河南贾湖遗址出土20多支精致的白鹤骨笛，分别有5孔骨笛、6孔骨笛、7孔骨笛和8孔骨笛，距今

---

① 张瑜. 技能人才多元评价方法研究 [D]. 北京: 首都经济贸易大学, 2014.

② 张梅. 基于多元智能理论的教育实践 [J]. 集成电路应用, 2021, 38(6).

7 800 ~ 9 000 年，是中国最早的乐器实物，世界上最早的吹奏乐器，是中华民族先民在使用器具进行音乐智能展现的创举。

2. 动觉智能

动觉是"运动觉"的简称，是指善于运用整个身体来表达思想和情感、灵巧地运用双手制作或操作物体的能力。这项智能包括特殊的身体技巧，如平衡、协调、敏捷、力量、弹性、速度以及由触觉所引起的能力。身体运动由大脑运动神经皮层控制，大脑的每一个半球，都控制或支配相对的另一半身体的运动。也可以说，身体运动的知识是解决问题的能力，也即智能。动觉智能并非运动员专属，有经验的技能大师，可以把模具加工精度控制在微米以内，其精细精准的加工能力就是动觉智能的完美体现。同时，动觉智能一经掌握，就很难像知识记忆能力一样遗忘、衰退。人体肌肉获得记忆的速度十分缓慢，但一旦获得，其遗忘的速度也十分缓慢。

3. 逻辑 – 数学智能

数学智能是指运算和推理的能力，表现为对事物间各种关系（如类比、对比、因果和逻辑等）的敏感，以及通过数理运算和逻辑推理等进行思维的能力。它是一种对于理性逻辑思维较明显的智力体现。对数学、物理、几何、化学，乃至各种理科高级知识有超常人的表现。数学智能与人的天资有很大关系，如北京大学 90 后数学教师韦东奕，8 年时间完成本硕博连读，在随机矩阵理论、线性阻尼问题方面有重要的研究成果。数学智能是脑力活动，它的呈现要比语言和肢体动作早和成熟，即有些人可能在脑子里已经形成了问题的答案，但表达得不够充分。

4. 语言智能

语言智能是指对语言的听、说、读、写的能力，表现为个人能够顺利而高效地利用语言描述事件、表达思想并与人交流的能力。人天生具有语言能力，没有语言能力，人就无法与群体成员沟通交流，无法参与社会活动。同时，语言的逻辑与表述能力又是后天形成，并且是可以锻炼提升的。如英国国王乔治六世因口吃无法在公众面前演讲，在语言治疗师罗格的帮助下，他逐渐克服了口吃的问题，在危难之际继承王位，并发表了振奋人心的演讲。语言智能实际就是沟通的能力，沟通又是社会存在的基础，即便是有语言交流障碍的听障人士，也会在治疗师的帮助下，使用手势代替语言进行交流。

5. 空间智能

空间智能是指感受、辨别、记忆、改变物体的空间关系并借此表达思想和情感的能力，表现为对线条、形状、结构、色彩和空间关系的敏感，以及通过平面图形和立体造型将它们表现出来的能力。空间智能从狭义上讲指的是人对空间方位的感知能力，而从广义看还包括视觉辨别能力、形象思维能力。空间智能强的人具有很好的空间辨别能力，对周边环境的变化很敏感，同时善于捕捉变化；有很好的二维、三维空间辨别能力，能够顺畅地将平面图转化为立体，是从事建筑、艺术行业不可缺少的能力；有很强的形象思维能力，能够在大脑中虚拟空间，想象力丰富。卡梅隆在创作电影《阿凡达》时，凭借超强的想象与空间构思力，创建了虚幻的潘多拉星球和纳威人社会，获得了巨大的成功。

6. 人际智能

人际智能是指观察他人的能力，特别是观察他人的情绪、性格、动机、愿望的能力。人际智能是不可缺少的，但其表现可能是不同的。日常生活中的人际智能，更多地表现为沟通能力。沟通能力的提升体现在两方面：首先，要学会站在别人的立场上思考问题，注意别人的意向和想法，能够换位思考；其次，需要与他人交流，了解他人的看法和态度，学会与他人合作，共同完成群体的任务。

7. 自我认知智能

自我认知智能是指人对自己的认识，了解自己的感情生活和情绪变化，能有效地辨别这些感情，进行自我评价，并能进行自我控制。具有较好的自我认知智能的人，一般能正确评价自我的能力、道德水平及在组织中的地位，能够正确规划引导自己的人生，在工作中，有很强的职业生涯规划能力，能够反思与检讨自我。"吾日三省吾身。为人谋而不忠乎？与朋友交而不信乎？传不习乎？"就是提醒自己每天要从学习、工作、交友等方面，多反省自己，然后才能做到"有则改之、无则加勉"。

8. 自然观察者智能

自然观察者智能是指认识世界、适应世界的能力，是一种在自然世界里辨别差异的能力。自然观察者智能是人类具有的基本能力，是适应自然和改造自然的基础。这种智能在人类进化过程中显然是很有价值的，如狩猎、采集和种植等。培养自然观察者智能需要更多地接触自然环境，对物体进行辨别与分类，然后进行归纳总结。

加德纳认为，每个人都或多或少具备以上八项智能，也许某一项智能并不突出，但综合能力可能非常出色。各种智能的不同组合才能体现人能力的多样性，评价某个人的能力，不能简单地从某项智能入手，而是要考查其综合能力。

基于加德纳的多元智能理论，国内外均开发了多元智能测评系统，旨在发现和了解人的智能潜力和特点，目前已经在中小学教育、大学志愿填报、职业生涯规划等多方面得到应用。尽管褒贬不一，但基于多元智能测评产出的报告，确实有助于教师与家长分析学生的具体情况，科学准确地挖掘学生的潜能。多元智能测评样题和测评结果见图 2-1 和图 2-2。

* 3/120 我喜爱随手图画。

○ A.很不符合　　　　　　　　　　　　○ B.较不符合

○ C.较为符合　　　　　　　　　　　　○ D.很符合

* 4/120 我喜欢看电影和其他视觉艺术表演。

○ A.很不符合　　　　　　　　　　　　○ B.较不符合

○ C.较为符合　　　　　　　　　　　　○ D.很符合

* 5/120 我会选择材料、用具,按照自己理念进行设计创作。

○ A.很不符合　　　　　　　　　　　　○ B.较不符合

○ C.较为符合　　　　　　　　　　　　○ D.很符合

图 2-1　多元智能测评样题

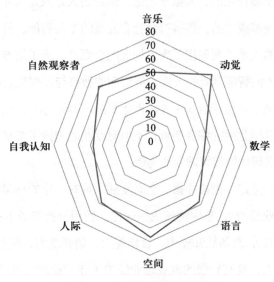

图 2-2　多元智能测评结果

（二）多元智能理论的教育理念

1. 在智力组成方面更倡导综合能力与素质

尽管八种智能是存在于每个人身上的,但都是独立的,每种智能的发展与提升都有着自己独特的规律,具体到个人,可能智能的发展水平是不一的,所以很难通过某一特定智能来判断个体的能力与素质。在正常的条件下,在相应的教育水平支撑下,每个个体都会寻找适合自己的智力发展路径,都会刻意加强某一项或两项特定能力;同时,智力发展往往受先天因素、家庭和地域文化影响,呈现出发展的不平衡性,在对个体的教育和评价中,需要注意其特殊性,强调综合能力的提升[①]。

黑龙江职业学院为了更客观地反映学生的智能发展与综合素质水平,鼓励学生从知识、技能、协作和学习能力等方面进行提升,出台了学生综合素质测评方法。学生综合素质测评成绩记入学生档案,作为评定各类奖(助)学金、评先评优、入党、推荐就业等工作的重要依据。综合素质测评试点班的考评如下:

综合素质测评成绩 = 正式课平均成绩 ×70%+ 活动课平均成绩 ×20%+ 思想道德成绩 ×5%+ 公寓操行成绩 ×5%+ 学生干部附加成绩 ×2.5%+ 校园文体活动附加成绩 ×2.5%+ 专业技能附加成绩 ×3%+ 获得荣誉附加成绩 ×2%+ 减分项。该测评方案自 2017 年开始实施,受到广泛欢迎,避免了唯成绩、唯表现,做到了从各个智能角度反映学生的综合能力。

2. 在人才界定角度倡导多样化

社会对人才的需求是多样化的,偏重于记忆、运算的人才只是人才构成的一部分。每个人生来都是有用的,都是能够成才的,都有符合社会发展的专长智能。传统的应试型教育关注培养擅长记忆与逻辑运算的人才,而忽视了人才构成的全面性。为了培养全面发展的人才,学校的作用是非常重要的。人的智能具有先天性,但后期的教育与发掘是起决定性作用的。

黑龙江职业学院在制定学生毕业 3 ~ 5 年需达到的培养目标时,充分考虑了利益相关方的需求,综合考虑了社会对毕业生的综合要求,不但对专业能力做了要求,而且对非专业能力的达成情况也做了规定。以现代物流管理专业为例:

本专业培养思想政治坚定、德技并修、全面发展,具有一定的科学文化水平、良好的职业道德和工匠精神(非专业能力),掌握物流流程优化、费用分析与成本控制、市场资源整合等专业技术技能(专业能力),具备认知能力、合作能力、创新能力、职业能力等支撑终身发展、适应时代要求的关键能力,具有较强的就业创业能力(非专业能力),面向物流管理领域(专业领域),能够从事仓储养护、配送技术、运输调度、国际货物通关、信息处理等工作的高素质劳动者和技术技能人才(职业特征)。

该培养目标涵盖了毕业生在社会环境下应该表现的职业素养和在岗位环境下应当表现的专业技能,同时体现了专业领域和职业特征,以多样化的视角来核定毕业生在 3 ~ 5 年后需达到的综合能力。

3. 在具体教学方面倡导行动学习、个性发展

虽然每个学生的发展潜力是不同的,但有了合适的教育机会与平台,个体的成长也是能够

[①] 凌兴正. 构建重庆市中职学生综合素质多元评价模式研究 [D]. 重庆: 重庆理工大学, 2014.

可期的，学校应该为受教育者提供基础的平台，同时创设多方位的能够展现学生各项智能的情境，这样学生才能够获得成功。学校虽然无法为每个学生量身定制培养方案，但可以尽可能地改变教学方法与软硬件条件，创设适合学生个性发展的环境，使每个学生都能成功。

八种智能中每种都有自己独特的发展规律，也有不同的依托环境，因此，针对不同智能培育的教学内容，需要不同的教学方法；即便是同样的教学内容，针对不同的班级、不同的学生，也要能够尽量争取因材施教，或采用适应性较强的教学方法。

以黑龙江职业学院现代物流基础课程中的包装课程为例，教材中简单罗列了包装的材料、技法等，只是单纯的知识讲述，学生兴趣低，不愿学习与记忆。给出具体的货品，让学生设计包装方案，查阅资料，然后汇报，效果也不是很好。而将学生分组，每组给一个鸡蛋，让他们用日常收集的快递包装材料进行合理化包装，考核的标准是从高处抛落，保证鸡蛋不碎。学生利用课余和晚自习的时间来制作，课堂汇报，效果很好。包装任务设计见表 2-1，学生任务实施和任务汇报如图 2-3 和图 2-4 所示。

表 2-1　包装任务设计

任务	内容	教学方法	时间	备注
货物包装	任务前期活动	教师讲授	10 分钟	点名、回忆上节课内容
	教师提出实操注意事项	教师讲授	15 分钟	以小组为单位，进行鸡蛋的包装，要求耐摔，具体方法根据上节课内容
	学生实操	实践操作	25 分钟	1～10 组同时操作，教师随时提醒学生注意事项
	学生汇报	学生汇报	15 分钟	汇报本组成功或失败的原因，对包装材料进行分类
	教师点评	教师讲授	15 分钟	点评核心内容：每种货物都有适合的包装材料与技法

图 2-3　任务实施　　　　　　　　　图 2-4　任务汇报

4. 在评价方面倡导多元、多方位

学生的能力是多元的，评价的标准也就不能集中在纸笔测验上，可以包括实践操作、口语表达、报告写作等多种方式；评价的目的也不是展现学生的最终学习成果，而是以评价促进学生能力的提升，强调评价不再是终结性的，而是过程性的；评价不是教师单方面的，而是多维的，包括同学互评、企业评价等。

以黑龙江职业学院"仓储业务管理"课程为例，该课程采用过程性考核与终结性考核相结合的方式，既有纸笔测验，也有实践操作和口语表达、方案制作，平时成绩与期中成绩占到总成绩 50% 以上。课程评价见表 2-2。

表 2-2 课 程 评 价

成绩项目	配分	评量方式	细项配分	说明
平时成绩	40	日常表现	20	（1）出勤 10 分（扣分制），缺课扣 2 分，迟到扣 1 分；课堂中说话、看手机等与上课无关活动扣 1 分；缺勤总课时 1/4 及以上的取消成绩； （2）课堂发言、参与小组讨论 10 分（加分制），积极回答问题、积极参与小组讨论每次加 1 分，如积极发表本人意见，提出有价值观点，根据参与程度与发表观点酌情加分
		方案制作	20	4 人一组共同完成单元仓储工作计划，能够明确完成本人分工并积极协助配合他人，计划条理清晰，结构完整，具备可操作性，得满分；其他情况酌情加分
期中成绩	20	阶段性实践操作	20	4 人一组协同完成入库、在库、出库的相关作业，小组成员在 20 分钟内完成任务，且无货物掉落、机械碰撞等现象，能够精细精地完成本职工作并积极协助配合他人，可得满分；其他情况酌情加分
期末成绩	40	纸笔测验	40	纸笔考核，卷面分 100 分，最终成绩折合，加总平时成绩与期中成绩为总成绩

二、评价标准多元

（一）量化评价标准

量化教学评价是指在评价过程中采用测验的方式去收集和某一教学有关的学生实际表现或

所取得进步的资料，并在对所获得的资料进行数量化分析后，对教学效果做出评价。

量化教学评价首先强调评价的精度、信度和效度，要求能够无误地体现学生的最终学习成果，往往采用调查、统计等方法进行课程的评价，最终体现出的效果要求能够使用数字进行衡量，同时要求确切体现出某个学生或小组在整个组织中的排位，在评价的过程中注意逻辑性，减少人为干扰。其次，量化教学评价要求评价过程能够简单易行，能够使用常规方法进行操作，以减少评价的工作量[①]。

以黑龙江职业学院"现代物流管理"课程为例，本门课程的量化评价部分主要是期末的纸笔测验，首先根据各章学时制定各章配分，见表2-3；其次根据各章配分确定各章题型及难度，见表2-4；最后，试卷批阅核分后，对课程答题情况进行分析，见表2-5。

表2-3　各 章 配 分

教材内容（章）（考试范围）	CP1（物流概述）	CP2（物流包装）	CP3（装卸搬运）	CP4（货物运输）	CP5（仓库存储）	CP6（配货送货）	合计
教学时间（课时）	8	8	8	8	8	8	48
占分比例 理想（%）	17	15	17	17	17	17	100
占分比例 实际（%）	16	16	17	17	17	17	100

表2-4　各章题型及难度

教学目标		1.0 记忆		2.0 理解		3.0 运用		4.0 分析		5.0 评价		6.0 创造		合计	
教材内容	试题形式	配分	题数	配分	题数	配分	题数	配分	题数	配分	题数	配分	题数	配分	题数
CP1（物流概述）	单选题	2	2	3	3									5	5
	多选题	2	1	4	2									6	3
	简答题			5	1									5	1
	论述题														
	案例分析														
	小计	4	3	12	6									16	9

---

① 夏海悠. 多元评价在中职"计算机应用基础"课程的应用研究 [D]. 杭州: 浙江工业大学, 2016.

教学目标		1.0 记忆		2.0 理解		3.0 运用		4.0 分析		5.0 评价		6.0 创造		合计	
教材内容	试题形式	配分	题数	配分	题数	配分	题数	配分	题数	配分	题数	配分	题数	配分	题数
......	单选题														
	多选题														
	简答题														
	论述题														
	案例分析														
	小计														
配分合计	单选题	6	6	14	14									20	20
	多选题	8	4	12	6									20	10
	简答题			20	4									20	4
	论述题			10	1	10	1							20	2
	案例分析							20	2					20	2
	小计	14	10	56	25	10	1	20	2					100	38

注：1. 试题形式指填空题、选择题、判断题、简答题、计算题、分析题、综合应用等形式；

2. 试卷结构应包含主观题和客观题，具体题型由制定人确定，题型不得少于 4 种；

3. 每项配分值为本项所含小题分数的和；

4. 本表各项目视教学目的、实际教学及命题需要可进行适当调整

表 2-5 课程答题情况分析

分析维度	相关情况
学生学习成效分析	学生的分数在 92 分到 60 分之间，按照 60 分及格的参照，学生都已经达到及格标准，90 分及以上 2 人，80 ~ 89 分 18 人，70 ~ 79 分 64 人，60 ~ 69 分 8 人，按照统计学分析来看，平均分数是 75.34 分，中位分数是 75.5 分，众数分数是 76 分（11 个），3 个分数比较接近，说明 3 个班分数较为统一和平均，没有极端分数的出现，但整体成绩不理想

续表

分析维度	相关情况
学生能力达成分析	学生对绝大部分的教学目标、能力指标、核心能力都能够充分达成，但因学生是大一新生，教学目标6对应的协作能力完成不明显，在小组活动中没有充分体现，目标4对应的学习能力因涉及一定的物流优化方案的制作，所以完成度也达不到平均水平，以后在此方面的能力培养需重视；其他教学目标对应的都是专业能力，在整个教学活动中教师和学生都关注此项能力的培养，所以完成较好
课程教学优化建议	在教学过程中小组合作学习还不够明显，在下学期的教学中应着重注意给学生规划小组任务，监督其充分体现在小组中的作用； 本学期课程中实操的完成水平一般，在下学期的课程中着重锻炼此项能力； 学生的分析与优化能力有待改善，需要进行着重培养

（二）质性评价标准

质性评价方法的基本取向在于对评价信息的收集，整理与评价结果的呈现都充分发挥教育主体自身的投入，并以非数字的形式呈现评价的内容与结果。观察、访谈、自我反思等都是重要的质性评价方法。

质性评价认为，资料是对评价者价值观的反映。在评价开始之前，人们不知道他需要揭示的东西。随着资料的收集和分析，所需要的方法将不断显现。不同的调查主题会采用不同的方法，具体有参与观察、行动研究、人种学等。与量化评价的精确定义、精心设计、预设程序和工具等相反，质性评价中的工具和方法是逐渐显露出来的。在学校和课堂、在不同的课程规划阶段，评价者会在评价中不断更新或改进相关的评价程序、工具和变量[①]。

以黑龙江职业学院物流管理专业为例，专业为了记录学生的成长过程，设计了学生成长手册，作为学生在校期间档案袋评价的重要组成部分。档案袋评价是一种新型的质性教学评价工具，是学生在教师的指导下搜集起来的，可以反映自身的努力情况、进步情况、学习成果等一系列作品的汇集。物流管理专业设计学生成长手册的初衷是要求学生在学习过程中将自己的感受、作品、作业、总结、反思、进步或改进措施等逐渐加入手册当中，以促进其主动学习，也使家长和教师能了解学生的能力发展与成长。在大学三年结束后，手册中记录的都是学生的收获与成长，使其能对未来工作生活充满自信。

学生成长手册的一个主要功能是告知，即明确标示学生毕业时需具备的核心能力（见图2-5），以课程地图（见图2-6）的形式告诉学生将来要上的课，学生将来要考的职业证书、

---

① 师月. 基础教育学生质性评价研究 [D]. 扬州: 扬州大学, 2012.

实习实训和技能大赛的基本情况，使学生在每个学期的期初可以知道本学期要修习的课程、参加的比赛、社团活动和实习实训情况，改变以往被动接受、被动参与的局面。

二、我们毕业时应具备的能力

学校核心能力	物流管理专业能力指标
A 沟通整合（协作力）	AGa1 具备团队协作及与物流客户有效沟通的能力 AGa2 具备利用电商平台实现资源整合的能力
B 学习创新（学习力）	BGa1 具备物流信息搜集、整理和应用的能力 BGa2 具备对物流技术、管理方法的创新意识或快递网点的创业能力
C 专业技能（专业力）	CGa1 具备对物流业务多种组合设计不同的解决方案与成本核算的能力 CGa2 具备胜任企业物流基层管理岗位的能力
D 问题解决（执行力）	DGa1 善于发现物流经营中的问题，具备针对问题进行分析并提出解决方案的能力 DGa2 具备运用现代物流管理理念、方法，解决企业物流管理过程中的流程优化的能力
E 责任关怀（责任力）	EGa1 能够真诚守信，礼貌待人 EGa2 关怀他人，恪尽职守，勇于承担责任
F 职业素养（发展力）	FGa1 能够遵守职业道德及物流行业标准，能够吃苦耐劳，爱岗敬业 FGa2 具备适应职业发展环境及岗位变迁的能力

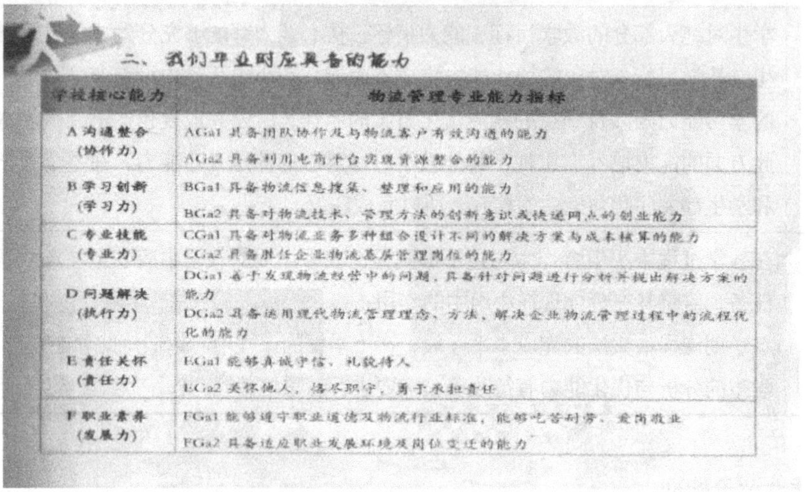

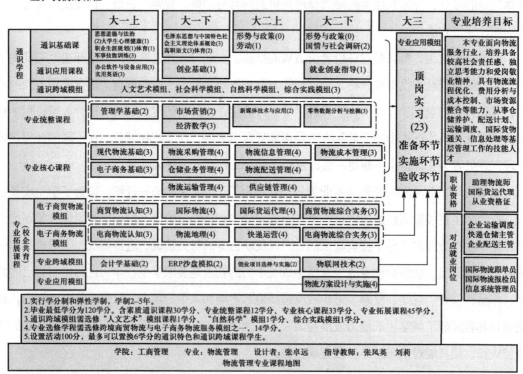

图 2–5　需具备的核心能力

图 2–6　课程地图

成长手册的另一个功能是记录学生的成长历程（见图 2–7），以每个学期中的每个月为单位，学生记录自己的目标、参加的活动、主要的收获、缺憾之处和改进期望。指导教师根据学生的表现添加评语，同时学生也可以将自己的报告、方案等作品加入成长手册。

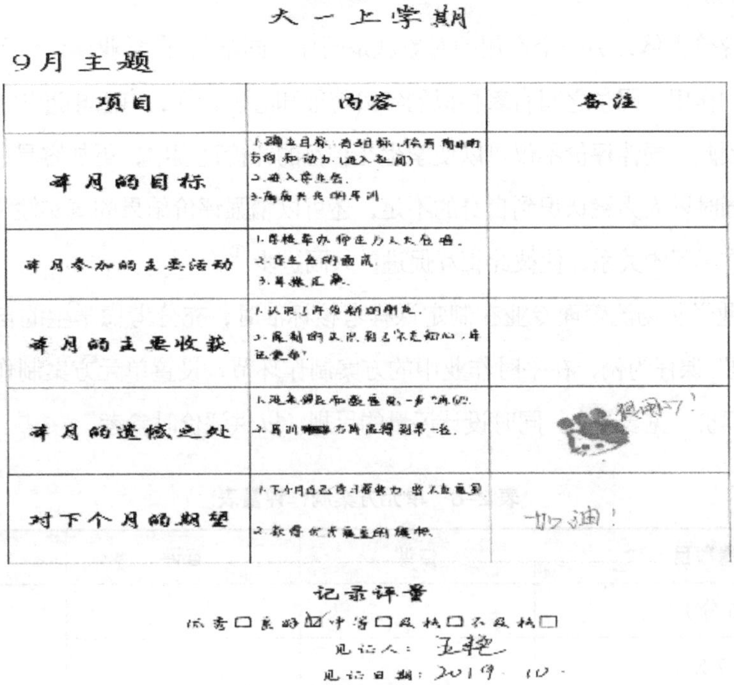

图 2-7　学期的成长主题

三、评价主体多元

（一）学生自评

学生在学业评价体系中具有评价者和被评价者的双重身份。在传统学业评价中，学生一直被视为被测评的对象及评价结果的被动接受者，将教师和学生置于完全对立的位置上，不利于学生的自我发展与完善。

多元评价主体将学生纳入评价主体的行列后，学生以其自身角色的优势，在多元评价主体结构中可以发挥以下功能：

1. 内因功能

学生作为学业评价主体之一，在学业评价活动中进行自我评价，弥补了外部主体评价的不足。心理学家皮亚杰曾说：教师不承担全部评价的责任，而是鼓励儿童逐渐参与对自己的实践成果，作自我评价。一方面，学生的自我评价可以更加准确把握学业评价中情感态度价值观等维度，这些内容往往是外部主体难以依靠评价工具做出准确判断的。另一方面，学生通过参与到对自身学业的评价活动中，能够更为清楚地了解评价的标准，从而制订更加合理的学习计划，改进自我的学习方式与方法。在与其他主体进行合作评价的过程中，也更容易接受来自外部评价的意见，对评价结果产生认同感，从而更加合理地利用评价结果进行自我发展与完善。

2. 外因功能

学生作为评价主体，另一个作用的对象就是同伴（同学）。在学业评价体系中，同伴评价有着非常重要的作用。同学之间有着相似的年龄特征和心理特征，有着相近的人际关系和平等的交往关系。因此，同伴评价不仅可以使学生在相互的评价过程中，更加容易和清楚地发现对方的优缺点，同时以人为镜认识到自身的不足，还可以增强评价结果的真实性和可接受性，增进同学之间合作学习的关系，使彼此相互促进，共同进步[①]。

黑龙江职业学院物流管理专业在制定课程考核标准时，充分考虑学生的自评与互评，以"仓储业务管理"课程为例，在平时作业中的方案制作环节，设置单元方案制作评量表，表中涵盖了3部分评价，见表2-6。同时设计评量的尺规，以供评价时参考。

表2-6　单元方案制作评量表

评量项目	自评	互评	教师评价
1. 计划内容（15分）			
（1）内容翔实（7分）			
（2）有丰富数据（8分）			
2. 可操作性（15分）			
（1）可行性（7分）			
（2）操作过程安全（8分）			
3. 新颖性（15分）			
（1）有创新（7分）			
（2）创新基础上可操作（8分）			
4. 成果分析（20分）			
（1）能够完成储存保养（10分）			
（2）成员获得实践收获（10分）			
5. 团队任务分配（10分）			
（1）职责清楚（5分）			
（2）任务分配合理（5分）			

---

① 任娟. 发展性学业评价之多元评价主体的研究 [D]. 重庆: 西南大学, 2012.

续表

评量项目	自评	互评	教师评价
6. 流程（10分）			
（1）流程具体（5分）			
（2）流程可行（5分）			
7. 计划书（15分）			
（1）排版规范（7分）			
（2）表述流畅（8分）			
合　　计			

（二）教师评价

在传统学业评价体系中，教师是唯一的执行主体，集学生学业评价的设计者、实施者、监督者、结果的使用者等角色于一身。尽管多元评价主体打破了这种单一性的局面，但教师在多元评价主体结构中仍占据主导地位，这是由教师在教学中的主体地位及自身专业能力决定的。教师是教学活动的设计者与实施者，最为清楚评价的目的和要求；教师是学生最亲密的伙伴，对学生的学业情况最为了解；相对其他评价主体而言，教师具有更为专业的评价知识与理论，能够保证整个评价活动的科学性和有效性。教师评价示例见表2-7。教师在多元评价主体结构中主要发挥以下功能：

1. 对学生学业的鉴定与发展功能

教师是评价主体，同时也是教学主体，在教学活动与评价活动开展的过程中，可以充分利用这个双重身份，通过对学生在教学过程中所表现出来的知识技能、过程方法、情感态度价值观等方面的评价，改进和完善自己的教学，实现以评促教、以教促学，从而使学生的学业得到不断的发展和提高。与此同时，教师作为多元评价主体结构中唯一的正式评价主体，承担着对学生的学习结果进行以标准化测验为主的测评工作。因此，教师具有发展与鉴定的双重功能。

2. 对其他评价主体的引领与组织功能

在多元评价主体结构中，教师具有得天独厚的专业优势，在评价活动的运行体系中，教师应发挥其优势，引领与组织其他评价主体共同协作完成评价任务。一方面，教师应在评价观念上进行引领，使评价主体树立发展性的学业评价观；另一方面，教师应统筹安排各评价主体在评价方案制订、评价信息收集及反馈、评价结果使用等环节中的任务，使评价工作有序开展。

51

表 2-7　期中实操教师评量表（减分制）

评量项目	教师评价	评量标准
1. 堆码错误（15分）		出现数量与层数错误，一次扣5分，扣完为止
2. 货损货差（15分）		出现商品倒置、挤压，一件扣1分，扣完为止
3. 出入库货位选择错误（15分）		出现一次即全部扣完
4. 保养理货（20分）		出现跌落、货差，一次扣4分，扣完为止
5. 拣选作业（10分）		出现直接掏货、拖拉商品，一次扣5分，扣完为止
6. 操作规范（10分）		出现货叉站人、托盘踩踏等，一次即全部扣完
7. 现场管理（5分）		出现托盘、地牛未归位，一次扣1分，扣完为止
8. 作业时间（10分）		30分钟以内完成，满分。30分钟以外，每增加1分钟扣1分，扣完为止
合　　计		

注：本操作为4人一组，本表打分成绩为小组成绩，亦作为个人成绩，满分为100分，折合为20分成绩作为学生期中的评量成绩。

（三）第三方评价

1. 家长评价

家长能够在学生校外的学习情况上及学生学业的过程与方法、情感态度、价值观等维度上提供更多的评价信息，从而有效解决评价技术的有限性和教育追求的无限性之间的矛盾。除此之外，家长参与学生的学业评价还可以改善家长、学生、教师之间的关系，形成有利于学生和谐发展的互补合作态势，进而促进学生健康和谐地发展。

2. 企业评价

企业主要是指在校生实习实训的单位。企业的评价更加公平准确，相对于自评、互评、教师与家长评价，企业与学生的关联性较低，往往容易从旁观者的角度来客观地评价学生。企业是培养目标制定的重要参与者，企业的评价更贴合未来需求，其评价更便于对培养目标进行反思，也更容易对培养目标进行修正。需要注意的是，学生实习实训的时间一般不长，如果企业对学生关注度较低，容易造成评价不准确，需要与其他评价方法结合使用。

黑龙江职业学院物流管理专业在学生实习实训时，要求指导教师与企业导师对学生进行共同评价，评价基于学校制定的核心能力，在自评、教师打分和企业评价的基础上进行加权，最终得出学生的综合成绩。

第二节　学习结果测量理论

一、加涅的学习结果分类理论

（一）学习结果分类理论简述

学习结果分类理论是由著名教育心理学家罗伯特·加涅提出的教育教学领域的重要基本理论，将学习结果分为智慧技能、认知策略、言语信息、动作技能和态度五方面。每个学习者都会通过学习获得以上学习成果，施教者也会通过分析以上学习成果来设计教学目标、过程和评价尺规。

1. 智慧技能

智慧技能是最基础的一项能力，主要由辨别、概念、规则和高级规则四部分组成。辨别是最基础的一个层次，最高层次是高级规则，它们之间是递进关系，只有低级的能力得到以后，才能发展下一个等级的能力[①]。其中辨别是指能够区分事物差异的能力，如辨别电动堆高机与电动搬运车之间的结构区别；概念是指反映同类事物的本质特征和事物分类的能力，如按功能对物流设备进行分类；规则是指概念和概念之间的关系，如物流企业出库作业时应尽量遵守"先进先出"的规则；高级规则是规则与规则的结合，强调对知识的应用能力，如根据经济和适用的原则为仓库选择合适的设备。

2. 认知策略

认知策略是学习者用来支配自己的注意、学习、记忆和思维的有内在组织的才能，这种才能可以对学习进行执行控制，其更偏重于一种内在的能力。相比较智慧技能，认知策略是一种处理内部世界的能力，控制学习者本身的认知过程，与自我意识发展水平有关；而智慧技能是一种处理外部世界的能力，它需要调控的是个体与外部环境之间的关系。

3. 言语信息

言语信息即掌握以语言信息传递的内容，学习的结果是通过言语信息表现出来的，帮助学习者解决是什么的问题。言语信息包括3方面的内容：符号记忆，如字母、单词等；事实性信息，如农业是国民经济的基础行业；有结构的整体信息，如了解某一物流企业流程，画出其组织流程图。

4. 动作技能

动作技能是指通过后天的练习获取一定的肌肉能力，包括学习者在活动中学习各种动作技

[①]　王晓玲. 试析加涅的学习分类理论 [J]. 盐城师范学院学报 (人文社会科学版), 2004(2).

能以及含有动作技能的操作程序。如果涉及复杂的运动技能，可以被分拆为若干组成部分，这些组成部分就是分技能。学习者可以先练习这些分技能，然后再把它们联系起来，作为总技能进行练习。如堆高机入库上架可以分为起升与上架两部分，可以让学生拆分练习，然后连续操作，如图 2-8 和图 2-9 所示。

图 2-8　起升训练

图 2-9　上架训练

动作技能最显著的特征是可以通过练习而改进，并且动作技能一旦掌握并且熟练，就很难遗忘，即便长期不使用，恢复性训练也较容易，这种特点不同于智慧技能、信息和态度等性能的学习。

5. 态度

态度属于情感领域，是指对人、对事、对物的基本倾向。态度的评价是最困难的，但态度对人的影响又是起决定性作用的。工作态度、学习态度、为人处世的风格往往决定了人生走向。态度最主要的习得方式是模仿，态度的学习和改变对每一种教育计划都非常重要，态度学习渗透在一切学科学习中，因此，态度是学校教育的最重要目标之一，也是人的最重要素质之一。态度包括对家庭、工作单位、学校和社会的情感，有关于个人的品德方面，以及对某种活动表现出来的情感。

学习结果分类举例见表 2-8。

表 2-8　学习结果分类举例

学习结果	分类举例
智慧技能	（1）区分"物流"与"物流管理"的概念区别； （2）为包装材料做分类

续表

学习结果	分类举例
认知策略	（1）为仓库的温湿度控制想一种方法； （2）把3个湿度概念放在一起，对比记忆
言语信息	（1）说出运输的5种方式； （2）陈述"先进先出"的出入库原则
动作技能	（1）使用手动打包机进行货物捆扎； （2）使用托盘车进行货物的搬运
态度	（1）热爱物流的岗位工作； （2）养成精细精准的操作习惯

（二）学习结果分类理论下学习目标的制定

作为学校特定的"产品"，学生的成就高低代表着学校的办学水平。每个学校都有自己的办学理念，每个专业也有自己的办学理念，所以，教育的目标设定是有层次性的，一般是从简单到具体。黑龙江职业学院设计了三级培养目标（见表2-9），教学活动与评价均围绕此展开。

表2-9　三级培养目标

年级	学校培养目标	工商管理学院培养目标	物流管理专业培养目标
2020	（1）具备有效沟通协作和独立思考能力的终身学习者； （2）具有必备专业知识和较强实践能力的技术技能人才； （3）具有敬业精神和全面发展的负责任公民	（1）具备高效沟通、团队协作、独立思考能力和创新创业意识的终身学习者； （2）具有必备商贸领域知识和较强商贸实践能力的技术技能型人才； （3）具有敬业精神和全面发展的负责任公民	（1）具备高效沟通、团队协作、独立思考能力和创新创业意识的终身学习者； （2）具有必备物流领域知识和较强物流实践能力的技术技能型人才； （3）具有敬业精神和全面发展的负责任公民

在教学过程中，目标的设定非常重要，因为教学是一种有目的性的行为，教师和学生都会为了此目的而努力。这个目标可能是专业的教育目标，也可能是课程的教学目标。

学习目标就是学生通过学习以后能做什么的一种明确且具体的表述，它主要描述学生通过学习以后预期产生的变化。教师制定的教学目标即是学生的学习目标，也可以将学习目标理解为表现性目标，学生通过学习所发生的变化或习得的新的性能能够表现出来，被教师观察到，或者能被学生自己察觉到并陈述出来。不是所有的学习目标都能外显出来，还有一些学习目标

55

无法通过行为观察得知是否已经习得 [①]。这就涉及学习的目标分类。

（1）智慧技能是课程中最基本也是普遍的教学内容，在学校学习中占有核心地位，更强调学生循序渐进地学习。如"商贸物流认知"课程中的教学目标"能理解商贸物流企业的行业发展现状"，需首先对物流企业的分类进行简单了解，知道商贸物流企业在物流行业中的地位与作用，才能达成本教学目标。在教学目标中反映智慧技能习得的动词主要是鉴别、归类、识别、解决等。

（2）认知策略是对心理能力和认知发展水平的体现。它是学生对自己正在进行的活动进行监控的过程，可以帮助学生不断自我反思、改正和创作，体现了学生的自我意识、认知能力和调控能力。在编写认知策略教学目标时，常用的动词是创设、编制、开发、反思、总结等。如"能对商贸物流企业作业流程简单分析"，需在现场了解商贸物流企业的作业流程后，进行反思与总结，然后分析其优缺点。

（3）言语信息的概念。言语信息的具体项目储存于命题网络中，而命题网络则以共有的概念彼此联系。所以，如果学生可以将信息以命题的方式表述出来，那么就可以说明学生已经获得了言语信息的知识。如"能诠释商贸物流企业的储配作业流程"，即是学生在掌握商贸物流企业的储配作业流程基础上，通过分析流程优缺点，然后用自己的语言进行组织，以旁观者的角度来解释作业的流程。言语信息的获取体现在教学目标中，出现的动词一般是说明、陈述、背诵、列举、解释等。

（4）动作从肌肉、神经建立的条件反射来体现，也包含了思维或其他心理过程，如认识、改正、判断动作准确性等。动作技能要求学生在完成操作任务时，在了解概念、规则后，通过反复的使用和练习以使技能达到自动化的程度。如"商贸物流认知"课程中的教学目标"能对商贸物流企业的基本设备进行简单操作"，需要知道商贸物流企业经常使用的设备包括哪些，设备的基本结构、功能与运作规则是什么，再现场模仿企业的员工操作，转化为自己的动作。动作技能在教学目标中使用的动词主要敲击、操作、使用、表演等。

（5）态度是一种内部状态，实质上是一种情绪情感。积极的情感态度有利于实现良好的教学效果。态度的转变可以采用替代强化的方式进行。替代强化是指通过榜样人物或示范行动的选择，伴随奖励或者成功，使学生行为间接引起强化。如"商贸物流认知"课程中的教学目标"能积极遵守商贸物流企业的工作要求"，在了解企业的工作要求后，以积极的态度来模仿与适应企业的要求。学生可以通过模仿、角色扮演、合作等方式，在一个真实或模拟的情境中做出

① 吉菁,韩向明.加涅学习结果分类理论对确定课堂教学目标的启示 [J].教育理论与实践,2002(S1).

期望的选择。体现在教学目标中采用的动词不确定，使用较多的是一些代表程度的副词。

　　教师将教学内容根据加涅的五种学习结果理论进行分类，可以使纷乱繁杂的教学目标具有清晰的思路，并且能够精确地表述。对于教师来说，可以清楚地知道学生要获得的是哪一类型的知识，根据使其有效的内、外条件制定尽可能详细的目标，这样就可以有针对性地采用合适的教学策略和方法，改善教学过程。尽管学科不同，但只要是同种学习结果的知识，就可以用同一种模式进行教学设计，优化了课堂教学，也有利于提高学生的学习效果。不同课程教学目标分类见表 2-10 和表 2-11。

表 2-10　仓储业务管理课程（专业课程）教学目标分类

教学目标	分类
1. 能诠释仓储作业基本流程	言语信息
2. 能运用基本的装卸及仓储设备对物资进行安全操作	动作
3. 根据储存物资的特点，进行商品养护	认知策略
4. 进行储存分析、计算储存指标，能设计优化作业方案	认知策略
5. 能在方案指导下完成普通及特殊货品出入库作业	动作
6. 能积极解决企业仓储作业中发现的问题	态度

表 2-11　现代物流基础课程（专业基础课程）教学目标分类

教学目标	分类
1. 能准确描述现代物流基本理念与系统构成	智慧技能
2. 能说明物流企业的基本运作流程	言语信息
3. 熟练操作简单的物流设备	动作
4. 采集客户需求信息，制定简单的物流方案	认知策略
5. 能对物流企业的运营进行简单分析	认知策略
6. 树立团队协作的理念	态度

（三）学习条件

　　教学中学习的条件，就是教学应该考虑的影响学习的全部因素。加涅认为引起学习的条件有两类：一是外部条件，独立于学习者之外，一般是指学习环境，包括教师教学时向学生提供的交流信息、教学媒体及其他影响因素，它们以整体或个别方式存在。二是内部条件，存在于学习者自身，是学生在开始学习某一任务时与该任务有关的知识和能力，也就是学习者先前习得的性能。

1. 外部条件

加涅根据一次学习活动所经历的内部过程，将学习的外部条件概括为下列各种活动：

（1）引起注意，告知学习目标，建立适当的预期。

（2）提示学生从记忆中提取先前学习的内容。

（3）以清晰和富有特色的方式呈现材料，确保选择性知觉。

（4）提供学习结果的反馈。

（5）评估作业，包括提供学习结果反馈的机会。

应该注意的是，这里所列举的外部条件，并不是在每一次教学活动中都必须出现。这些外部条件有的由教师或教学工作者操纵，有的由教材决定，有的甚至由学生自己操纵。一个有学习经验的学生，通过努力可以自己提供这些条件中的大部分。加涅根据学习结果的类型，提出了相应的外部条件。

加涅认为，智慧技能的外部条件是提示需要回忆的技能，并告诉学生学习目标，用提问、陈述或暗示的方法"引导"新的学习，提供与习得技能的相关例子称为学生练习；认知策略的外部条件可以通过言语交流提示给学生或以简单形式向学生演示，并给予认知策略较多的练习机会，因为认知策略的使用可在练习中得到精练和提高；言语信息主要是提供"线索"，使认知结构与正学习的技能有关，并把有意义的信息融入该背景，也可告知学生学习目标；动作技能在学习"执行性子程序"时，教师应提供某种信息交流，可使用言语教学或提供示意图等，而在提高部分技能和整体技能的准确性、速度、质量时，应提供重复练习的机会；态度的学习应提供榜样及伴随的反馈、奖励或成功等，它可以描述为以下步骤：呈现榜样和建立榜样的吸引力和可信度，学生回忆态度适用的情境知识，榜样交流或演示所要求的个人行为选择，交流或演示随着行为结果的产生，榜样感到快乐或满意，并且最后对学生产生替代强化[①]。

2. 内部条件

内部条件包括学习者固有的内在状态（包括先天的和先天与后天作用发展形成的，如工作记忆容量、人格特质和已习得的性能等）。内部条件又可分为必要性的和支持性的。个体已习得的性能是必要的内部学习条件，是正在学习的性能的组成成分，它们是作为先前事件发生的，没有这些事件的学习，正在学习的性能就不能获得。支持性条件则使性能的学习更容易或

---

① 吴兰花.浅谈加涅的学习分类及其条件 [J].萍乡高等专科学校学报, 2003(1).

更迅速，它只起支持性作用[①]。例如，"商贸物流认知"课程中的教学目标"能对商贸物流企业的基本设备进行简单操作"，学生要完成这个教学目标必须要知道商贸物流企业经常使用哪些设备、设备的基本结构和用途，以及通过模仿和练习学会一些简单的操作，这些都属于必备条件。严谨认真的工作态度虽然不是必备条件，但会使学生更努力地完成目标，因此属于支持性条件。

学习结果的必要性与支持性前提条件及举例见表 2-12 和表 2-13。

表 2-12　学习结果的必要性与支持性前提条件

学习结果	必要性前提条件	支持性前提条件
智慧技能	低阶的智慧技能	态度、认知策略、言语信息
认知策略	智慧技能	态度、智慧技能、言语信息
言语信息	低阶的言语信息、智慧技能	态度、认知策略
动作技能	智慧技能、基础动作技能	态度、言语信息
态度	智慧技能、言语信息、动作技能	态度

表 2-13　学习结果的必要性与支持性前提条件举例

教学目标	学习结果	必要性前提条件	支持性前提条件
能领会商贸物流企业的行业发展现状	智慧技能	行业分类与行业发展历程	认真的态度，分析现状并能表达
能对商贸物流企业的基本设备进行简单操作	动作技能	了解基本设备，会简单设备的操作	认真的态度
能初步诠释商贸物流企业的储配作业流程	言语信息	了解作业流程，流畅的语言表达	认真的态度，分析工作流程的特点
能对商贸物流企业作业流程进行简单分析	认知策略	了解作业流程	认真的态度，流畅的表达
能对商贸物流企业的信息进行搜集和整理	认知策略	了解企业信息的分类及搜集与整理的方法	认真的态度，信息技术手段
能遵守商贸物流企业的工作要求	态度	了解各种要求，能复述要求且遵守	认真的态度

[①]　何宏耀. 加涅教学设计的原理、模式与方法 [J]. 西南民族学院学报 (哲学社会科学版), 2002(4).

（四）教学结果的测量与评价

1. 对言语信息学习的评价方法

在课程教学中，一般言语信息的载体包括概念、解释、常识、现象等。教师通常要及时评价学生是否习得了这些言语信息，这关系到学生是否能在大量的信息积累后，用自己的方式进行表达。即对言语信息的评测，要考核学生对知识的记忆、分析与表达等能力。在授课过程中，任课教师会布置一定的任务，对于接受高等教育的学生来讲，一般不应是简单的记忆类知识，需要经过一定的分析与加工整理，然后分组或单独汇报，评价其是否掌握了相应的知识，以及是否对知识做了足够清晰的阐述。同时，纸笔测验也是一种常见的评价方式，在练习题和考试测试题中，通常有针对言语信息类学习结果而出现的论述或案例分析题，可以通过文字组织能力考核学生的言语信息成果。

2. 对智慧技能学习的评价方法

智慧技能分为四个层次，从低到高分别为辨别、概念、规则与原理、问题解决。在职业教育专业课程的学习中，辨别事物特征、厘清相关术语概念、学会运作的规则与原理、解决具体问题等是智慧技能学习的主要内容。这些内容的评价可以通过课堂问答及时得知学生的掌握情况。另外，纸笔测验是评价智慧技能的重要手段，包括小测验、期中期末考试等，题型可以包括选择题、判断题、综述题、案例分析题等。

3. 对动作技能学习的评价方法

职业教育非常重视学生的实践技能培养，要求专业课程的学时中，实践学时不得少于一定比例，同时开设一定的实训类课程，鼓励学生动手操作。动作技能的考核一般是实践操作，教师根据评价尺规对实践操作进行评分。以"仓储业务管理"课程为例，学生每4人分为一组，模拟物流企业出入库的作业流程，按照分工不同，完成信息处理、堆码、上架、盘点、补货、下架、理货、装车等作业，教师根据评分标准对每个组的操作进行评价。

4. 对认知策略学习的评价方法

认知策略有很多种类，如复述策略、精加工策略、组织策略、理解监控策略、情感策略等。要确定学生是否习得了某一项策略，教师可以通过在课堂上要求学生将思考过程用语言描述出来。相对复杂的方法是布置一定的任务，如设计企业作业的方案、设计企业流程等，要求学生分组或独立完成，并以书面方式提交。另外，还可以通过集中的纸笔测验，全面了解学生的学习情况。如果是小考或期中考试，可以有针对性地在课堂上进行反馈，这样会更加高效。

5. 对态度的教学评价方法

态度评价包括两方面内容：一是提升学生的学习动机、自我学习能力；二是通过教师的引导、课程思政要素的导入，提升学生的爱国心、职业素养，对专业的认同感等。对态度的评价通常需要通过不引人注意地观察学生在学习中和学习后的行为和反应。也可以通过调查问卷来了解学生是否习得了该种态度，但由于学生可能不愿意说出自己真实的想法，所以信度存疑，可通过匿名的方式来提升学生填写问卷的真实性。

教学结果可采取不同评量方式，见表2-14。以"现代物流基础"课程评价为例，其教学目标评价实施见表2-15。

表2-14 评量方式

评量方式	具体方法
纸笔测验	小考、期中纸笔测验、期末纸笔测验
实作评量	作业、实作成品、日常表现、表演、观察、轶事记录、实践操作
档案评量	书面报告、专题档案
口语评量	口头报告、口试

表2-15 "现代物流基础"课程（专业基础课程）教学目标评价实施

教学目标	评价方法
1. 能准确描述现代物流基本理念与系统构成	口语表达、纸笔测验
2. 能说明物流企业的基本运作流程	口语表达、纸笔测验
3. 熟练操作简单的物流设备	实践操作
4. 采集客户需求信息，制定简单的物流方案	书面报告、专题档案
5. 能对物流企业的运营进行简单分析	书面报告、专题档案
6. 树立团队协作的理念	观察、实践操作

二、布鲁姆掌握学习理论

（一）掌握学习理论

传统教学长期坚持用正态曲线模式来评价学生的学习成绩，教师往往人为地预期1/3的学生学习成绩一般，1/3的学生学习成绩优异，1/3的学生学习成绩不及格，然后根据预期进行教学策略的设计。经过长期的实践研究，布鲁姆发现如果给予的学习时间和教学条件适应每位学生的学习需求，学生的学习成绩分布将呈现为高度偏态。因此，布鲁姆认为一味地追求学习成绩正态分布将削弱学生的学习动机，压制教师的创造力，有碍教学质量的提高[①]。许多学生学习成绩不理想的原因不仅仅在于智力因素，还在于未能得到适当的学习时间和教学帮助。因此，绝大多数学生都能掌握教学内容，只不过一些学生所花费的时间较长，所需要的帮助多一些而已。

掌握学习理论是指只要学生具备所需的各种学习条件，任何学生都可以完全掌握教学过程中要求他们掌握的全部学习内容。布鲁姆指出："如果按规律有条不紊地进行教学，如果在学生面临学习困难的时候和地方给予帮助，如果为学生提供了足够的时间以便掌握，如果对掌握规定明确的标准，那么所有学生事实上都能够学得很好，大多数学生在学习能力、学习速度和进步的学习动机方面就会变得十分相似。"布鲁姆相信："如果学校提供了适当的学习条件""几乎所有的人都能学会一个人在世上所能学会的东西。"

布鲁姆掌握学习教学的实施过程可以概括为以下环节：

（1）教学准备：教师对教学目标和教学内容进行分析，确定教学计划。为了使教学适合学生的需要，实施因材施教，教师需要对学生进行诊断性测试（前测），进而了解学生的认知前提和学习动机、学习态度等情感前提。

（2）学生定向：教师向学生介绍掌握学习的方法、策略，使学生明确学习目标并树立信心，让学生相信只要经过努力就能掌握学习内容，为学会而学习。

（3）常规授课：教师按照事先设计的教学单元进行集体授课，依据教学目标提出问题，启发学生思考，开展讨论，给予学生相同的学习时间。

（4）反馈：在某一个教学单元完成之后，教师对学生进行本单元的形成性测试，并向学生指明已经学会了什么，在掌握下一学习任务之前还需要学习什么。形成性测试可以反映各个学生的学习进度和学习困难，教师可以根据学生的学习情况及时对后面的教学进行适当调整，对学生的学习困难进行及时帮助。

（5）矫正：布鲁姆认为掌握学习教学策略的关键在于采用系统的反馈、矫正程序。在反馈的基础上，针对各个学生的学习困难，提供个性化的矫正性帮助。对于达到掌握水平的学生，可以完成提高性的学习活动或者辅导未达到掌握水平的学生；对于未达到掌握水平的学生，教师采用个性化的帮助方式，如学习小组、个别辅导、教辅材料学习等，直到学生掌握所教内容后，再进行下一单元的教学[②]。

（6）总结性评价：教师在教学结束时实施终结性测试，进行教学评价，评定学生对于教学

① 王会娟. 布卢姆掌握学习理论研究 [D]. 哈尔滨: 哈尔滨师范大学, 2011.

② 王欢. 基于学习结果分类理论的初中古诗词教学策略研究 [D]. 成都: 四川师范大学, 2020.

目标的达成度，给予学生相应等级。

（二）教学评价（形成性）

为了实施掌握学习理论，布鲁姆还提出了教学评价理念，包括诊断性评价（前测）、形成性评价（中测）和总结性评价（后测）3个层面。诊断性评价是在教学前进行的，以了解学生的基本能力，便于设计恰当的教学内容和方法；形成性评价是在教学过程中进行的，目的是发现问题，及时调整教与学；总结性评价是在教学结束时进行的，可以考核教学效果。

形成性评价的核心思想是对学生学习过程的监控及反馈，关注的不仅是学生的学习，更重要的是关注学生情感态度的发展。形成性评价是指以评价目标为导向设计任务，要求评价者设计、调整各种适当的活动任务，系统地收集学生的学习信息，采用恰当的评价方式及评价手段，对学生的学习效果进行评价、分析，将其结果反馈给教师、学生，用于调整教和学的过程，促进学生学习成绩、学习态度以及自我成就感的发展[①]。

为了保证实际投入到课程学习的时间，也为了从低到高、从简单到复杂地达成单元学习目标，在整个课程教学中，采用形成性评价，各单元都设置测试评价单元学习效果，评价结果直接反馈给学生和教师，学生根据反馈查漏补缺，教师根据反馈调整教学重点和后续教学内容[②]。下面详细介绍形成性评价的具体实现工具。

（1）纸笔测验。传统的评价工具永不过时，纸笔测验在考查学生的专业知识和技能方面是最有效的，通过测验的结果，教师可以了解学生在认知方面的发展情况，明确与期望目标的差距。试卷是进行测验最有效的手段之一，它的优势在于具有可量化的题目，相比于其他评价工具，试卷的操作性较强，也较为公平和公正。形成性评价的纸笔测验一般只是平时小考和期中测试，进行形成性测验时，要注意控制测试内容的范围，应以促进学生进步和掌握单元内容为主。

（2）评价量表。评价量表多以表格的形式出现，主要包括指标、评价内容和权重等变量，它以评价目标为依据，确定考查指标，其评价标准较为统一，规定了要评价的内容和要求学生达到的程度，明确了学生专业学习的发展方向。它的优势在于操作性较强，也较为准确。评价量表不仅适用于教师评价，也可让学生作为评价主体，应用它来进行自评和互评，学生通过交流，可以增进沟通与合作。以黑龙江职业学院某课程为例，学生平时成绩评价量表包括出席状况、课堂表现、作业表现和口语表现，见表2–16。

---

① 李菲. 掌握学习理论及其在我国中小学教学中的应用 [D]. 武汉: 华中师范大学, 2003.
② 袁华, 陈泽濠. 形成性评价在课程教学中的应用和实践: 以计算机网络课程教学为例 [J]. 计算机教育, 2018(2).

表2-16 学生平时成绩评价量表（平时考核使用）

学生姓名：_____ 评价期间：自　　年　月　日起至　　年　月　日止

学　　号：_____

班　　别：_____ 评量日期：

评量要项	得分	评语与建议
一、出席状况（50%）		（从旷课、请假、迟到或早退、参与学习活动或会议等方面给出评语与建议）
二、课堂表现（15%）		（从学习态度、课堂任务、资料查询能力等方面给出评语与建议）
三、作业表现（15%）		（从上交情况、准确率、知识整合运用、处理问题能力等方面给出评语与建议）
四、口语表现（20%）		（从口语表达能力、内容组织能力、回答问题、时间控制等方面给出评语与建议）
总评		总分：

评量标准：

向度	A	B	C	D	E
1.出席情况（50分）	不曾，请假、迟到或早退，且踊跃参与学习活动或会议	不曾请假、迟到或早退，且对参与学习活动或会议态度尚佳	按照规定请假、不曾迟到或早退，且对参与学习活动或会议态度尚佳	按照规定请假、不超过6次迟到或早退，但对参与学习活动或会议态度不积极	常请假、迟到或早退（超过6次），且对参与学习活动或会议态度不积极
2.课堂表现（15分）	学习能积极主动、课堂任务精准完成、与老师互动效果很好、实践操作准确	学习能较积极主动、课堂任务正确完成、与老师互动效果较好、实践操作较准确	学习能主动、课堂任务较正确完成、与老师互动效果较好、实践操作一般	学习主动性较差、课堂任务完成较少、与老师互动效果一般、实践操作一般	不学习或不完成课堂任务、不进行实践操作
3.作业表现（15分）	作业上交及时，准确率很高，能将知识整合、灵活运用，处理问题能力很强	作业上交及时，准确率较高，能将大部分知识整合、灵活运用，处理问题能力较强	作业上交及时，准确率较高，能将部分知识整合、运用，处理问题能力一般	作业上交较晚，准确率较低，不能将知识整合、运用，处理问题能力较差	没有上交作业，准确率很低，知识点错误

续表

向度	A	B	C	D	E
4.口语表现（20分）	讲述流畅、精准，主题表达明确、逻辑清晰，时间控制很合理	讲述通顺、正确，主题表达较明确、逻辑正确，时间控制较合理	讲述尚可、较正确，主题表达部分明确、逻辑需加强，时间控制一般	讲述欠通顺、较正确，主题表达不清、逻辑欠佳，时间控制不当	讲述混乱或无法回答问题，缺乏逻辑，时间控制分配不当

注：各向度的 A、B、C、D、E 的得分分别按向度配分的 100%、80%、60%、30%、0% 给出

（3）学习计划。学习计划是教师与学生之间签订的书面协议，它规定了学生要履行的学习义务。学习计划并不是教师对学生提出的各种要求的集合，而是在教师和学生的共同商讨下形成的利于学生开展自主学习的内容，它为学生的自主学习提供了基本架构。学习计划大多以课程或单元教学目标来体现，见表 2-17。

表 2-17 单元教学目标

分类	具体目标
知识	（1）认知仓储活动的基本功能； （2）理解仓储设施的布局与设备的结构
技能	（1）能初步认知仓储活动带来的经济价值； （2）会使用基本的仓储设施设备
素养	具有一定小组间的合作能力

（4）教学记录。教学记录是一种质性的评价工具，教师通过考核，可以对学生知识和技能的掌握情况、情感态度价值观等方面进行评价。单元教学记录是教师了解学生和审视自身教学的有效手段。以黑龙江职业学院某课程为例，每个教学单元结束后，教师总结授课情况、学生的知识掌握程度、学习状态等，将其记录下来，然后选择性地向学生反馈，见表 2-18。

表 2-18 单元教学记录

序号	单元名称	上课时间	单元教学记录	撰写时间
1	物流概述	9.20—10.19	（1）刚开始接触物流专业课，学生能积极参与课堂活动； （2）以案例和查阅资料为主展开教学活动，能调动学生的学习热情； （3）利用了一定的视频、图片和精品课程的资源； （4）由于是大一学生，对于小组学习的方式还处于适应状态	10.19

序号	单元名称	上课时间	单元教学记录	撰写时间
2	物流包装	10.22—11.2	（1）本单元的课程采用了一定的实操活动，学生乐于参与； （2）带领学生对实操活动进行总结，学生自主总结知识点； （3）学生开始熟悉实训室的物流设备； （4）对于包装的实操活动，有一些小组的总结不够到位，需要教师提示，自主学习能力有待加强	11.2
3	装卸搬运	11.5—11.16	（1）本单元开始接触物流企业的实务，需具备一定的物流设备使用优化意识，学生已经具备一定的使用能力； （2）学生对操作活动比较感兴趣； （3）本单元使用了任课教师参与过的设备选择案例，教学效果较好； （4）实操评量的尺规设计有些过高，以后需改进	11.16
4	物流运输	11.17—11.30	（1）本单元为案例导入，学生完成任务并进行汇报，任务的整体完成效果尚可，但学生的口头表达能力有待锻炼； （2）本单元打破了教材的顺序，如运输方式的特点，采用对比分析的方式，学生对此掌握较好； （3）对学生小组成绩的给定还需要考虑，可以考虑在以后教学中教师干预学生的小组学习分工； （4）学生的合作学习意识还需要培养	11.30
5	仓库存储	12.1—12.10	（1）学生能初步认识仓储的主要工作流程，但堆码方案设计还有1/3的学生完成有一定难度； （2）学生对堆码环节中的托盘利用率有一定的优化意识； （3）本单元测验中学生对记忆性的知识掌握不错，案例分析能力有待加强； （4）本单元内容为国赛主要测试部分，尝试将部分内容引入课程教学，很多学生感觉有一定难度，需要降低难度	12.10
6	配货送货	12.11—12.20	（1）本单元教学中使用了国赛与省赛中的相关资源，吸取上单元经验，降低了难度，效果较好； （2）本单元的教学指标达成度较其他单元高； （3）布置了以小组为单位完成的课堂作业，学生开始适应小组学习； （4）部分小组上交的课堂作业有瑕疵	12.20

第三节 常模参照评价与标准参照评价

学习成果是学生经过一段时间学习或进行某个教学单元的学习之后的学习所得。学习成果既是学校的人才培养目标，也是家长、教师和企业对学生的学习期望。评价结果的准确性不仅要从学生的知识、技能等方面考核，更要突出对学生的综合能力及职业素养进行评价。

根据评价所依据的不同标准和解释方法，可以将评价分为常模参照评价和标准参照评价。常模参照评价与标准参照评价是性质不同的两种评价方式，它们从不同的角度为我们的教学改进提供信息，发挥着各自特定的功能。随着教育改革的不断深入，了解这两种评价方式的原理与方法，并在实践中进行科学设计、合理实施是必须认真对待的问题。

一、常模参照评价

（一）含义

常模参照评价是指评价时以学生所在团体的平均成绩为参照标准（常模），根据其在团体中的相对位置（或名次）来报告评价结果。例如，某学生在数学测验中得 80 分，经与百分位数常模对照，发现该生的百分等级是 85，85 这个数字表示该生成绩优于其他 85% 的学生。

常模参照评价对学生学习成果的解释采用了相对的观点，着重于学生之间的比较，比较学生之间的学习差异，主要用于选拔（如升学考试）或编组、编班。它的客观性很强，并已经经过近百年的发展，有一套测量和统计方法。它是以正态分布的理论为基础，所表示的是学生之间的比较，而与教育目标没有直接关系。一般大型的标准化考试、升学考试、心理测试，以及各种竞赛性考试等属于此类评价[①]。

常模参照评价可以清晰地体现被试在团体中的相对位置。原始分评价系统不具有横向和纵向可比性，不能从成绩本身直观反映学生在某团体中所处的相对位置，所以标准不一的教学大纲和终结性考试形式要采用常模评价系统。例如，某学生部分课程成绩见表 2-19。

如果采用原始分数对该生学习成果进行评价，该生"制药工程技术"课程成绩较好，"发酵工程技术"课程成绩欠佳。通过常模参照评价所得出的结论却与原始分数评价相差较大。

在教学中，不同科目之间的原始分数不具有可比性，也不便于判断学生的学习状况。因为不同科目考试难易程度不同，因此所得分值也有所不同，通过原始成绩单无法捕捉到准确可信的信息。

---

① 黄晓婷, 韩家勋. 浅谈标准参照与常模参照相结合的高中学业水平考试设计方法 [J]. 中国考试, 2019(7).

表 2-19　某学生部分课程成绩

科目	分数	平均分	标准差	标准分
毛泽东思想概论	85	88	10	−0.3
应用数学	86	84	8	0.25
发酵工程技术	75	62	5	2.6
制药工程技术	89	95	10	−0.6

（二）常模参照评价的应用

常模参照所获得的分数是反映个体表现水平在其所属代表性群体中相对位置的一种导出分数。其常见形式包括群体排名或等级（Ranl）、百分位等级（Percentile Rank，PR）、标准九（Stanine）、标准分（Standard Score）、标尺分数或量表分数（Scalescore）等。其最大特点是具有稳定的相对参照点（均值），可以用来进行加减运算的等距单位（标准差）[1]。

常模参照评价通过常模对原始分数进行解读和分析。在此，常模群体的平均分数一般可以反映它的水平，成为常模。以常模为参照点，将被试的成绩与常模比较，并把比较的结果反映出来的差异数量化，作为导出分数，参照常模解释分数，突出反映被试在常模群体中的相对位置，便于进行比较和选拔。

常模参照试验解释分数的方法主要有以下两种：

1. 标准分数法

标准分用 Z 表示，由下式给出：

$$Z = X - \bar{X} / S$$

式中，X 为学生原始分数；$\bar{X}$ 为平均分数；S 为标准差。它反映这组分数的离散程度，表示该生原始分数离开平均分的程度，由于它具有可比性和可加性，因此可以更好地解决原始分数存在的诸多问题。分数越是接近正态分布，提供的信息就越为准确。

一般来说，标准分范围在 −3 ~ 3。若某个学生标准分为负数，说明他在中等以下；若为正数，说明他在中等以上；若为零，则说明其水平居中。

2. 百分等级法

根据学生原始分数编制百分数，将考分从低到高进行分组，并定出组距；统计每组人数，得到各组频数 f；自上而下将各组人数依次相加，得到隔断的累积频数 F。

---

① 杨志明, 王殿军, 朱建宏. 学习力测试及其在走班制分类分层中的应用 [J]. 教育测量与评价, 2019(4).

由下式计算得出学生百分等级 P_R：

$$P_R = \frac{100}{N}\left[F_b + f(X - L_b)/i\right]$$

式中，X 为学生原始分数；L_b 为该分数所在组的组下限；i 为组距；f 为该分数所在组的频数；F_b 为小于 L_b 的累积频数；N 为总人数。

除此之外，还有标准九、五级评分法等。高职院校采用常模参照评价方式可以解决科目与专业之间的评价标准问题，也可以为因材施教提供参考。

二、标准参照评价

（一）含义

标准参照评价是基于某种特定的标准来评价学生对与教学密切关联的具体知识和技能的掌握程度。标准参照评价对学生学习成果的解释采用的是绝对标准，即学生是否达到了教学目标所规定的学习标准，以及达到的程度，而不是比较学生个人之间的差异。通常以体现教育教学目标的标准作为依据。具体实施时，一般以分数为标准，100 分代表学生的学习已经完全符合教学目标的要求；而 60 分代表着及格，是对学习的最低要求。不管其他学生的成绩如何，只要分数达到 60 分就是及格。同样，如果一个学生得了 50 分，尽管这个分数是全班的最高成绩，该成绩仍然是不及格。

在教学中，标准参照评价的目的是反映个体与所要求的目标之间的差异程度，进而采取有效措施弥补差距。例如，教师在课堂上进行的口语评量就应该按照标准参照评量的理念来设计，其课程口语评量标准见表 2-20。教师要重视测验设计的科学性，更应该重视对所反映问题的改进。只有把评价作为手段，把改进当作目的，才能体现标准参照评价的意义。

表 2-20　某课程口语评量标准

向度	A （91～100分）	B （61～90分）	C （31～60分）	D （11～30分）	E （0～10分）
1.口头报告 （40%）	专业知识运用准确、报告内容丰富、结构完整	专业知识运用准确、报告内容较丰富、结构较完整	专业知识运用较准确、报告内容丰富、结构较完整	专业知识运用不准确、报告内容较丰富、结构完整性差	专业知识运用不准确、报告内容不丰富、结构不完整

向度	A （91～100分）	B （61～90分）	C （31～60分）	D （11～30分）	E （0～10分）
2. 回答问题 （40%）	专业知识分析完整、问题回答准确	专业知识分析完整、问题回答较准确	专业知识分析较完整、问题回答较准确	专业知识分析不完整、问题回答不准确	无专业知识分析、问题回答不准确
3. 语言表达 （10%）	声调、语速、流畅度、条理性均甚佳	声调、语速、流畅度、条理性颇佳	声调、语速、流畅度、条理性一般	声调、语速、流畅度、条理性较差	声调、语速、流畅度、条理性很差
4. 仪态举止 （10%）	站姿、礼貌、态度、举止均甚佳	站姿、礼貌、态度、举止颇佳	站姿、礼貌、态度、举止一般	站姿、礼貌、态度、举止较差	站姿、礼貌、态度、举止很差

注：各向度之 A、B、C、D、E 评分按该向度配分的 100%、90%、60%、30%、10% 计算

标准参照评价将学生的学习效果与一个事先制定好的客观标准相比较，进而判断学生的能力发展水平，在此基础上采取相应的措施，最终达到预定的教学目标。

1. 标准参照评价过程

评价开始前制定好相应的评价标准，开发相应的评价测验试题，教学完成后通过测验结果来判断目标达成度，根据目标达成度确定后续的教学策略，通常有对个体改进的过程，在绝大多数个体都达到既定目标后再开始进入下一阶段教学。评价不受学习群体水平分布的影响。

2. 标准参照评价性质

标准参照评价是一种不以他人成绩为参照的质量评价模式，是预先制定好客观标准，群体中他人的成绩不影响对本人成绩的认定，只要达到客观标准规定的合格要求，就认为达到了教学目标的要求，就认为学生具备了事先设定的能力指标。因此，标准参照评价是一种能力水平评价，评价背后反映的是学生学习后具有的能力和水平，教师注重的是分数背后所表示的价值意义，是为了能让学生达到既定目标而采取的评价策略。

3. 标准参照评价方式

标准参照评价需要有明确的教学内容和清晰的学习任务，以便于评价标准的设计。教师可以根据学生个体情况，了解学生知识技能掌握情况，进而调整教学内容或教学方法。标准制定的依据是学生完成学习后应该达到的知识能力水平。虽然也会采用纸笔测验的分数来判断学生的水平，但分数背后反映出的是被评价者实际水平与预期目标之间的差异度。

4. 标准参照评价特征

标准参照评价具有主观性、预设性和综合性的特征。

由于评价标准是由评价者选择或制定的，因此会带有评价者的个人主观意识；在教学过程中，评价标准又往往是建立在教师以往的教学经验基础上的，不同教师对于评价标准的不同认识就会带来不同的评价结果。因此，在制定标准时，应加强教师之间或教师与行业企业之间的沟通与交流，加强教师教学研究相关培训，评价标准也应当通过专业建设委员会或课程委员会研讨后确定，使得评价标准不断完善，更加科学合理。

标准评价的预设性是指实施标准参照评价前要预先设计评价标准，评价对象要与预先设计的标准进行比较，因此标准制定的科学性直接影响评价结果的真实性和有效性，制定或选择评价标准就成为标准参照评价实施的重要环节。

标准参照评价不是为了给学生排序，也不是为了某些目的进行选拔，只是为了帮助学生达成预期教学目标，获得学习成果，根据学生学习情况反馈教学，改进教学。评价标准确立后，每一个评价者的学习效果知识与这个确立的标准进行对比，只是依据这个标准对被评价者做出价值判断，与被评价者的群体大小无关。整个群体可能在实施评价后全部合格，也可能全部不合格。若达到标准，则认为学生的知识和能力达到预设目标；若未达到标准，则可认为教学过程出现问题，需及时找到解决办法，采取必要的措施来弥补，防止最终导致不能达成人才培养目标。

标准参照评价具有综合性的特征。随着以学生为中心的成果导向教学改革理念的不断推行，标准参照评价的评价范围不再局限于对学生某门课程所获得的知识与技能的评价，被评价者在评价过程中所表现出的主动参与、团队合作、创新思维、问题解决等能力评价逐渐被纳入标准参照评价的实施过程，标准参照评价也越来越受到重视。

（二）标准参照评价的应用

在很多高校教学评价中，一般都采用标准参照评价模式。标准参照评价是否有意义，也取决于教师在编制评量标准时题目的代表性与难度是否符合教学目标及教学内容的要求。

在反思标准参照评价局限性的基础上，将视角由测量转向评价，认识到测量仅仅是对底层状态的一种估计，而评价则是发展质量的一种表征，在测量的基础上进行评价，才是实施标准参照评价的意义。不能将标准参照评价看作一种量化的测量工具，而是在测量的基础上进行的评价、反馈，引领未来教学改进方向，促进学生学习成果获得。教师根据课程教学目标设置相应的评量标准，依据学生学习评价学习成果达成反馈情况，进行教学改进。应用标准参照评价的课程分析评价表见表2-21。

71

表 2-21　应用标准参照评价的课程分析评价表

序号	课程名称	学分/学时数	请填写对应核心能力权重						修课人数评量方式	平均成绩	及格率
			A	B	C	D	E	F			
1	制药工程技术	4/72	5%	15%	45%	30%		5%	实作评量： ☑作业 ☑实作成品 ☑日常表现 档案评量： ☑书面报告 口语评量： ☑口头报告	85.68	100%

教师对课程的反思：

（1）学生学习成效评价与分析：班级平均成绩 85.68 分，及格率 100%，达到课程大纲设计的要求，但作业设计与核心能力指标的呼应关系还需要进一步加强。

（2）学生核心能力及能力达成评价与分析：

目标 1 "能准确识读生产工艺流程图，熟练进行生物药物制剂各岗位操作"和目标 2 "能熟练使用、检查、判断、装卸、清洁、保养设备"，学生学习效果较佳；

目标 3 "能对生产过程的质量、物料、状态、卫生等进行控制"，2 人未达标，2 人需加强；

目标 4 "能运用正确计算生产工艺参数，防止可能出现的偏差"，2 人未达标，1 人需加强；

目标 5 "能完成产品质量评价，采取正确措施，处理生产中的突发事件"，1 人未达标，2 人需加强；

目标 6 "能控制产品质量，精通生物药物制剂生产及质量控制"，1 人未达标，其他较好。

（3）课程教学优化建议：通过对本课程单元设计及学生能力达成程度分析，各能力指标中存在小部分同学未达标，建议通过课后训练、预警补救机制帮助其完成学习内容。在课程实施过程中，单元设计中的评量尺规设计过细，执行起来稍显烦琐，建议改进评量中重复内容，使评量尺规设计更加趋于合理

（三）常模参照评价与标准参照评价的关系

　　常模参照评价与标准参照评价是两种不同类型的评价，它们各自具有自身的优缺点，在不同的情形中发挥各自的优点，其关系见表 2-22。

　　以某个教学任务为例，将常模参照评价与标准参照评价对比分析，见表 2-23。常模参照评价的参照点是团体测验的平均成绩，以学生个体成绩与常模比较来确定学生在团体中的位置；标准参照评价的参照点则是教学目标的达成程度。

表 2-22 常模参照评价与标准参照评价的关系

维度	常模参照评价	标准参照评价
含义	以个体的成绩与同一团体的平均成绩或常模相互比较,而确定其成绩的适当等级的评价方法	以具体体现教学目标的标准作业为依据,确定学生是否达到标准以及达标的程度如何的评价方法
评价内容	衡量个体在团体中的相对位置和名次,也称"相对评价"或"相对评分"	衡量学生的实际水平,即学生掌握了什么以及能做什么,又称"绝对评价"或"绝对评分"
评价标准	参照点:常模——团体测验的平均成绩。学生在团体中的位置就是以学生个体成绩与常模比较来确定的	参照点:教学目标。测试题的关键是必须正确反应教学目标的要求,而不是试题的难易和鉴别力
主要用途	可以作为分类、排队、编班和选材的依据	主要用于了解基础知识、技能的掌握情况,利用反馈信息及时调整、改进教学
不足	忽视个人的努力状况及进步程度,尤其对后进者的努力缺少适当评价	测题的编制很难充分、正确地体现教学目标

表 2-23 常模参照评价与标准参照评价对比案例

	某教学任务"实作"评量表		
任务描述:根据物料特性,完成原辅料预处理,要求获得细粉供于制粒工序操作	评价项目: (1)粉碎设备的选择; (2)粉碎方法; (3)粉碎时间; (4)筛分设备的选择; (5)筛分方法; (6)混合方法; (7)混合设备; (8)产品质量		
常模参照评价	标准参照评价		得分
有20%学生获得5分(80%学生得分低于5分)	设备选择合理、使用规范,能很好地保全设备; 能根据物料特性选择适宜的粉碎方法,统筹安排时间,合理安排操作人员进行操作;能按 GMP 要求,进行粉碎后的清场,正确填写生产记录; 能根据物料特性选择适宜的筛分方法,统筹安排时间,合理安排操作人员进行操作;设备选择合理、使用规范,能很好的保全设备; 产品质量符合要求,耗损量在规定范围内		5分

续表

常模参照评价	标准参照评价	得分
19% 的学生得到 4 分（61% 的学生得分低于 4 分）	设备选择合理、使用规范，能进行设备保全； 能根据物料特性选择适宜的粉碎方法，统筹安排时间，但不能合理进行分工；能根据物料特性选择粉碎时间，但粉碎时间过长，能进行粉碎后的清场，填写生产记录； 能根据物料特性选择适宜的筛分方法，统筹安排时间，但不能合理进行分工；能根据物料特性选择适宜的混合方法，统筹安排时间，但不能合理进行分工。 设备选择合理、使用规范，能进行设备保全； 产品质量符合要求，耗损量在规定范围的 ±20% 之内	4分
20% 的学生得到 3 分（41% 的学生得分低于 3 分；平均分为 3 分）	设备选择合理，使用不熟练，能对设备进行保全； 能根据物料特性选择适宜的粉碎方法，无统筹理念；能根据物料特性选择粉碎时间，但粉碎时间过短，能进行粉碎后的清场，生产记录不熟练，无统筹理念，不能合理进行分工；能根据物料特性选择适宜的混合方法，设备选择合理，使用不熟练，能对设备进行保全产品质量基本符合要求，耗损量在规定范围的 ±40%	3分
24% 的学生得到 2 分（17% 的学生得分低于 2 分）	需在教师指导下才能选择合适的设备，使用不熟练，基本规范，未进行设备保全； 需在教师指导下才能正确选择粉碎方法，分工合理，但不能统筹安排时间。设备，使用不熟练，基本规范，未进行设备保全；产品质量基本符合要求，耗损量在规定范围的 ±60%	2分
17% 的学生得到 1 分	需在教师指导下才能选择合适的设备，但操作不规范也不熟练，不能进行设备保全，未进行粉碎后的清场，不会填写生产记录； 产品质量不符合要求，有色斑、不均匀，且损耗较多耗损量在规定范围的 ±60%	1分

三、常模参照评价与标准参照评价的设计与实施

（一）常模参照评价的设计与实施

常模参照评价的目的不是考查学生是否达到某种标准或掌握了某种知识，而是为了拉开学生的距离，选出一些优秀的学生，因此，常模参照性评价要在所设定的教学内容中，选出能区分出学生水平的题目，做到尽可能拉开学生的水平。测验的题目区分度要高，对难度的要求是中等最适合，特别难和特别容易的题目要少。

从常模参照评价的目的可知，在进行比较时，一定要有属于该测验的常模，因此常模的制定是必需的。制定常模主要有三个步骤：

第一，确定有关的比较团体。

在制定常模时，最为关键的一步也是第一步——确定有关的比较团体即常模团体。所谓常模团体，是指由具有某种共同特征的人所组成的一个群体，代表了测验适用范围内全部被试的分数分布情况。例如，某班全班同学就是一个常模团体，他们的共同特征是在同一个班级完成课程学习。因此在理论上获取常模资料时必须有全部被试的测验分数。

第二，获得该团体成员的测验分数。

在很多情况下，群体数量庞大，实际情况不允许获得所有被试的分数，那么就只能从被试总体中选取有代表性的样本，高、中、低不同样本组，以样本的分数分布情况代表总体，这一样本就被称为常模性样本组，见表2-24。

表2-24 常模性样本组——班级某课程评量统计

序号	课程目标	权重	低1	低2	中1	中2	高1	高2	平均
1	能够操作菌种的分离和选育技术	10%	68	75	90	84	90	92	79
2	善用不同微生物的营养需求，配制适宜的培养基用于发酵生产	15%	82	84	85	94	97	96	90
3	会操作发酵设备的灭菌和染菌检查，能做出相应处理	15%	62	63	78	75	90	84	75
4	善用发酵设备进行微生物药物的发酵生产，熟知发酵参数调控要点	20%	74	85	70	73	85	82	76
5	熟知微生物工程下游加工的原理和一般程序，能从发酵液中提取出目的产物	20%	73	74	82	86	91	90	83
6	养成严谨认真的工作态度，严格执行生产管理制度	20%	66	65	80	84	90	92	79
合计		100%	71	74	79	82	90.5	89	80

选取样本时要注意：

（1）明确被试总体，即明确评价所适用的被试总体，这样选取样本时才能有针对性。

（2）确定样本数量或容量。样本容量越大，则抽样的标准差越小，样本分数分布情况越接近总体的分布情况越能代表总体。

（3）使用科学的取样方法，保证样本对总体的代表性。确定样本容量后，从总体中选取代表性的样本。常用的抽样方法有简单随机取样法、系统随机取样法、分层随机取样法、整群随机取样法、多段随机取样法等。

第三，把原始分数转化为量表，该量表能把个人分数表示成在这个团体内的相对位置。

提供常模参照信息的方法有很多，如原始分、标准分、百分位排名，以及用项目反应理论模型估值再进行换算后的得分等，这些分数都是连续变量，但其含义却有一些区别。

原始分是目前我国学生和家长最能理解和接受的，可以用来对考生进行排序或两两比较，但分值本身并不能显示出考生在群体中的位置，也无法控制整体的成绩分布。

标准分和百分位排名则可以提供考生在群体中的相对位置，但是考生成绩和卷面答题情况的直接联系没有呈现，因此导致部分学生和家长难以接受。国际上有一些考试采用了更复杂的分值计算方法，如 PISA 是将由项目反应模型估算出的量表分转换成平均分是 500、标准差是 100 的标准分，从而可以保证 2/3 左右的考生成绩在 400 ~ 600 分，在解读成绩时，每个参与的国家和地区比较容易判断自己是否高于平均，大致处于什么位置等。因此，提供哪种成绩报告，可以依据考试的传统、参加考试的人数和排序的目的等情况，选择最合适的方法。

此外，国际上很多考试会向成绩的使用者报告测量误差。测量误差的信息对于考试成绩的使用者正确理解和科学使用成绩有重要的作用，如 PISA 的成绩报告中就包括 95% 置信区间，举例来说，某个地区学生平均成绩排名如果是第 5 名，其真实能力的排名应该在第 3 ~ 7 名 [1]。

（二）标准参照评价的设计与实施

1. 标准参照评价编制原则

标准参照评价设计的主要目的在于确定被试对某一知识或技能的掌握程度的真实状况，因而其编制的基本原则为：

（1）测量目标必须明确和具体，并且在一测验中不能包含过多的测量目标。测量目标模糊或过多，都不利于测验结果精确描述被试的知识或能力的真实状况。

（2）测验题目必须与测量目标之间具有较高的一致性。每一测验题目必须能体现出所要测量的测量目标上的表现。同时，测量同一目标的测验题目数量既要足够，又要具有较高的同质性。但在测量不同目标的测验题目之间不要求有同质性。

---

[1] 黄晓婷, 韩家勋. 浅谈标准参照与常模参照相结合的高中学业水平考试设计方法 [J]. 中国考试, 2019(7).

2. 标准参照评价的设计

标准参照评价的设计应由所有承担课程的教师共同完成。首先需要设计和编写评分量表，而编写评分量表，关键是确立并描述评估标准。评估标准的确立需基于一定的教育价值理念。以预期学习成果作为产生评估标准的来源[①]。将学习成果覆盖的内容转化为具体的能力要求，再结合不同考核任务的特征和目标，评价能力要求达成情况。

以"岗位实习"为例，学习成果包括 6 项核心能力要求，其中专业力、执行力、职业力均可以通过实训操作加以考核，因此纳入实作考核的评估指标；沟通力、责任力可以通过口语评量加以考核，因此纳入口语考核评价量表；根据学习创新能力的特征，书面报告成为考核该能力的重要方式。这样就共同构成了该课程评价体系。"岗位实习"课程评价表见表 2-25。

表 2-25　"岗位实习"课程评价表

核心能力	沟通整合（A）		学习创新（B）	专业技能（C）	问题解决（D）	责任关怀（E）	职业素养（F）	合计
权重	5%		5%	35%	30%	5%	20%	100%
学习评价	成绩项目	配分	评价方式（呼应能力指标）	细项配分	对应核心能力			
	平时成绩	30	实作评量	30	专业技能（C）问题解决（D）			
	期中成绩	40	实作评量	40	职业素养（F）沟通整合（A）			
	期末成绩	30	档案评量	30	学习创新（B）责任关怀（E）			
评量方式	实作评量：□作业　☑实作成品　☑日常表现　□表演　□观察　☑轶事记录 档案评量：☑书面报告　□专题档案 口语评量：☑口头报告　□口试 其他评量：□请说明：＿＿＿＿＿＿							

确立了评估指标之后，另一个核心任务便是对各等级的具体特征进行标准描述。标准描述的"尺度"是最难以把握的。描述过于笼统，容易忽略学生的某些能力表现；过于繁琐，则容易令评分变得机械化。正如萨德勒（D.R. Sadler）所言："有些评估标准根本无法表达，所有

① 廖梁, 王永雄, 彭金满. 标准参照评估的行动实践: 以香港中文大学通识教育基础课程为案例 [J]. 复旦教育论坛, 2021, 19(4).

试图对其做出解释的语言怎么组织都显得不够准确，而有些则只可意会。"如何呈现出既相对全面、准确，又比较简洁、易做判断的标准描述成为编写评分量表最具挑战性的任务。

评估指标反映了什么能力？这些能力在具体情境中的表现包括哪些？在不同等级描述时，应从学生展现这些能力的频率和程度上加以区分。下面以上述所提到的"岗位实习"课程的实作评量标准为例加以说明（见表2-26）。如"撰写周志"这一评量向度，不同等级描述所用程度从及时完成、质量高，到完成均佳、完成尚佳，再到质量欠佳、质量不佳，从不同程度对学生的能力表现予以评价，并赋予不同等级。

表 2-26 "岗位实习"课程实作评量标准

向度	A	B	C	D	E
1.实习表现（20分）	遵规守纪、服从分配；自主学习、团队合作；爱岗敬业、积极奉献均优秀	遵规守纪、服从分配；自主学习、团队合作；爱岗敬业、积极奉献均佳	遵规守纪、服从分配；自主学习、团队合作；爱岗敬业、积极奉献尚佳	遵规守纪、服从分配；自主学习、团队合作；爱岗敬业、积极奉献欠佳	遵规守纪、服从分配；自主学习、团队合作；爱岗敬业、积极奉献不佳
2.专业能力（40分）	专业知识运用准确、专业技能发挥优异、发现并解决专业问题	专业知识运用、专业技能发挥及专业问题解决均佳	专业知识运用、专业技能发挥及专业问题解决尚佳	专业知识运用、专业技能发挥及专业问题解决欠佳	专业知识运用、专业技能发挥及专业问题解决不佳
3.撰写周志（20分）	每周及时完成周志、周志完成次数满14次、周志完成质量高	周志完成时间、完成次数及完成质量均佳	周志完成时间、完成次数及完成质量尚佳	周志完成时间、完成次数及完成质量欠佳	周志完成时间、完成次数及完成质量不佳
4.实习管理平台使用（20分）	每日签到，上传实习照片有代表性、真实	签到，上传实习照片的代表性、真实性均佳	签到，上传实习照片的代表性、真实性尚佳	签到，上传实习照片的代表性、真实性欠佳	签到，上传实习照片的代表性、真实性不佳

注：各向度之 A、B、C、D、E 得分分别按该向度配分的 100%、80%、60%、30%、0% 计算

标准描述完成之后，接下来是对各指标权重进行赋值以及确定各等级分数区间。关于标准参照评价中的等级分数设定，在实际的做法中，通常沿用"传统惯例"，很少从理论层面解释分数区间的确定过程。权重赋予同样难以找到充足的理论解释。比如，何为"最佳权重"就值得商榷：是指权重的分配使得最终的分数分布最接近正态分布，还是指它最能够反映学生真实水平？例如，表2-26中，实习表现占20%、专业能力占40%、撰写周志占20%、实习管理平

台使用占 20%，是根据各项评价指标占核心能力的权重来进行赋值的。

在评价过程中，难度已不能简单地解释成题目的难易程度或题目的通过率，而必须理解为评价者对评价内容要求的高低，它通过测量目标反映出来。评价者对评价内容要求越高，测题的难度相应地也越大，反之则越低。题目分析的过程中常采用掌握组中的通过率及未掌握组中的通过率来表示，难度系数值大小的选择既可遵循统一的标准，又可反映被试对测量目标掌握的程度。

区分度反映的是测题对区别掌握与未掌握两类被试的能力，而非笼统地指对被试能力的鉴别程度。由于人们通常将被试的掌握或未掌握原因归于教学的因素，因此"教学敏感性系数"常被采用为项目区分度的一种指数，并且人们提出了多种教学敏感性系数。常见的有 D 指数、B 指数等。

标准参照评价的分数解释不依赖测验组的常模，而是根据评价者编制通常在评价实施之前就制定的及格的标准水平，显然，被试是否及格不依赖同伴的评价结果，而是完全取决于其自身的行为表现结果。

及格的标准水平是评价分数量表上的某个点，根据这一点在量表上的位置，将被试划分成对评价内容具有不同熟练掌握水平的不同类型，见表 2-27。及格的标准水平是评价结果解释的直接依据，如何制定出合理的及格标准水平，是一个需要评分量表编制者深思熟虑的问题。

表 2-27 实作报告评量表及评量标准

一、实作报告评量	
评量要项	评量结果
1.实作报告具体内容（60%）	
2.实作报告结果（20%）	
3.实作报告书写（20%）	
总分：	

二、实作报告评量标准					
符号向度	A	B	C	D	E
1.实作报告具体内容（60分）	内容完整，步骤清晰，逻辑合理，科学合理，专业知识运用合理	内容完整，步骤清晰，科学合理，专业知识运用合理	步骤清晰，内容完整，专业知识运用较合理	步骤不清晰，内容不完整，专业知识运用欠合理	无具体内容，无专业知识

续表

二、实作报告评量标准					
符号向度	A	B	C	D	E
2. 实作结果 （20分）	结果可信度极高，结论有自己的独特见解	结果可信度较高，结论有自己的独特见解	结果基本准确，结论无自己的独特见解	结论不准确	无结论
3. 实作报告书写 （20分）	书写规范，字迹整洁、工整	书写规范，字迹较整洁、工整	书写较不规范，字迹较整洁、工整	书写不规范，字迹凌乱	未书写
注：各向度之 A、B、C、D、E 得分别按该向度配分的 100%、80%、60%、30%、0% 计算					

3. 标准参照评价的实施

标准参照评价的实施过程分为计划、行动、实证、总结四个部分。计划阶段的主要任务是开发评分量表。该阶段需尽可能让更多教师参与评价标准的选择、确立和开发。行动阶段指教师就标准参照评价的内涵以及评分量表使用开展学习和讨论。该阶段不能采取技术理性式的单向宣讲方式，而需要为评价方式的落地提供"支架"，即通过集体讨论、对话沟通、案例演练让教师建立对评价的认同感和深度认识。实证阶段是对设计和行动阶段可能产生的问题进行探究，所获得的实证数据为了解评价是否真正落实提供了丰富的、有深度的资料。总结阶段是对实施行动的检视。该阶段需要教师共同解决评价过程中所面临的深层次问题。标准参照评价实施模型如图 2-10 所示。

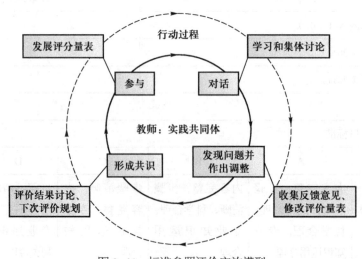

图 2-10 标准参照评价实施模型

第四节 信度与效度

学生学习成效测量在不同层面上可选用问卷、量表、口语、实作、档案、纸笔测验等评价工具，信度和效度是衡量评价工具优劣的重要指标。

一、信度

（一）信度的内涵

信度是指评价工具的可靠性和稳定性的程度，或指使用某评价工具所获得结果的一致程度或准确程度，包含两层含义，一是相同的个体在不同时间，以相同的评价工具测验或以复本测验，或在不同的情景下测验，是否能得到相同的结果，即评价工具的测验结果是否随时间和地点等因素而变化；二是能否减少随机误差对评价工具测验结果的影响，从而反映评价工具所要测量的真实情况，即评价工具是否具有稳定性、可靠性和可预测性。一个好的评价工具必须稳定可靠，即多次评价的结果保持一致。比如，制作好调查问卷后，接下来为了进一步考验问卷的可靠性与有效性，需要做信度分析，信度本身与评价所得结果正确与否无关，它的作用在于检验评价本身是否稳定。

信度是个理论上构想的概念，在实际应用时，通常以同一样本所得的两组资料的相关系数作为评价一致性的指标，由于评价分数误差来源不同，估计信度的方法也不同，故每一种信度系数只能说明信度的不同方面，具有不同的意义，通常从稳定性、内在一致性和等价性三方面来分析评价工具的信度。

（二）信度系数

信度研究的是评价工具测验结果的可靠性与稳定性，这种可靠性与稳定性可从四个不同的角度来评价：① 在相同条件下所得评价工具测验结果一致程度；② 不同研究者用同一种评价工具同时测验所得结果的一致程度；③ 同一研究者用同一种评价工具在不同时间内测验所得结果的一致程度；④ 同一答卷者在不同时间内对同一种评价工具测验的稳定程度。

根据研究角度不同，信度分为外在信度与内在信度两大类。外在信度是指不同时间测量时评价工具测量的一致性程度。内在信度是指评价工具是否测量的是单一概念，同时也表明评价工具各项目之间的内在一致性程度。

衡量信度高低的统计指标是信度系数（γ_{xx}）。在评价理论中，信度系数被定义为一组测量分数的真变异数与总变异数（实得分数的变异数）的比率。即：

$$\gamma_{xx} = S_{T2}/S_{X2}$$

式中，γ_{xx} 代表评价的信度系数；S_{T2} 代表真分数变异数；S_{X2} 代表总变异数（实得分数的变异数）。

对信度系数理解要注意以下三点：① 在不同的情况下，对不同样本，采用不同方法会得到不同的信度系数，因此一个测验可能不止一个信度系数；② 信度系数只是对评价分数不一致程度的估计，并没有指出不一致的原因；③ 获得较高的信度系数并不是评价追求的最终目标，它只是迈向目标的一步，是使评价有效的一个必要条件。

信度系数越大，表示评价的可信程度越大。最理想的情况是 $\gamma_{xx}=1$，但实际是办不到的，可用已有的同类测验作为比较的基准。一般能力与成就测验的信度系数要求在 0.90 以上，有的可以达到 0.95；至于性格、兴趣、价值观等人格测验的信度系数，通常在 0.80 ~ 0.85 或更高。当 $\gamma_{xx}<0.70$ 时，不能用测验来对个人作评价，也不能在团体间作比较；当 $\gamma_{xx} \geqslant 0.70$ 时，可用于团体间比较；当 $\gamma_{xx} \geqslant 0.85$ 时，可用于评价个人。学者 De Vellis 认为的 γ_{xx}：0.60 ~ 0.65 最好不要；0.65 ~ 0.70 最小可接受值；0.70 ~ 0.80 相当好；0.80 ~ 0.90 非常好。由此，一份好的量表或问卷，信度系数最好在 0.80 以上，0.70 ~ 0.80 是还算可以接受的范围；分量表最好在 0.70 以上，0.60 ~ 0.70 可以接受。若分量表的内部一致性系数在 0.60 以下或者总量表的信度系数在 0.80 以下，应考虑重新修订量表或增删题项。由于信度系数总是在特定情况下获得的，因此，只有当一个测验在很多情况下被证实具有较高的信度时，才可以说是比较可靠的测验。常见的信度系数有重测信度、复本信度、折半信度、Cronbach's 系数等。重测信度是最常用的外在信度，Cronbach's 系数是最常用的内在信度。

（三）信度的分析方法

信度评价主要是评价不同的测量者、不同的测量时间、不同的测量工具对数据可靠性的影响。

1. 重测信度法

重测信度是指用同一评价工具两次或多次测定同一被测对象，所得结果的一致程度。一致程度越高，则该评价方法稳定性越好，重测信度也就越高。

重测信度能表示两次测验结果有无变动，反映测验分数的稳定程度，所以又称稳定性系数，计算公式即皮尔逊积差相关公式：

$$\gamma_{xx} = \frac{\sum(x-\bar{x})(y-\bar{y})}{\sqrt{\sum(x-\bar{x})^2 \sum(y-\bar{y})^2}} = \frac{\sum xy - \frac{\sum x \cdot \sum y}{n}}{\sqrt{\left[\sum x^2 - \frac{(\sum x)^2}{n}\right]\left[\sum y^2 \frac{(\sum y)^2}{n}\right]}}$$

式中：

γ_{xx}——重测信度系数，范围为 0 ~ 1，其值越接近 1，重测信度越高；

x——第一次测试研究对象实际得分；

y——第二次测试研究对象实际得分；

$\bar{x}$——第一次测试研究对象各得分平均值；

$\bar{y}$——第二次测试研究对象各得分平均值；

n——样本数量。

使用重测信度需考虑以下问题：① 前后两次测验间隔的时间，若两次测验间隔太短，测试者记忆犹新，通常分数会提高，不过如果测题数够多可避免这种影响；但若两次测验间隔太长，受测试者心智成长影响，稳定系数也可能会降低。② 研究工具所测量的变量性质，适用较稳定的变量，如人格特征、智力、能力、生活质量、某些生理指标。③ 测量环境的一致，包括物理环境、时间、测量程序与测试者等。④ 样本量，预计样本的10%。总的来说，重测信度的结果受变量随时间推移而发生改变、第一次测量结果的记忆效应、测试者对第二次测评的不认真、条目设置问题、答案的评分等级问题等因素影响。黑龙江职业学院采用由56道题目组成的《学生核心能力量表》，对 2 352 名在校生进行两次调查，时间间隔30分钟，发现仅20%的人对所有问题两次回答一致，有5%的人对6个及以上的问题两次回答不一致。

重测信度的特点是用同一评价工具对同一批人不同时间评测两次，它只能在允许重测的情况下才使用。具体来说，必须满足三个条件：① 该测验测量的心理特性必须相当稳定；② 遗忘和练习的效果基本上相互抵消；③ 两次测验期间的学习效果没有差异。对于学生在校学习成效的评价，包括各种测验或考试，以上三个假设条件几乎是无法满足的。因此，一般学习成效的评价很少用重测法来估计评测的信度。

实践中，黑龙江职业学院从九个二级学院随机抽选 10 名学生进行人格问卷测试，两周后进行第二次测试，两次测试结果得分见表 2-28，经计算得到该测试的重测信度达 0.98。

表 2-28 人格问卷测试重测信度分析数据

人格问卷测试	被测对象									
	1	2	3	4	5	6	7	8	9	10
第一次测试（x）	24	43	35	52	44	27	32	29	35	38
第二次测试（y）	26	40	37	50	46	27	33	28	35	39

$$\gamma_{xx} = \frac{\sum xy - \frac{\sum x \cdot \sum y}{n}}{\sqrt{\left[\sum x^2 - \frac{(\sum x)^2}{n}\right]\left[\sum y^2 \frac{(\sum y)^2}{n}\right]}} = \frac{13\,567 - \frac{359 \times 361}{10}}{\sqrt{\left[13\,553 - \frac{359^2}{10}\right]\left[13\,609 - \frac{361^2}{10}\right]}} = 0.98$$

2. 复本信度法

复本信度是衡量评价工具不同版本的等值程度的指标，用同一测验的两个版本（A、B）对同一组被试实测后，计算两个版本得分的相关系数。复本信度系数高，表示被试不论用 A 版本，还是用 B 版本，实测分数基本相同，A 版本和 B 版本可以相互替代；复本信度系数低，则表示被试用 A 版本和用 B 版本，实测分数不一样，这两种版本的测验不能相互替代。

复本信度系数的高低反映了两个互为复本的测验等价的程度，而不是反映一个测验本身受随机误差影响的大小。为了提高复本信度系数，测验的两种版本在题目内容、数量、形式、难度、区分度、指导语、时限等方面应该相同或相似，两次测验的时间间隔也要短，因为若两次测验有较长一段时间间隔，测验的变异数就不仅来自两个版本的试题差别，而且还来自时间间隔因素造成的变异。

两个等值测验可同时连续施测或相距一段时间分两次施测。前者的复本信度又称等值性系数，因为两次测验的间隔极短，其分数的不一致主要来自题目取样的差别，没有时间造成的误差。后一种复本信度又称稳定性与等值性系数，它是将复本法与重测法结合起来，所有影响施测和再施测不一致的因素以及影响平行性不一致的因素都将对结果产生影响，分数的不一致性最高。可见与稳定性系数和等值性系数相比，稳定性与等值性系数是对信度的最严格的检验，值应最低。

一般来说，复本信度系数 0.8 及以上说明信度足够高，0.6 以上表示还可以接受。在重测信度中，因第二次测验用的是与上一次测试完全相同的测试项目，会存在学习、记忆、动机等方面的影响，复本测验则不存在这个问题。在教学评价中，复本信度常应用在评价纸笔测验试卷的信度分析中。在黑龙江职业学院成果导向教学改革中，纸笔测验测量的目标包括检测知识的记忆、理解和运用能力，逻辑推理和理性分析判断能力，探究过程的心智技能、表述和交流能力等。在编制纸笔测验试卷时根据测验目的，填制双向细目表，示例见表 2-29 和表 2-30。

表 2-29 "市场调研与分析"课程纸笔测验各单元配分情况统计

教材内容（章）	CP1（承揽调研项目）	CP2（设计市场调研方案）	CP3（设计调查问卷）	CP4（确定调查范围）	CP5（搜集市场信息资料）	CP6（整理与显示市场调查结果）	CP7（进行市场分析）	CP8（撰写并提交调研报告）	合计
教学时间（课时）	4	12	8	8	12	12	8	8	72
占分比例（%）理想	5	17	11	11	17	17	11	11	100
占分比例（%）实际	6	22	14	12	14	18	6	8	100

表 2-30 "市场调研与分析"课程纸笔测验之双向细目表

教学目标		1.0 记忆		2.0 理解		3.0 运用		4.0 分析		5.0 评价		6.0 创造		合计	
教材内容	试题形式	配分	题数	配分	题数	配分	题数	配分	题数	配分	题数	配分	题数	配分	题数
CP1（承揽调研项目）	选择题	6	3											6	3
	简答题														
	情景题														
	案例题														
	小计	6	3											6	3
CP2（设计市场调研方案）	选择题			6	3									6	3
	简答题														
	情景题							10	2	6	1			16	3
	案例题														
	小计			6	3			10	2	6	1			22	6
CP3（设计调查问卷）	选择题	6	3	4	2									10	5
	简答题														
	情景题														
	案例题											4	1	4	1
	小计	6	3	4	2							4	1	14	6

续表

教学目标		1.0 记忆		2.0 理解		3.0 运用		4.0 分析		5.0 评价		6.0 创造		合计	
教材内容	试题形式	配分	题数	配分	题数	配分	题数	配分	题数	配分	题数	配分	题数	配分	题数
CP4（确定调查范围）	选择题	2	1	2	1									4	2
	简答题			4	1									4	1
	情景题														
	案例题					4	1							4	1
	小计	2	1	6	2	4	1							12	4
CP5（搜集市场信息资料）	选择题	4	2	2	1									6	3
	简答题														
	情景题														
	案例题							8	2					8	2
	小计	4	2	2	1			8	2					14	5
CP6（整理与显示市场调查结果）	选择题														
	简答题														
	情景题											12	2	12	2
	案例题									6	1			6	1
	小计									6	1	12	2	18	3
CP7（进行市场分析）	选择题														
	简答题														
	情景题			6	1									6	1
	案例题														
	小计			6	1									6	1
CP8（撰写并提交调研报告）	选择题														
	简答题														
	情景题														
	案例题											8	2	8	2
	小计											8	2	8	2

续表

教学目标		1.0 记忆		2.0 理解		3.0 运用		4.0 分析		5.0 评价		6.0 创造		合计	
教材内容	试题形式	配分	题数	配分	题数	配分	题数	配分	题数	配分	题数	配分	题数	配分	题数
配分合计	选择题	18	9	14	7									32	16
	简答题			4	1									4	1
	情景题			6	1			10	2	6	1	12	2	34	6
	案例题					4	1	8	2	6	1	12	3	30	7
	合计	18	9	24	9	4	1	18	4	12	2	24	5	100	30

注：1. 试题形式指填空题、选择题、判断题、简答题、计算题、分析题、综合应用等形式；

　　2. 试卷结构应包含主观题和客观题，具体题型由制定人确定，题型不得少于 4 种；

　　3. 每项配分值为本项所含小题分数的和；

　　4. 本表各项目视教学目的、实际教学及命题需要可进行适当调整

依据双向细目表，教师编制 A、B 两套测试卷，抽取 11 名学生作答两份不同试卷，得分数据见表 2-31。

表 2-31　11 名学生作答 A、B 测试卷得分数据

学生代号	A 卷分数	B 卷分数	学生代号	A 卷分数	B 卷分数
1	85	90	7	69	71
2	90	86	8	83	86
3	69	77	9	82	82
4	77	82	10	85	84
5	67	59	11	90	90
6	68	73			

使用 SPSS 进行相关性分析，得到相关系数为 0.866，相关性较高，A、B 试卷具有足够的信度。可见，在编制试卷之前先填制双向细目表，能够起到指导和检核试卷合理性的作用，降低复本编制难度。

3. 折半信度法

在一种测验没有复本且只能实施一次的情况下，通常采用折半法评价评价工具的信度。折半信度是指将一个测验分成对等的两半，根据所有被试在这两半测验上所得分数，考查其一致

性程度。与复本相关法很类似，折半法是在同一时间施测，最好能对两半问题的内容性质、难易程度加以考虑，使两半问题尽可能有一致性。

折半信度系数可以和等值性系数一样解释。将同一量表中测验题目（项目内容相似），折成两半（单数题、偶数题），求这两个部分测验总分之相关系数。因为这两半测验基本上相当于最短时间实施测验的两个平行的复本，由于只需要对一个测验进行一次施测，考查的是两半题目之间的一致性，所以这种信度系数也称内部一致系数。虽然折半信度也可当作内部一致性的测量，但一般将它归类为等值的特例，与其他等值性测量唯一不同之处是在测验施测后才分成两半。

折半信度的计算方法和等值复本信度的计算方法类似，只不过被试在两半测验上得分的相关系数只是半个测验的信度。由于在其他条件相同的情况下，测验越长，信度越高。因此，折半信度的计算方法是先根据重测信度公式计算出相关系数 r，再使用斯皮尔曼－布朗公式（Spearman-Brown）公式计算折半信度：

$$\gamma_{xx} = \frac{2\,r_{hh}}{1+r_{hh}}$$

式中：

γ_{xx}——整个测验的信度；

r_{hh}——两半测验分数间的相关系数；

斯皮尔曼－布朗公式的假定是两半测验分数的变异数相等，但实际上未必能够符合。当两半测验不等值时，折半信度往往被低估。在这种情况下，可采用弗朗那根公式进行计算：

$$\gamma_{xx} = 2\left(1 - \frac{S_a^2 + S_b^2}{S_x^2}\right)$$

式中：

S_a^2、S_b^2——所有被试在两半测验上得分的变异数；

S_x^2——全体被试在整个测验上的总得分的变异数。

折半信度通常是在只能施测一次或没有复本的情况下使用，而且在使用斯皮尔曼－布朗公式时要求全体被试在两半测验上得分的变异数要相等。当一个测验无法分成对等的两半时，折半信度不宜使用。由于将一个测验分成两半的方法很多，如按题号的奇偶性折半、按题目的难度折半、按题目的内容折半等，所以，同一个测验通常会有多个折半信度值，而 Cronbach α 系数所计算的是评价工具中所有项目的平均相关程度，计算公式如下：

$$\alpha = \frac{k}{k-1}\left(1 - \frac{\sum_{i=1}^{k}\sigma_{y_i}^2}{\sigma_x^2}\right)$$

式中：

k——测量的题目数；

σ_x^2——总样本的方差，各被试对某一量表各题项评分的总分的方差；

$\sigma_{y_i}^2$——目前观测样本的方差，各被试在某一题项的评分的方差。

通常 Cronbach α 系数的值在 0 ～ 1。如果 α 系数不超过 0.6，一般认为内部一致信度不足；达到 0.7 ～ 0.8 时表示量表具有相当的信度，达到 0.8 ～ 0.9 时说明量表信度非常好。Cronbach α 系数的一个重要特性是它们的值会随着量表项目的增加而增加，因此，Cronbach α 系数可能由于量表中包含多余的测量项目而被人为地、不适当地提高。系数能够帮助评价，在计算 Cronbach α 系数的过程中，平均数的计算可能掩盖了某些不相关的测量项目。

在做调查问卷时，最看重的是调查问卷的科学性和有效性，如果一个问卷设计出来无法有效地考查问卷中所涉及的各个因素，那么为调查问卷所作的抽样、调查、分析、结论等一系列的工作也就白做了。调查问卷的评价体系是以量表形式来体现的，编制的合理性决定着评价结果的可用性和可信性。问卷的内在信度重在考查一组评价项目是否测量同一个概念，这些项目之间是否具有较高的内在一致性。一致性越高，评价项目就越有意义，其评价结果的可信度就越高。

在成果导向课程改革过程中，为检验学生核心能力达成度我们设计了"学生核心能力量表"（见第五章），量表是在增进学生对自己核心能力的了解之上，让学生能更好地取长补短，提升综合素质，增强就业竞争力。核心能力因人而异，题目的回答无对错之分。量表设计有56个题目，对应沟通力、学习力、专业力、执行力、责任力、发展力六力，描述日常学习，生活、工作等活动中的实际经验或真实想法。

量表设计包含6个核心能力维度，第1 ～ 9题对应沟通力，第10 ～ 18题对应学习力，第19 ～ 27题对应专业力，第28 ～ 36题对应执行力，第37 ～ 46题对应责任力，第47 ～ 56题对应发展力。通过每一个纬度的 Alpha 系数来考查每项得分间的一致性。经使用 SPSS 软件分析后，量表中第1 ～ 9题的 Alpha 信度系数为 0.918 7，可见这9项的信度系数在 0.9 以上，量表的第一个沟通力维度信度很好。用同样的方法分别对其余5个维度的 Alpha 系数进行统计分析，得出的5个维度 Alpha 系数分别为 0.845 3、0.800 2、0.901 2、0.847 9、0.862 4，第二个、第三个、第五个、第六个的信度系数在 0.8 ～ 0.9 之间，说明信度可以接受，第四个信度系数在 0.9 以上，信度很好，都不需要进行修订。若在分析过程中某一维度的信度系数在 0.7 ～ 0.8 之间，表明此维度下有些项目需要修订，通过项目之间关联影响分析，找到相关系数都很低的关联项目的相同项，确定修改项目，限定范围，提高精确程度。然后，利用上述方法对整个量表的所有项目进行内部一致性分析，得出量表的内部一致性系数为 0.900 2，说明量表的信度非常好，整体上不需要进行修改，每个项目都可以保留。

（四）影响评价工具信度的因素

信度是评测过程中随机误差大小的反映。随机误差大，信度就低；随机误差小，信度就高。因此，在评测过程中凡是能引起评测误差的因素都会影响测量信度。

（1）被试因素。被试的身心健康状况、应试动机、注意力、耐心、求胜心、作答态度等会影响被试心理特质水平的稳定性。

（2）主试因素。不按规定实施测验，制造紧张气氛，给予特殊的协助，评分主观等。

（3）测验内容因素。试题取样不当，内部一致性低，题数过少、题意模糊等。

（4）测验情境因素。测验现场条件，如通风、温度、光线、噪声等都有影响。

（5）被试样本。整个团体内成员的异质性影响测验信度。成员特质分布的范围越广（即越异质），其信度系数也越大。在同质团体中，被试彼此水平接近，两次测验成绩差异主要受随机因素影响，这次可能甲高于乙，下次可能乙高于甲，偶然性很大，因此相关很低。但在异质团体中，水平高者两次分数都高，水平低者两次分数都低，虽然处于同一水平的被试分数也受机遇影响，但从总体来看，两次分数的相关是很高的。所以，团体越异质，相关越显著。

由于信度系数与被试的团体异质性有关，因此，如果一个测验手册中所报告的信度系数是从全体在校生样本中得到的，则不能认为把该测验用于某一年级的团体时也能得到同样高的信度。

团体异质性不同，分数的标准差也不同。当将测验用于标准差不同的团体时，可用下面的公式推算出新的信度系数：

$$\gamma_{nn} = 1 - \frac{S_o^2 (1 - \gamma_{oo})}{S_n^2}$$

式中：

S_o^2——信度系数已知的分布的标准差；

S_n^2——信度系数未知的分布的标准差；

γ_{oo}——用于原团体的信度；

γ_{nn}——用于异质程度不同的团体时的信度。

（6）题目因素。

① 题目的数量。题目的数量（即测验的长度）也是影响信度系数的一个因素。一般说来，在一个测验中增加同质的题目，可以使信度提高。因为增加测验的长度可以加大分数范围。题目数量增多，在每个题目上的随机误差互相抵消。比如投篮，投一个有偶然性，投 100 个其命中率就基本上反映了一个人的稳定水平。增加测验长度的效果可以用斯皮尔曼 - 布朗公式的通式来计算：

$$\gamma_{kk} = \frac{k\gamma_{xx}}{1+(k-1)\gamma_{xx}}$$

式中：

k——改变后的长度与原来长度之比；

γ_{xx}——原测验的信度；

γ_{kk}——测验长度是原来 k 倍时的信度估计。

题目数量与信度系数变化关系见表 2-32。可以看出，虽然增加题目可以提高信度，但题目并不是越多越好，增加测验长度的效果遵循报酬递减率。测验过长是得不偿失的，有时还会引起被试的疲劳和反感而降低可靠性。

此外，只有当新题目是与原题目具有同质性时，增长测验才能改进信度。

表 2-32　题目数量与信度系数变化关系

题目数量	10	50	100	200	300	400	500
信度系数	0.50	0.83	0.91	0.95	0.968	0.976	0.980

② 测验难度。测验的难度与信度间没有简单的关系。但若测验太难或太易，则使测验分数的分布范围缩小，从而使信度降低。这表明，要使信度达到最高，能产生最广分数分布的难度水平才是最合适的。

（7）间隔时间。以重测法或复本法求信度时，两次测验相隔时间越短，其信度系数越大；间隔时间越长，其他变量介入的可能性越大，受外界影响也越多，信度系数也就越低。

（五）信度的作用

1. 信度可以用来解释个人测量分数的意义

由于存在测量误差，一个人所得分数有时比真分数高，有时比真分数低，有时二者相等。

　　理论上可对一个人施测无限多次，然后求所得分数的平均数与标准差，这样平均数就是这个人的真分数，标准差就是测量误差大小的指标。但这种方式实际上是不可行的，可以用一组被试（人数足够多）两次施测的结果来代替对同一个人反复施测，以估计测量误差的变异数。此时，每个人在两次测验中的分数之差可以构成一个新的分布，这个分布的标准差就是测量的标准误，表示测量误差的大小。

　　测量的标准误可用下式计算：

$$SE=S\sqrt{1-\gamma_{xx}}$$

　　式中：

　　SE——测量的标准误；

　　S——所得分数的标准差；

　　γ_{xx}——测量的信度。

　　从上式中可以看出，测量的标准误与信度之间有互为消长的关系，信度越高，标准误越小；信度越低，标准误越大。依据此公式，已知一组测量的标准差和信度系数，就可以计算出测量的标准误。进一步可以从每个人的实得分数估计出真分数的可能范围，即确定出在不同或然率水准上真分数的置信区间。一般采用 95% 的或然率水准，其置信区间为：

$$(X-1.96SE) \leqslant T \leqslant (X+1.96SE)$$

　　也就是说，约有 95% 的可能性真正分数落在所得分数 ±1.96SE 的范围内，或者 5% 的可能性落在这个范围之外，也表明了再测时分数改变的可能范围。

　　例如，在某期末纸笔测验中某学生得 80 分，这是否反映了他的真实水平？如果再测一次他的分数将改变多少？已知该次测验的标准差为 5，信度系数为 0.84。

　　首先计算 SE：

$$SE = 5 \times \sqrt{1-0.84}$$

$$T = 80 \pm 1.96 \times 2 = 76.08 \sim 83.92$$

　　可以说该学生的真正分数有 95% 的可能性落在 76 ～ 84。

　　2. 信度可以帮助进行不同测验分数的比较

　　来自不同测验的原始分数是无法直接比较的，必须将它们转换成相同尺度的标准分数才能进行比较。如某班期末考试，张某语文、数学的成绩转换成 T 分数（平均数为 50、标准差为 10）分别为 65 和 70，由此可知张某的数学比语文考得稍好些，但二者差异是否有意义，仍不清楚。为了说明个人在两种测验上表现的优劣，可以用"差异的标准误"来检验其差异的显著性，常用的公式为：

$$SEd = S\sqrt{2 - \gamma_{xx} - \gamma_{yy}}$$

式中，SEd 为差异的标准误；S 为标准分数的标准差（如 T 分数的 $S=10$），γ_{xx} 和 γ_{yy} 分别是两个测验的信度系数。

如上例中，假定此次语文、数学考试的信度分别为 0.84 和 0.91，张某的两个分数差异的标准误为：

$$SEd = 10 \times \sqrt{2 - 0.84 - 0.91} = 5$$

若采用 95% 的置信区间（即 0.05 显著水平），则张某在这两门课上 T 分数的差异必须达到或超过 1.96Sed=1.96×5=9.8，才能认为二者真有差异。因为数学的 T 分数只比语文高 5 分，所以差异并不显著。

用 SE 估计个人分数的误差要注意三点：① 一个测验有很多可能的信度估计，因而也有同样多的标准误估计，在实际工作中要注意选择最适合某一特殊情况的信度估计来解决问题。② 假定 SE 在所有分数水平都一样，但有时高分段与低分段其标准误并不相同。水平高的人与水平低的人在做测量时会有不同的随机误差，受随机误差的影响也不一样。③ 测验分数是一个人真正分数的最佳估计，但由于存在测量误差，所以必须将测验分数看作以该点为中心上下波动的范围，而不要将其看作确切的点。这一范围有多宽将取决于测量标准误的大小，最终取决于信度系数。④ 测量标准误是对测量误差的描绘，用它能对个人真正分数的置信区间做出估计，但用它来估计个人真正水平则可能导致严重错误，因为它没有考虑到系统误差的影响。

二、效度

（一）效度的内涵

效度通常是指测量工具的有效性和正确性，即所用的测量工具能够测量出研究者所欲测量特性的程度。效度是测量工具最重要的特征，效度越高表示该测量工具测验的结果所能代表测验行为的真实度越高，越能够达到测验目的，该测量工具才越正确、越有效。对于一个标准测验来说，效度比信度更为重要，效度的大小由效度系数来表示。

效度可能包括测量的对象是否为所预设的，变量的操作性定义是否能反映原始的基本定义等。效度是指测量工具的准确性，即测量结果能够反映所要测量特性的程度，包括两方面的含义：一是测量的目的（测量了什么）；二是测量工具对测量目标的测量精确度和真实性（测的程度）。效度是一个具有相对性、连续性、间接性的概念。

在测量理论中，效度被定义为在一系列测量中，与测量目的有关的真实的变异数（即有效变异）与总变异数之比：

$$r_{xv}^2 = \frac{\sigma_v^2}{\sigma_x^2}, \quad r_{xv} = \sqrt{\frac{\sigma_v^2}{\sigma_x^2}}$$

式中：

r_{xv}——测量的效度系数；

σ_v^2——有效变异数；

σ_x^2——总变异数。

效度具有特殊性和相对性，即每个测量工具只对某特殊目的有效，仅能对其特定项目作正确的度量，或说测量的效度总是针对着要解决的问题来说的，亦即针对着打算做出的应用来建立的。效度是指测验结果的正确性或可靠性，不是指测验工具本身；效度并非全有或全无，只是在程度上有高低不同的差别；效度是针对某一特殊功能或者某种特殊用途而言，不具有普遍性；效度无法实际测量，只能从现有信息进行逻辑推断或对实证资料进行统计检验分析。

效度是问卷调查研究中最重要的特征，问卷调查的目的就是要获得高效度的测量与结论，效度越高表示该问卷测验的结果所能代表测验的行为的真实度越高，越能够达到问卷测验目的，该问卷才正确而有效。

（二）效度的分析方法

效度分析主要包括内容效度分析、标准关联效度分析和构想效度分析。

（1）内容效度分析。内容效度是效度最简单也是最基本的主观判断的方法，一般根据测量量表所选的题项，仅从表面上来观判断其是否能够代表想要测量的内容或主题。为了得到高效度的量表，通常需要尽量收集和阅读与测量内容有关的资料，以及相关的以往的研究报告，以便所设计的量表题项能较好地覆盖有关内容的各方面。内容效度是根据理论基础及实际经验来对测试工具是否包括足够的项目而且有恰当的内容分配比例所做出的判断。

（2）标准关联效度分析。标准关联效度即以一个公认有效的量表作为标准（通常称为金标准），检验新量表与标准量表测量结果的相关性，又称效标效度、实证效度或独立标准效度，反映的是测验预测个体在某种情境下行为表现的有效性程度。所谓效标，就是一个与量表有密切关联的独立标准，将量表所测特性看作因变量，将效标看作自变量，所测特性与效标密切相关的量表才是有效的量表。根据研究的目的，或根据获取量表测量结果和效标测量结果的先后顺序，效标效度有时也可以分类为"预测效度"和"协同效度"。效标效度分析的方法是考查所测特性（因变量）与效标（自变量）是否有显著的相关；或是对效标（自变量）的不同取值，特性（因变量）的值是否表现出显著的差异效标的确定并不是一件容易的事，选择效标一般要根据某种已知的理论，或某种已经得到肯定的结论。一个好的效标必须具备以下条件：① 效标必须能最有效地反映测验的目标，即效标测量本身必须有效；② 效标必须具有较高的信度，稳定可靠，不随时间等因素而变化；③ 效标可以客观地加以测量，可用数据或等级来表示；④ 效标测量的方法简单，省时省力，经济实用。

（3）构想效度分析。构想效度是指研究工具能说明心理学上的理论结构或概念框架的程度，或者说，结构效度就是根据研究者所构想的量表结构与测试结果吻合程度。构想效度主要用于评价量表测量的结果是否与理论假设或理论框架相关。研究者在设计测量量表时，一般都是从所研究问题的理论框架出发，假设某种构想存在，然后按照这种构想来具体设计提问的题项从而形成量表。如果所用的量表的确能测出真正的构想，则说明该量表具有较高的构想效度。构想效度的分析有时还有另一层意义，就是评价量表中的各个题项能否有效地区分研究对象。构想效度的估计方法对测验本身的分析（用内容效度来验证构想效度）；测验间的相互比较，相容效度（与已成熟的相同测验间的比较）、区分效度或项目分析法（与近似或应区分测验间的比较）、因子分析法等。

三、信度与效度的关系

信度即评测结果的稳定性或可靠性，效度即评测结果的准确性和真实性，两者之间既有明显的区别，又存在着相互联系、相互制约的关系。以问卷为例，信度主要回答测量结果的一致性、稳定性和可靠性问题；效度主要回答测量结果的有效性和正确性问题。如果量表是完全可信的，可能达到完全有效，也可能达不到，因为有可能存在误差，因此缺乏信度必然缺乏效度，但信度的大小并不能体现效度的大小。信度是效度的必要条件，但不是充分条件。从理论的角度来看，量表应具有足够的效度和信度；从实践的观点来看，一个好的量表还应该具有实用性，包括经济性、便利性和可解释性。

一般来说，信度是效度的必要条件，也就是说，效度必须建立在信度的基础上；但是没有效度的测量，即使它的信度再高，也是没有意义的。信度和效度关系如图2-11所示。信度与效度可以简单地概括为"两斤白糖"，两斤是信度，白糖是效度。如果测出来的是一斤半或者是两厘米，那就说明信度有问题.如果测出来的是盐巴或者大米，不是我们想要的白糖，那就是效度的问题。

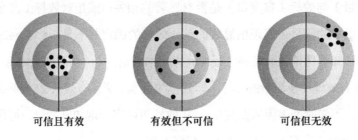

图 2-11　信度和效度关系

以调查问卷为例，信度和效度的关系有多种类型：

（1）可信且有效。准确地反映被调查人员的真实态度，问卷中的题目是和调查目标紧密关联的。若调查结果能真实地反映所调查的对象，测量的误差较小，则说明问卷调查的结果是可信而且有效的。

（2）可信但无效。问卷调查结果虽然能准确地反映被调查人员的真实态度，但问卷中题目与真实的调查目的的关联程度较弱，与调查的目标不相一致。这种情况表明，虽然调查中所得的结果是可信的，但可能在某些环节上出了差错，例如，问卷中题目的设计使得所有被调查人员都出现了理解的偏差，从而出现了系统性的偏差。

（3）不可信亦无效。在这种情况下，统计调查的结果分布较为分散，是难以从调查问卷中得出有效结果的，这是测量中应避免的类型。

四、信度和效度分析案例——试卷质量的信度与效度分析

试卷分析是纸笔测验中的一项重要工作，开展试卷分析是为了评价考试的质量。一次考试之后，成绩可靠不可靠，有多大的可靠性？目标达到了没有，实现到何种程度？哪些试题的质量较好，好在哪里？哪些试题较差，差在何处？这些问题都可以通过试卷的分析来评价。在考试后对试卷进行分析，对于以后更好的命题及改进现行命题工作都具有较好的参考意义。

1. 试题的形成

目前，考查学生成绩的试题仍以教师自编为主。自编试题应符合标准化测验的一些基本原理，教师在编制试题时应注意：① 测试题目多，范围广，覆盖面大；② 测试题目内容具有代表性；③ 题型多样化；④ 试题难易程度搭配合理。在成果导向课程改革过程中引入了纸笔测验双向细目表，对于试题的科学合理的形成起到很大作用。

2. 试题的抽样

为了对试卷进行统计分析，科学可靠的对测试试卷做出正确评价，必要对试卷进行随机抽样采集，即从参加考试的全体学生的测试试卷中随机抽取一部分学生的试卷作为试卷统计分析的对象，这里全体的测试试卷为母体，随机抽取的试卷为子样，这一过程为试卷抽样。

3. 成绩分析与整理

纸笔测验成绩的处理，试卷质量的高低，关系到考试的效果和对学生学习成果的检验。一份好的试卷应是难度适中，区分度较大，能分别出学生的学习状况，并且具有较高的信度和效度。建立试卷的量化评价指标，有助于推动标准化考试的进程。同时，进行试卷质量的分析，也有利于了解各课程教学大纲要求的内容在实际教学过程中被学生接受的程度。在进行考试设计时，根据教育目标分类学认知体系和教学大纲的要求建立考试目标，并有针对性地进行测量，可以减少教师出试题的盲目性和随意性，使考试能真正反映实际教学水平和学生的学习情况。

考试成绩的处理是分析试卷的一个重要环节，从考生的试卷上直接得到的分数称为原始分数，它只是反映学生掌握的知识和能力的初级信息，不能科学地评估学生的学习成绩，必须经过一定的处理和分析才能反映考试的实际情况。

4. 信度分析

对主观题和客观题兼有的考试来说，信度可采用 Cronbach 公式计算，即求系数来反映考试的信度。

采用折半法计算出的考试信度估计值，将考试施测于某被试总体，然后将考试折半，再求被试在每一半考试上的分数的一致性程度。方法是将奇数组题组成一个部分，偶数题构成奇数题的复本。计算两半考试的得分的皮尔逊相关系数，再采用斯皮尔曼－布朗公式矫正。

使用折半信度测试时，要求：① 奇数题目与偶数题目必须成对；② 成对值的数目一般要大于30；③ 两列数据都应成正态分布。因此，该方法通常用于选择题组成的考试，通常对于折半信度法分析试卷的可信度并不完善，只能用它来分析单一的选择题的可信度。

对于任课教师来说，试卷分析本身就是教学工作的一部分，它是改进教学、提高教学质量的环节。因此，任课教师作试卷分析，应着重对学生考试成绩作统计描述，并对实体的质量及其失分的主要原因进行分析。成果导向改革考试课程学生试卷分析见表2-33。通过试卷分析，主要掌握本校各专业、各班级、各课程的教学动态，从中发现教学与考试中存在的问题，总结经验，提出对策，设计出更为科学而合理的试卷。

表 2-33 成果导向改革考试课程学生试卷分析

2020—2021 学年第 1 学期

课程名称	焙烤食品加工技术	教学班级	食品加工 19-01 班			
任课教师	韩双	成绩比例	平时成绩：40% 期中成绩：20% 期末成绩：40%	考试方式	（√）笔试 （ ）非笔试	
成绩 分布	最高分	89	最低分	36.4	平均分	59.43
	成绩	不及格	60～69 分	70～79 分	80～89 分	90 分及以上
	人数	7	13	4	4	0
	百分比	25.00%	46.43%	14.29%	14.29%	0.00%

考试成绩统计	

命题分析	1. 试题与教学大纲的要求 　　（ ）符合　　（√）基本符合　　（ ）不符合
	2. 试题总量　　（√）偏多　　（ ）适中　　（ ）偏少
	3. 考题难易度　　（√）偏难　　（ ）适中　　（ ）偏易
	4. 考题覆盖面　　（√）覆盖大纲要求的 80% 以上 （ ）覆盖大纲要求的 60%～80% （ ）覆盖大纲要求的 60% 以下
	5. 题型结构是否合理　　（ ）合理　　（√）较合理　　（ ）不合理
试卷情况分析	考试卷面 4 种题型包括单项选择题、判断题、简答题和技能题，难度适中。从学生答题情况看，客观题回答情况较好，做过的实验相关内容的题目回答较好，基础性问题回答清楚，但对于原理方面的题目回答一般。学生们对原理性的知识掌握不足，但是基础原理性的知识又是学生必须掌握的内容

续表

改进 措施	在今后的教学过程中应更加注意学生答题方面的理解。目前班级学生多数为单招生，基础和自律性相对较差，好的学习习惯没有养成。在单元设计中，教学内容的设计数量、难度可做适当调整；课程内容设计中，多项目贴近生活化，更有利于激发学生的学习兴趣；针对理论知识部分，需要学生记忆，反复复习、提问，授课时建立微信群，及时了解学生的学习情况，必要时在群里进行答疑、反馈，帮助学生完成学习任务。借助网络资源，如上网观看视频、与其他兄弟院校教师多沟通、交流学习、探讨学习方法，提高课堂上反复巩固知识的活动环节，设计一些课堂活动，提高学生对课程学习知识的消化和理解能力

任课教师签名：   教研室主任签名：

　　　2021 年 9 月 10 日   2021 年 9 月 10 日

第三章　能力培养典型课程模式

通过不断探索，职业教育课程模式逐渐形成应有的特色。行动体系课程模式是以行动的程序组织课程内容的课程模式，是真正具有职业教育特色的课程模式。其中项目课程、学习领域课程、CDIO 课程、模块式课程、顶点课程等课程模式已经成为各具特色的主流职业教育课程模式。

第一节 项 目 课 程

一、项目课程的内涵

（一）项目课程的发展

项目课程可以追溯到 17 世纪，它与自然科学家的"实验"、法学家的"案例研究"、军事参谋的"沙盘演练"等属于同一类型，只是在内容上项目课程不是经验的、解释的战略研究，而是建造活动（即设计房屋、修建运动场，或者制造机器）[①]。项目课程最早出现在意大利罗马的建筑师学院，为了培养优秀的建筑师而开展的建筑设计竞赛。此后，"项目方法"传入欧美，把"项目"当作一种"综合练习"，使"教学"成为"产品制造"。

对项目课程进行系统理论研究与实验的是克伯屈。项目课程的内涵有两个要点：一是把项目限定在解决问题的领域，即指"个体计划运用他们已有的知识和经验，通过自己的实际操作，在实际情境中解决实际问题"；二是用有目的行动（取代建造活动）作为项目的基本特征。项目课程经过克伯屈的改造，拥有了更为宽广的含义，并被应用到了普通教育领域[②]。

（二）项目课程的概念

早期的项目课程开发路径是：根据课程需要直接选取项目，然后依据所选项目确定要学习的内容；项目课程开发的出发点和依据就是项目本身。这里讨论的项目课程是职业教育项目课程，是在任务课程的基础上发展而来的。这种项目课程开发的出发点不是项目，而是任务，项目中要体现任务的内容，任务是项目活动共同要素概括的结果，项目是在任务的基础上确立的[③]。

---

① [美] Knoll M. The project method: its vocational education origin and international development [J]. Journal of Industrial Teacher Education, 1997, 34(3).

② 瞿葆奎，丁证霖."设计科学法"在中国 [A]// 教学（上册）[M]. 北京：人民教育出版社, 1988.

③ 徐国庆. 职业教育项目课程的内涵、原理与开发 [J]. 职业技术教育, 2008, 29(19).

随着智能化时代的到来，作为课程开发纽带的"工作任务"也发生了变化。之前所确立的"任务"，由于它是基于对工作过程本身进行分解所获得的，因此它指的事实上是完整工作过程的一个局部环节，而今天的"任务"本身已是一个完整的工作过程。这种具有系统性的工作任务特征可以用一个概念进行描述，那就是"项目化"。"项目化"一方面描述了这种任务的系统性特征；另一方面说明这种任务并不是项目本身，它只是具有了项目的性质，且包含了朝项目方向进行课程设计的元素。另外，当前职业院校各专业的人才培养目标定位很少有专业仅仅把人才培养定位在一线操作人员，大多定位在技术技能型人才，"任务"更加具有了系统性。综上，职业教育项目课程的内涵可概括为以下五方面。

（1）项目课程是以任务和项目的有机结合为设计框架的课程模式。职业教育课程内容构成要素主要包括知识、技能、任务和项目，知识和技能是完成任务必需的条件，任务属于过程，项目是完成任务最终获得的成果。如果重视让学生系统学习理论知识，就以知识为参照点开发课程，即为理论课程；如果重视学生单项技能的练习，就以技能为参照点开发课程，即为技能训练课程；以工作任务为中心组织课程，即任务课程，但任务课程以任务为中心选择的知识缺乏内在逻辑，要建立知识与任务有机联系的纽带——项目，项目是能克服以任务为中心简单重组原有的学科知识，实现把经过抽象的工作任务回归加入体现任务的载体，所以职业教育项目课程是综合地以任务和项目为开发的参照点，它既不是对理论课程教学方法的改造，也不是直接依据项目开发的课程，而是基于项目化任务的一种课程模式。

（2）项目课程是基于理论与实践一体化的课程模式。项目课程是以任务和项目这两个关键要素为核心逻辑纽带开发的职业教育课程体系。不是在理论知识系统学习全部结束后，为了训练学生的实践能力而开发的一种课程。以项目和任务为整个课程体系的逻辑纽带，意味着实现了课程设计的理论与实践一体化。

（3）项目课程是以"做中学"为基本学习方式的课程模式。项目课程主张以典型产品或服务为载体进行教学，但这只是项目课程的表现形式，在理解项目课程的本质时我们更要充分理解作为其理论基础的"做中学"，否则很可能有了"做"却没有"学"。"做中学"的"做"不仅仅是为了训练学生技能，更是期望通过"做"发展学生具有综合性质的职业能力，这意味着项目课程把"做"与"学"及"理论"与"实践"的关系颠倒了过来。传统教学模式是先让学生进行知识积累，然后通过应用所积累的知识形成能力；而"做中学"是让各种学习要素在"做"的过程中发生，"做"成了学的手段，而不是学的结果[①]。

---

① 徐国庆. 从任务到项目：职业教育课程模式发展的逻辑 [J]. 机械职业教育, 2016(3).

（4）项目课程既可作为课程体系中的各单独课程存在，也可作为整个课程体系或主体模式而存在。项目课程的根本来源是工作任务，项目是使职业教育课程从抽象化、概括化、普通化层面走向情境化、具体化、现实化层面的纽带，课程开发时可以从高到低的6个层面：工作任务、职业能力、课程体系、单门课程、课程内容、教学组织中的任何一个层面开始介入，项目介入越早，课程项目化程度越高。如果从单门课程层面介入，项目课程就作为课程体系中的各单独课程存在；如果从课程体系以上各层面介入，即作为整个课程体系或主体模式而存在。

（5）项目课程还可以作为一种教学方法。从教学组织层面来说，项目课程也就是项目教学方法。

二、项目课程设计实施要点及评价

（一）项目课程开发原则

1. 以综合职业能力为主线的原则

综合职业能力是指从事某种职业岗位必须具备的，并在该职业活动中表现出来的多种能力的综合，是个体将所学的知识、技能、态度的综合。课程开发时，要将综合职业能力进行分解、细化到各门课程或具体的活动项目中，转化为行动学习项目，实现知识与应用、理论与实践一体化。

2. 以工作任务为线索的原则

项目课程体系和项目课程内容在设计时，以教学目标为导引，以教学内容与学生未来职业发展相联系的原则，按照贴近生产实际、贴近就业岗位，立足工作任务，构建一系列行动化的学习项目，实现"理实一体化"。以"子项目"或"模块"为单元的教学内容，要与职业岗位对接，围绕行动化学习任务来完成。

3. 以工作过程为基础的原则

项目课程以工作过程为基础，除了课程开发的逻辑关系之外，还必须考虑两方面。其一，在教学设施建设时，要充分考虑职业环境对教学过程、教学目标实现的支撑作用，营造具有真实职业情境特点的教学环境。其二，在课程教学实施时，要充分考虑工作过程特点和教学过程特点的有机结合，以工作过程为基础组织教学过程，突出"任务中心"和"情境中心"[①]。

---

① 郝超, 蒋庆斌. 高职教育项目课程的开发原则与开发方法 [J]. 中国职业技术教育, 2008(4).

（二）项目课程开发步骤及要求

1. 确定专业面向的岗位

　　根据高职教育教学规律、高职院校办学宗旨和综合定位（如办学定位、人才培养定位、社会服务定位等）需求确定学校、二级学院培养目标，再根据行业与用人单位需求，制定专业人才培养目标。制定专业人才培养方案时要明确职业教育所面向的具体职业岗位，只有明确了职业岗位，才能通过描述这些岗位的工作任务与职业能力，详细、准确地把握这些岗位的人才规格要求。如建筑装饰工程技术专业的人才培养目标可表述为：本专业培养理想信念坚定，德智体美劳全面发展，具有一定的科学文化水平，良好的人文素养、职业道德和创新意识及社会责任意识，精益求精的工匠精神，较强的岗位适应能力和可持续发展能力。掌握本专业知识和技术技能，面向建筑装饰装修领域的绘图员、施工员、家装顾问、设计师、工长、项目经理、主材营销等职业（岗位）群，能够从事装饰公司、主材公司等建筑装饰行业的一线服务以及运营管理等工作的高素质技术技能人才。

2. 分析岗位工作任务

　　分析岗位的工作任务是实现课程内容与岗位能力要求对接的重要纽带。工作任务分析是对某一岗位或岗位群中需要完成的任务进行分解的过程，目的是掌握其具体的工作内容。工作任务与职业能力分析样例见表3-1。

表3-1　建筑装饰工程技术专业工作任务与职业能力分析

工作领域	工作任务	职业能力	开设课程
一、建筑装饰方案设计	1. 制定装饰设计风格	（1）能运用形式美法则，进行平面图形设计； （2）能善用色彩原理和技巧，进行色彩搭配设计； （3）能熟用立体构成原理，进行立体造型训练； （4）善用室内设计理论知识，进行室内空间设计； （5）能根据室内空间组织方法，结合使用者需求合理划分功能空间； （6）能运用室内空间界面设计方法，进行室内界面处理； （7）能运用室内空间光环境，设计室内空间照明； （8）能通过对建筑人文的理解与分析，进行不同功能的室内空间设计；	（1）室内设计基础； （2）室内陈设； （3）构成设计； （4）室内空间设计； （5）装饰装修工程概预算
	2. 制定装饰概预算方案	（9）能执行室内陈设的分类方法与原则； （10）能分析室内空间设计风格，合理搭配陈设饰品； （11）能正确应用定额、使用计价表； （12）能计算直接费和准确地进行工料分析	

工作领域	工作任务	职业能力	开设课程
二、建筑装饰绘图	1. 绘制室内建筑施工图纸	（1）能熟练操作 CAD 绘图软件，掌握建筑施工图纸的绘图技巧； （2）能熟练绘制建筑装饰平面与立面图例； （3）能根据方案设计意图，绘制全套建筑装饰施工图； （4）能运用正投影理论，准确绘制三视图； （5）能运用制图原理，准确绘制装饰工程图样； （6）熟知相关制图标准，准确识读装饰施工图； （7）严格执行国家制图标准，树立社会责任意识； （8）能运用 BIM 数据转换功能实现建设工程信息化	（1）建筑制图与识图； （2）建筑 CAD； （3）BIM 应用
	2. 绘制室内三维效果图图纸	（1）能善用建模工具，绘制室内装饰物模型； （2）熟悉二维、三维建模命令，能合理地绘制各种装饰构件等模型； （3）能利用贴图素材，合理表现模型的材质； （4）能准确创建各类型灯光，完整构建场景光影效果； （5）善用室内效果图的表现技法，完善室内效果图； （6）能够运用透视原理准确表现空间关系； （7）能根据材质特征准确绘制效果图； （8）能结合建筑形态、人文需求、艺术表现，合理绘制设计方案	（1）三维设计； （2）建筑装饰效果图设计； （3）效果图手绘表现
三、建筑装饰施工	1. 施工组织与管理	（1）与客户及设计师进行有效沟通，结合建筑空间结构特点，制定工程的总体施工方案； （2）能依据施工方案，能够制订资源配套计划； （3）能正确制订施工进度计划，并对进度计划进行优化、控制和调整； （4）能厘清施工项目中各分部项工程施工工艺流程； （5）能制订装饰施工管理计划	（1）装饰材料与施工工艺； （2）建筑装饰施工组织与管理
	2. 建筑装饰施工	（1）能按照图纸要求，完成制作装饰构件、实样等； （2）能根据材料特性合理选择各类施工工具，并按照操作规程正确使用； （3）能分析基层与饰面层的结构关系，合理进行构造连接； （4）能根据金属材料的化学成分及性能特点等准确分析其属性； （5）能制定典型强弱电路改造方案； （6）能根据常见强弱电气设备特性，熟练操作其节点接驳	（1）金属材料综合实训； （2）装饰施工项目实训； （3）强弱电综合实训

3. 确定课程目标

在确定课程目标时，既要确定当前"理解和记忆"式的学习内容，注重学生某种能力的培养和提高，又要充分考虑该课程给学生带来的深远影响。学习目标的确立要具有长期性、综合性，不能是短期、单一的；要遵循布鲁姆的教育目标分类法，明确学习行为的各级目标。

课程目标的确定要结合社会及行业需求，还要充分考虑学情、学生的个性发展水平及特点。分析这门课程在整个课程体系中的位置，学生已有的认知、情感及技能方面的基础，分析学生之间的差异性、学习能力及学习潜力；同时，要考虑学生的全面发展因素，比如，培养学生与他人交流合作能力、辩证思考的能力等。最后，要考虑教学目标的具体化，设计教学目标时，将宏观的总目标使用具体的可观察、测量的行为指标来分解、描述教学目标，使不同的教学目标之间形成一种逻辑性、条理性强的上下承接关系；同时，考虑满足学生发展为前提的学习活动设计。只有设计了有效的课程目标，才能解决成果导向强调的想让学生取得的学习成果是什么、为什么要让学生取得这样的学习成果等问题。例如，"建筑 CAD"课程的课程目标见表 3-2。

表 3-2　"建筑 CAD"课程的课程目标

课程名称	建筑 CAD				课程代号		03Z01004				
A 课程描述	本课程旨在引领学生善用建筑制图的国家标准，熟练运用 CAD、天正建筑软件进行绘图（目的）。通过基础图形绘制熟练计算机绘图的操作技能；利用施工图绘制养成严谨的工作习惯；借助工程图纸绘制熟练建筑施工图的绘制过程与方法（历程）。以实现应用信息化手段对中等复杂程度建筑施工图的绘制（预期结果）										
B 课程教学目标（标注能力指标）	（1）熟知 CAD 制图软件的基础知识；									DZc1	
	（2）善用 CAD 制图软件的命令，掌握计算机绘图技能；									DZc2	
	（3）熟练地操作 CAD 制图软件，绘制中小型民用建筑的建筑施工图；									EZc1	
	（4）善用天正建筑软件，绘制建筑施工图；									DZc2	
	（5）养成按照国家建筑制图统一标准要求绘制建筑施工图的习惯；									FZc1	
	（6）通过高强度的绘制工作，建立吃苦耐劳的品质									FZc1	
C 核心能力权重	沟通整合（A）		学习创新（B）		专业技能（C）		问题解决（D）		责任关怀（E）		职业素养（F）	合计
	5%		5%		0%		45%		15%		30%	100%
D 课程权重	AZc1	AZc2	BZc1	BZc2	CZc1	CZc2	DZc1	DZc2	EZc1	EZc2	FZc1	FZc2	合计
	5%	0%	5%	0%	0%	0%	15%	30%	15%	0%	30%	0%	100%

4. 开发教学项目

教学项目源于课程目标和学习目标，将课程的主要内容按照不同的主题、概念或难易程度分成若干教学项目（模块），不同的教学项目（模块）按照逻辑顺序进行排序，每个教学单元（模块）分配一定的学时。

5. 确定项目设计模式

项目课程作为一种理实一体的课程模式，相对来说有较大的随意性，不强调以完整的工作过程为内在逻辑，只要确保课程中所规定的工作任务、知识和技能都得以明确学习，完全可以对项目进行开放性设计。常见模式有以下三种：

（1）循环式。一门课程中的所有任务都能在一个项目中完成，例如，建筑工程技术专业的"建筑 CAD"课程，可以确定其工作任务如下：① 绘图环境设置；② 绘制轴网；③ 绘制墙体及门窗；④ 绘制楼梯等其他部分；⑤ 绘制文字及尺寸标注。可以设计一个项目把这些任务纳入其中，学生通过这个项目的学习就可获得完整的工作任务。"建筑 CAD"课程项目设计参考方案见表 3-3。

表 3-3 "建筑 CAD"课程项目设计参考方案

序号	项目名称	课程任务	学时分配
1	项目一 绘制建筑平面图	任务 1 绘图环境设置	2
		任务 2 绘制轴网	2
		任务 3 绘制墙体及门窗	4
		任务 4 绘制楼梯等其他部分	6
		任务 5 绘制文字及尺寸标注	2
2	项目二 绘制建筑立面图	任务 1 绘图环境设置	2
		任务 2 绘制建筑轮廓及门窗定位线	4
		任务 3 绘制门窗及建筑细部特征	4
		任务 4 绘制文字及尺寸标注	2
3	项目三 绘制建筑剖面图	任务 1 绘图环境设置	2
		任务 2 绘制轴线及楼板定位线	2
		任务 3 绘制楼梯剖面	4
		任务 4 绘制剖面细部特征	4
		任务 5 绘制文字及尺寸标注	2

续表

序号	项目名称	课程任务	学时分配
4	项目四　绘制建筑详图	任务 1　绘图环境设置	2
		任务 2　绘制详图定位线	4
		任务 3　绘制详图细部线	4
		任务 4　绘制文字及尺寸标注	2
合计		54 学时	

　　循环式模式的特征是：一个项目包括该门课程的全部任务，工作过程基本是一致的。例如，某门课程需要让学生完成四条工作任务，可以设计一些由简单到复杂的项目，每个项目都重复这四条工作任务，实现从任务序列到项目序列的转换，把以任务为中心的学习模式转换成以项目为中心的学习模式，随着项目的推进，学生的职业能力得以不断提升，如图 3-1 所示。

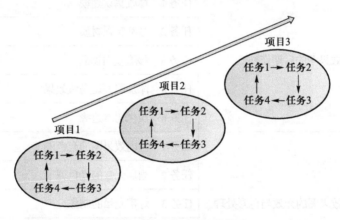

图 3-1　循环式项目设计模式

　　（2）分段式。一门课程中工作任务非常多，而且各任务之间有前后逻辑关系，只有这些工作任务全部完成，才能算完成一个完整的项目。例如，在建筑装饰工程技术专业"效果图后期处理"课程中，其分段工作任务主要包括效果图文件的基本设置、效果图的抠图换景训练、效果图的后期修补、效果图的光效与色彩处理、效果图配景训练、彩色户型图的制作、别墅效果图后期处理，设计项目时，每一个工作任务便构成一个项目，见表 3-4。

　　分段式模式的核心特征是：一门课程的全部工作任务构成一个大型的、完整的综合项目，把这个项目划分成若干子项目，学生按照工作顺序逐步完成各子项目，最终完成整个项目，如图 3-2 所示。

表 3-4 "效果图后期处理"课程项目设计方案

序号	项目名称	课程任务	学时分配
1	项目一　效果图文件的基本设置	任务 1　界面基本操控	2
		任务 2　文件的基本设置	2
		任务 3　文件格式转换	2
		任务 4　修改文件大小及分辨率	1
2	项目二　效果图的抠图换景训练	任务 1　替换沙发背景墙	1
		任务 2　替换楼房应用场景	2
		任务 3　替换电视贴纸	2
		任务 4　替换挂角树应用场景	2
		任务 5　替换电视背景墙	2
3	项目三　效果图的后期修补	任务 1　修改错误建模	1
		任务 2　修补错误材质	1
		任务 3　移除室内物品	2
		任务 4　添加路面斑马线效果	2
		任务 5　淡化树木边缘	2
4	项目四　效果图的光效与色彩处理	任务 1　室内效果图的光色调节	2
		任务 2　酒店大堂的光色调节	1
		任务 3　灯带光晕的制作	1
		任务 4　射灯光晕的制作	1
		任务 5　台灯光晕的制作	1
5	项目五　效果图配景训练	任务 1　添加照片	1
		任务 2　添加挂画	2
		任务 3　添加落地干花	1
		任务 4　添加茶几摆件	1
		任务 5　添加吊灯	1
		任务 6　添加窗景	1
		任务 7　添加阳台绿植	2

续表

序号	项目名称	课程任务	学时分配
6	项目六　彩色户型图的制作	任务1　制作墙体和窗户	2
		任务2　制作客厅和卧室地面	1
		任务3　制作厨卫和阳台地面	1
		任务4　制作客厅家具	1
		任务5　制作厨房家具	1
		任务6　制作卧室和卫生间家具	2
		任务7　制作南北露台	2
7	项目七　别墅效果图后期处理	任务1　添加草地、天空和水面	1
		任务2　添加水岸绿植	1
		任务3　添加远景	1
		任务4　添加中景	1
		任务5　添加近景	2
		任务6　调整建筑	2
		任务7　调整光线	2
合计		60学时	

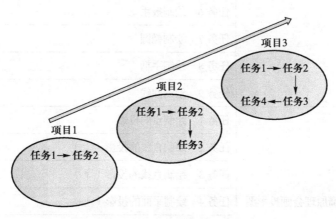

图3-2　分段式项目设计模式

（3）对应式。一门课程中工作任务之间没有明显的逻辑关系，但各工作任务具有独立的工作成果，如图3-3所示。

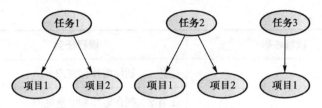

图 3-3 对应式项目设计模式

这种对应式特征，是一个任务可以设计一个或多个项目，项目和任务之间是对应关系。例如，在城市热能应用技术专业"锅炉制图与 CAD"课程中，其工作任务主要包括：① 手工绘图懂标准；② 懂原理会画投影图；③ 懂标准会画零件图；④ 懂标准会画管子图、集箱、锅筒图；⑤ 懂标准会画锅炉钢架结构、平台、扶梯图；⑥ 懂标准会画锅炉砌筑图；⑦ 读懂锅炉总图、锅炉本体图、锅炉基础图、锅炉仪表阀门图、锅炉砌筑图；⑧ 掌握 AutoCAD 绘制二维图形的技巧。针对这些工作任务选择对应式模式是比较合适的，见表 3-5。

表 3-5 "锅炉制图与 CAD"课程项目设计方案

序号	单元名称	任务名称	学时分配
1	项目一 手工绘图懂标准	任务 1 绘制图框	1
		任务 2 绘制标题栏	1
		任务 3 标注手柄尺寸（上）	1
		任务 4 标注手柄尺寸（下）	1
		任务 5 绘制等分线段	1
		任务 6 绘制扳手	1
		任务 7 绘制椭圆	1
		任务 8 绘制手柄	1
		任务 9 绘制曲线	1
2	项目二 懂原理会画投影图	任务 1 绘制点的投影	1
		任务 2 绘制直线的投影（上）	1
		任务 3 绘制直线的投影（下）	1
		任务 4 绘制平面的投影（上）	1
		任务 5 绘制平面的投影（下）	1
		任务 6 绘制柱的投影	2
		任务 7 绘制三棱柱的投影	2

续表

序号	单元名称	任务名称	学时分配
2	项目二　懂原理会画投影图	任务 8　绘制圆柱的投影	2
		任务 9　绘制圆锥的投影	2
		任务 10　绘制圆环的投影	1
		任务 11　绘制棱柱开槽的投影（上）	1
		任务 12　绘制棱柱开槽的投影（下）	1
		任务 13　绘制圆球开槽的投影	1
		任务 14　凹槽几何体的尺寸标注	1
		任务 15　绘制椭圆的轴测图（上）	1
		任务 16　绘制椭圆的轴测图（中）	1
		任务 17　绘制椭圆的轴测图（下）	1
3	项目三　懂标准会画零件图	任务 1　绘制六角螺母的表面绞线图	2
		任务 2　绘制圆锥的表面绞线图	2
		任务 3　绘制下降管与集箱的相贯线图（上）	2
		任务 4　绘制下降管与集箱的相贯线图（中）	2
		任务 5　绘制下降管与集箱的相贯线图（下）	2
		任务 6　绘制手柄的相贯线图	2
		任务 7　集箱与管子的尺寸标注	2
4	项目四　懂标准会画管子图、集箱、锅筒图	任务 1　绘制锅炉省煤器蛇形管图	2
		任务 2　绘制锅炉水冷壁鳍片管图	2
		任务 3　绘制锅炉管子开孔图	2
		任务 4　绘制锅炉销钉图	2
		任务 5　绘制锅炉空间管子图	2
		任务 6　绘制锅炉对流管束图	2
		任务 7　绘制锅炉模式水冷壁管图	2
		任务 8　绘制锅炉管式空气预热器图	2
		任务 9　绘制锅炉过热器图	2
		任务 10　绘制锅炉集箱展开图	4
		任务 11　绘制锅炉锅筒展开图	4

续表

序号	单元名称	任务名称	学时分配
5	项目五　懂标准会画锅炉钢架结构、平台、扶梯图	任务1　绘制锅炉钢架柱子图	2
		任务2　绘制锅炉平台图	4
		任务3　绘制锅炉扶梯图	4
		任务4　绘制锅炉钢梁图（上）	2
		任务5　绘制锅炉钢梁图（中）	2
		任务6　绘制锅炉钢梁图（下）	2
6	项目六　懂标准会画锅炉砌筑图	任务1　绘制锅炉前拱图	2
		任务2　绘制锅炉后拱图	2
		任务3　绘制锅炉侧墙图	2
		任务4　读懂锅炉砌筑总图	4
7	项目七　读懂锅炉总图、锅炉本体图、锅炉基础图、锅炉仪表阀门图、锅炉砌筑图	任务1　读懂锅炉总图	4
		任务2　读懂锅炉本体图	4
		任务3　读懂锅炉基础图	4
		任务4　读懂锅炉仪表阀门图	4
		任务5　读懂锅炉砌筑图	4
8	项目八　掌握AutoCAD绘制二维图形的技巧	任务1　操作AutoCAD界面	2
		任务2　绘制直线	2
		任务3　绘制锅炉管子图	2
		任务4　标注锅炉管子图	2
		任务5　绘制锅炉集箱图	4
		任务6　标注锅炉集箱图	2
		任务7　绘制锅炉锅筒图	4
		任务8　标注锅炉锅筒图	2
		任务9　绘制锅炉钢架图	2
		任务10　标注锅炉钢架图	2
		任务11　绘制锅炉平台图	2
		任务12　标注锅炉平台图	2
		任务13　绘制锅炉钢梁图	2
		任务14　标注锅炉钢梁图	2
合计		148学时	

114

6. 项目教学活动设计

在开展项目教学活动中，要倡导行动学习法。行动学习法是在行动实践中学习的方法，也就是以问题为核心，组成学习小组，在外部专家或小组成员之间的相互帮助下，通过主动学习、不断探究、分享心得，使问题得到有效解决[①]。行动学习重视"知行合一"，是在"做中学，学中做"。高职院校培养目标是培养综合职业能力强的高素质技术技能型人才，即除具备专业能力解决问题外，还应具备一定的社会能力、方法能力、与他人合作沟通能力、良好的职业道德和关爱社会的责任和意识。行动学习教学活动是以学生为行为主体，设置一定的职业情境，以基于职业真实问题为导向，以团队的形式进行研究式学习，让学生自己分工，进行查找资料、研究方法，寻找解决问题的对策。通过这种合作式的学习提高学生的合作交流能力，激发创造性思维，让学生在行动中体验专业岗位技能，并且不断提升自己的专业能力及综合能力。

（三）项目课程评价

项目课程采用多元评量系统，根据学生个人所能达到的能力程度进行针对性评量。多元评量就是运用多种方式来评量学生的学习过程和结果。以专业人才培养为基础，依据教学目标采取合适的评量方式，呈现多元化的学习，以提供更合适的教学来增进学生成长。多元评量不仅需要教学活动结束后的结果评量，也需要教学过程中的形成性评量，更多地关注学生在各个时期的进步状况，注重综合评量，关注个体差异，注重评量指标的多元化。

例如，在"BIM技术应用——机电建模"课程中，可以采用实作评量，其评量单见表3-6。实作评量是学生实际操作及解决问题等行为的表现。通过学生在完成实际案例、模型制作等实操任务时的表现，对其整个实操过程及结果进行全方位的评价，包含作品完成质量、团队协作能力、创新能力等核心指标。

表3-6 "BIM技术应用——机电建模"课程实作评量单

评量标准：					
等级	A	B	C	D	E
1.整体效果（50%）	标高设置正确，整体效果极好	标高设置正确，整体效果良好	标高设置正确，整体效果较好	标高设置正确，整体效果欠佳	标高设置正确，整体效果不好

---

① 温海燕, 潘杰义. 行动学习法简介 [J]. 学位与研究生教育, 2003(5).

续表

评量标准：					
等级	A	B	C	D	E
2. 精细程度（30%）	设备布置和管线排布的效果真实，完成选定设备布置效果极好	设备布置和管线排布的效果真实，完成选定设备布置效果良好	设备布置和管线排布的效果真实，完成选定设备布置效果较好	设备布置和管线排布的效果真实，完成选定设备布置效果欠佳	设备布置和管线排布的效果真实，完成选定设备布置效果不好
3. 完成度（20%）	能够在有效时间内完成分楼层分专业建模，内容完整	能够在有效时间内完成分楼层分专业建模，内容较完整	能够在有效时间内完成分楼层分专业建模，但内容有所欠缺	不能在有效时间内完成分楼层分专业建模，内容较不完整	不能在有效时间内完成分楼层分专业建模，内容不完整

例如，在"建筑材料"课程中采用口语评量，评量单见表3-7。口语评量侧重评量学生的语言表达、知识梳理及概括总结等方面，通过问答、阐述的过程，培养学生倾听、表达和应对的能力，可以在一定程度上反映学生的思维过程，以及对所掌握知识的理解力。

表3-7 "建筑材料"课程口语评量单

维度	需要改进的（1）	进步中的（2）	充分的（3）	高于平均水平（4）
主题明晰（论文要有相关信息和观点的支撑）（40%）	学生作业的目标没有明确。主要观点没有为主题服务	学生作业的核心目标被确定。观点总体可以支撑论文	学生作业的核心目标清晰。观点基本可以支撑论文	学生作业的核心目标清晰，支撑论文观点的素材能很好地集中。论据丰富紧扣主题
逻辑结构（要素/观点的排序）（30%）	信息与观点逻辑不清晰（如作者思维跳跃）。读者很难厘清文章线索	信息和观点的呈现基本符合逻辑，读者的理解困难较小	信息和观点的呈现符合逻辑，读者的理解基本无困难	信息和观点的呈现自然流畅，内容对读者很有吸引力
语言表达（30%）	每句话表述中有1个或1个以上错误、全部表述中有3个或4个以上错误	全部表述中有3个或3个以上错误	全部表述中有2个或2个以上错误	全部表述中有1个或1个以上错误

三、项目课程案例

下面以建筑工程技术专业"建筑识图与构造"课程开发为例，介绍项目课程开发实施的过程。

（一）确定专业人才培养目标及面向岗位

建筑工程技术专业的人才培养目标为：本专业培养理想信念坚定，德智体美劳全面发展，具有一定的科学文化水平，良好的人文素养、职业道德和创新意识，精益求精的工匠精神，较强的就业能力和掌握建筑工程基础理论知识、执行施工方案、施工预决算与资料整编等专业技术技能，具备认知能力、合作能力、创新能力、职业能力等支撑终身发展、适应时代要求的关键能力，具有较强的就业创业能力，面向建筑领域，能够从事建筑施工与建筑内业管理等工作的技术技能人才。

（二）分析岗位工作任务

建筑工程技术专业工作任务与职业能力分析见表 3-8。

表 3-8　建筑工程技术专业工作任务与职业能力分析

工作领域	工作任务	职业能力	对应课程
建筑施工	工程地质勘察	（1）能看懂工程地质勘察报告； （2）能够阅读、编制土方工程施工方案，尤其熟练掌握土方开挖（人工、机械）的施工工艺； （3）能阅读、编制基坑支护与开挖方案，熟练掌握相应的施工工艺； （4）能根据质量验收相关标准地基与基础工程进行检验	建筑识图与构造、建筑CAD、建筑材料、工程测量、钢筋混凝土与砌体结构、建筑施工技术、建筑平法识图
	基础工程施工		
	混凝土结构施工	（1）能根据工程实际确定施工人员、材料、机械以及现场等准备工作； （2）能根据主体结构的特点选择合适的施工方案并进行质量控制； （3）能熟练陈述常用模板的施工工艺； （4）能熟练陈述钢筋的构造及其加工、焊接、安装工艺； （5）能编制混凝土浇筑（基础、框架、剪力墙）施工方案，会设置合理施工缝并对其进行处理，会设置后浇带，能指导混凝土的养护与拆模，能对混凝土的质量进行检验等； （6）能陈述指导钢柱、吊车梁、钢桁架安装方法，并能对其位置进行校正； （7）能指导砌筑烧结多孔砖墙体及混凝土小型空心砌块砌体，能熟练应用质量检查标准对砌筑质量进行检验； （8）熟练掌握主体结构工程质量验收相关标准	
	砌体结构施工		

续表

工作领域	工作任务	职业能力	对应课程
建筑施工	建筑装饰装修施工	（1）能指导常见的一般抹灰施工； （2）能指导装饰抹灰的施工； （3）能根据一般抹灰、装饰抹灰的质量标准对抹灰质量进行检验； （4）能指导木门窗、钢门窗、铝合金门窗以及塑钢门窗的安装； （5）能熟练陈述悬吊装配式顶棚安装的工艺，能对顶棚工程质量进行验收； （6）能指导地面基层的铺设、整体面层铺设、板块面层铺设以及木竹面层铺设等； （7）能根据质量标准对不同的铺设地面进行检验	建筑识图与构造、建筑CAD、建筑材料、工程测量、钢筋混凝土与砌体结构、建筑施工技术、建筑平法识图
	屋面工程施工	（1）能熟练陈述卷材防水屋面施工的工艺及质量要求； （2）能熟练陈述刚性（细石混凝土）防水屋面施工的工艺及质量要求； （3）能够陈述常用保温与隔热材料的性能、保温层的构造与施工工艺、质量标准等； （4）能够陈述隔热层的施工工艺及质量标准	
施工管理	现场施工准备 班组（工序）任务安排 工程进度安排及调整 生产部门工作协调 施工方案落实 施工总平面布置、调整 合同协助管理 技术协助管理	（1）能读懂施工图； （2）能组织搭设临时设施； （3）掌握分部分项工程施工方法； （4）能分析施工所需要的材料和工具，掌握施工工艺流程及工序； （5）了解每个分项工程的工程量及相应劳动力数量； （6）掌握基本的数学、力学知识及相关专业技术知识； （7）具备组织协调管理能力； （8）熟悉各部门的工作内容及分工，了解施工方案内容； （9）掌握施工方案的要点、重点及难点； （10）能具体落实人、机、料； （11）熟悉基础、主体、装饰安装三个阶段的现场总平面布置变化； （12）能协助项目经理管理合同，重点是材料供应合同、班组合同； （13）能发现施工图中"错、漏、碰"，完善施工方案，协助技术交底；	建筑识图与构造、建筑CAD、建筑材料、工程经济、钢筋混凝土与砌体结构、建筑施工技术、建筑工程项目管理、建筑施工组织

续表

工作领域	工作任务	职业能力	对应课程
施工管理	图纸会审 技术交底 施工组织结构设计 专项方案编制	（14）能熟练应用相关的规范、标准；掌握工程各项工序及其施工工艺； （15）掌握各种建筑的构造及要求，会获取新材料、新技术、新工艺的知识； （16）能编制施工总进度计划、网络图； （17）能编制施工总平面布置图能编制指导实际施工的施工组织结构设计	建筑识图与构造、建筑CAD、建筑材料、工程经济、钢筋混凝土与砌体结构、建筑施工技术、建筑工程项目管理、建筑施工组织
质量验收	检验批检查验收 分项工程检查验收 分部工程检查验收 工程竣工验收 质量问题、事故处理 检查、验收情况记录 制订质量管理计划 检验批检查验收	（1）熟悉图纸、了解结构设计意图； （2）掌握规程、规范、标准； （3）能熟练使用各种检测工具； （4）能对质量要求进行交底； （5）能协助项目部对各分部工程进行验收； （6）能配合建设及监理单位进行验收； （7）掌握各种工程的质量问题及处理办法，能对质量问题及事故提出处理意见并督促整改； （8）能填写各种验收表格，熟悉各种建筑构造	建筑识图与构造、建筑力学、建筑材料、建筑施工技术、工程质量检验
施工测量	测量方案编制 控制网建立 测量放线 沉降、垂直度观测 原始资料记录 仪器维护	（1）掌握结构设计交底内容，能编制测量方案； （2）掌握测量相关规程、规范要求，掌握仪器性能、原理，会正确使用仪器； （3）掌握测量记录方法； （4）会整理、归档测量资料	工程测量、高新测量仪器及CASS软件

工作领域	工作任务	职业能力	对应课程
资料管理	资料体系编制	（1）掌握当地资料归档的要求； （2）熟悉图纸、结构设计文件； （3）能操作计算机进行文档整理	建筑识图与构造建筑CAD、建筑施工技术、建筑工程项目管理、BIM软件应用、建筑施工组织
	施工结构设计文件收集、保管	能及时、全面、准确地收集资料，了解施工结构设计的种类、内容	
	施工设备资料收集、审查	（1）熟悉施工组织方案； （2）了解施工设备规格、数量； （3）会施工设备合格证明文件归档、内容审核，把握资料的全面性、内容的准确性； （4）掌握施工设备特批的格式手续； （5）能及时归档、目录清楚	
	材料资料的审查、归档	（1）熟悉结构设计文件、施工组织结构设计方案； （2）会施工材料证明文件收集、审查，做到内容全面、准确； （3）掌握施工材料审批手续，归档准确、及时、全面	
	资料收发登记	具备资料收发登记意识	
	资料归档移交	（1）能安全保管资料； （2）能按目录编制完整的审查资料； （3）能及时办理档案移交手续	
	施工过程资料形成、整理	（1）具备所需的文字表达能力； （2）能把握施工过程资料形成条件、时间； （3）能及时整理资料，归档分类明确	

（三）确定课程目标

"建筑识图与构造"课程目标见表3-9。

（四）开发教学项目

"建筑识图与构造"课程开发了手工绘图懂标准、懂原理会画投影图、懂原理会画剖面图、懂构造识读建筑总说明、懂构造识读建筑平面图、懂构造识读建筑立面图、懂构造识读建筑剖面图、懂构造识读建筑详图共8个项目。

表 3-9　"建筑识图与构造"课程目标

课程名称	建筑识图与构造					课程代号	03Z01001

A 课程描述	课程旨在引领学生熟练分析建筑构造，规范执行制图标准，准确绘制、识读建筑施工图（目的）。通过查阅资料、小组讨论区分建筑各部分构造特点；借助手工绘图，了解建筑与工程图样、互相转换的方法（历程）。以实现、能够识读、中等复杂程度、建筑施工图和绘制简单工程图样（预期结果）

B 课程教学目标（标注能力指标）	（1）能运用正投影理论，准确绘制三视图；　　　　　　　　　（CZc1） （2）能明晰建筑各部分的构造组成，熟知各部分特点；　　　　（CZc1） （3）熟知相关图例和符号，准确识读、绘制建筑施工图；　　　（CZc1） （4）严格执行国家制图标准，树立责任意识；　　　　　　　　（EZc2） （5）具备运用模型和图纸语言进行工程技术交流能力；　　　　（AZc1） （6）养成严谨的工作作风和培养学生的工程伦理　　　　　　　（FZc1）

C 核心能力权重	沟通整合（A）	学习创新（B）	专业技能（C）	问题解决（D）	责任关怀（E）	职业素养（F）	合计
	15%	5%	40%	5%	15%	20%	100%

D 课程权重	AZc1	AZc2	BZc1	BZc2	CZc1	CZc2	DZc1	DZc2	EZc1	EZc2	FZc1	FZc2	合计
	15%	0%	5%	0%	40%	0%	5%	0%	0%	15%	15%	5%	100%

（五）确定项目设计模式

　　"建筑识图与构造"课程由"建筑识图"与"房屋构造"两门课程整合而成，其项目与项目之间有一定的逻辑关系，因此选择的项目设计模式是分段式。"建筑识图与构造"课程项目设计方案见表 3-10。

表 3-10　"建筑识图与构造"课程项目设计方案

序号	项目名称	课程任务	学时分配
1	项目一　手工绘图懂标准	任务 1　绘制图框	2
		任务 2　绘制标题栏	2
		任务 3　绘制门窗花格（上）	2
		任务 4　绘制门窗花格（下）	2
		任务 5　绘制栏杆构件	2
		任务 6　绘图技巧	2

序号	项目名称	课程任务	学时分配
2	项目二 懂原理会画投影图	任务 1 绘制点的投影	1
		任务 2 绘制梁的投影（上）	1
		任务 3 绘制梁的投影（中）	1
		任务 4 绘制梁的投影（下）	1
		任务 5 绘制楼板的投影	1
		任务 6 绘制墙的投影	1
		任务 7 绘制基础投影图	1
		任务 8 绘制台阶投影图（投影动画）	1
		任务 9 绘制屋顶投影图（投影动画）	1
		任务 10 绘制烟囱投影图	1
		任务 11 绘制穿顶投影图	1
		任务 12 绘制门卫室平面图	1
		任务 13 绘制楼梯底层平面图	1
		任务 14 绘制楼梯标准层平面图	1
		任务 15 绘制楼梯顶层平面图	1
		任务 16 绘制门卫室屋顶平面图	1
		任务 17 绘制门卫室立面图	1
3	项目三 懂原理会画剖面图	任务 1 绘制基础剖面图（投影动画）	1
		任务 2 绘制门窗剖面图	1
		任务 3 楼梯展开剖面图	1
		任务 4 楼梯地面剖面图	1
		任务 5 台阶的剖面图	1
		任务 6 台阶的断面图（投影动画）	1
4	项目四 懂构造识读建筑总说明	任务 1 识读建筑设计总说明（上）	1
		任务 2 识读建筑设计总说明（中）	1
		任务 3 识读建筑设计总说明（下）	1

续表

序号	项目名称	课程任务	学时分配
5	项目五　懂构造识读建筑平面图	任务1　识读建筑总平面图	1
		任务2　识读建筑平面图（上）	1
		任务3　识读建筑平面图（中）	1
		任务4　识读建筑平面图（下）	1
		任务5　识读屋顶平面图（上）	1
		任务6　识读屋顶平面图（下）	1
6	项目六　懂构造识读建筑立面图	任务1　识读建筑立面图（上）	1
		任务2　识读建筑立面图（中）	1
		任务3　识读建筑立面图（下）	1
7	项目七　懂构造识读建筑剖面图	任务1　识读建筑剖面图（上）	1
		任务2　识读建筑剖面图（中）	1
		任务3　识读建筑剖面图（下）	1
8	项目八　懂构造识读建筑详图	任务1　识读基础详图（上）	1
		任务2　识读基础详图（下）	1
		任务3　识读地下室详图	1
		任务4　识读墙体详图（一）	1
		任务5　识读墙体详图（二）	1
		任务6　识读墙体详图（三）	1
		任务7　识读墙体详图（四）	1
		任务8　识读墙体详图（五）	1
		任务9　识读楼板详图（一）	1
		任务10　识读楼板详图（二）	1
		任务11　识读楼板详图（三）	1
		任务12　识读楼板详图（四）	1
		任务13　识读楼板详图（五）	1
		任务14　识读楼板详图（六）	1
		任务15　识读阳台详图	1

序号	项目名称	课程任务	学时分配
8	项目八 懂构造识读建筑详图	任务16 识读雨篷详图	1
		任务17 识读屋面详图（一）	1
		任务18 识读屋面详图（二）	1
		任务19 识读屋面详图（三）	1
		任务20 识读屋面详图（四）	1
		任务21 识读楼梯详图（一）	1
		任务22 识读楼梯详图（二）	1
		任务23 识读楼梯详图（三）	1
		任务24 识读楼梯详图（四）	1
		任务25 识读台阶和坡道详图	1
		任务26 识读门窗详图（上）	1
		任务27 识读门窗详图（中）	1
		任务28 识读门窗详图（下）	1
		任务29 识读伸缩缝详图（上）	1
		任务30 识读伸缩缝详图（下）	1
		任务31 识读沉降缝详图（上）	1
		任务32 识读沉降缝详图（下）	1
		任务33 识读防震缝详图（上）	1
		任务34 识读防震缝详图（下）	1
合计		84学时	

（六）项目教学活动设计

"建筑识图与构造"课程教学活动设计见表3-11。

表3-11 "建筑识图与构造"课程教学活动设计

专业	建筑工程技术		设计者	
课程名称	建筑识图与构造		课程代号	
授课类型	□理论型 ☑理实一体型 □实践型			

续表

单元（项目）名称	单元1　手工绘图懂标准	授课学时	2学时
班级	建筑工程技术专业2018级1班	人数	
学生学习条件分析	1.起点分析： （1）熟悉铅笔、三角板、直尺的使用方法（学习应用常识）； （2）具备一定的空间思维能力（认知常识）。 2.学习重点： （1）建筑制图工具的种类； （2）制图基本规范及标准。 3.难点分析： （1）正确地配合使用制图工具； （2）准确绘制几何体三视图		
教学方法手段	1.教学方法： （1）演示法：配合讲授，对知识点进行示范； （2）练习法：有针对性地练习，巩固知识点，加深记忆； （3）任务驱动法：布置训练任务，学生实际动手进行绘制。 2.学习方法：理解记忆学习、解决问题学习、自主学习。 3.教学手段： （1）多媒体观看； （2）板书示范； （3）学生互动		
教学资源	（1）学校资源：一体化实训室、教学辅助资源（打印纸、打印机等）； （2）文献资源：授课教材、课程大纲、教学单元设计、历届学生优秀作品； （3）教具资源：建筑绘图工具		
能力指标及课程教学目标	能运用正投影理论，准确绘制三视图　　　　　　　　　　　　（EZb2）		
单元教学目标	知识： （1）能准确描述建筑制图工具的种类及使用方法； （2）精熟制图基本规范及标准； （3）精熟正投影理论及三视图的绘制方法。 技能： （1）能够正确地配合使用制图工具绘制图形； （2）能够按照规范绘制几何体三视图。 素质： 能严格执行国家制图标准，养成严谨的学习习惯和绘图习惯		

续表

教师课前准备	（1）教学内容准备：单元相关文献库的收集与整理、PPT 课件、教案、学生名册； （2）教学工具准备：三角板、丁字尺、圆规、分规、铅笔和针管笔等； （3）学生实作考核单、学习态度考核表
学生课前准备	（1）工具准备：三角板、丁字尺、圆规、分规、铅笔和针管笔等； （2）资料准备：教材； （3）课程内容准备：预习教材中绪论、制图基本知识的内容
活动历程	一、准备活动（35 min） （一）课程导入（前言）（30 min） （1）教师自我介绍；（2 min） （2）介绍本门课程的课程性质、学习目标、学习方法；（5 min） （3）介绍本门课程考核方式、课堂纪律；（4 min） （4）介绍本门课程在本专业的地位与作用；（3 min） （5）介绍本门课程教学目标；（3 min） （6）介绍本门课程与前导课程、后续课程的关联以及对目标岗位的影响；（3 min） （7）介绍本课程主要内容；（3 min） （8）介绍本课程考核方式；（3 min） （9）介绍本课程的学习方法建议。（4 min） （二）单元导入（单元一）（5 min） （1）介绍单元学习目标；（1 min） （2）回顾既有的知识储备，以旧带新，逐步导入。（4 min） 二、发展活动（65 min） 任务：绘制图框 （一）教师示范（30 min） 每组推荐示范同学，学生在黑板上示范每种工具的使用方法，最后教师进行总结、纠正及答疑。 （1）图板介绍。（5 min） 教师介绍 0 号图板、1 号图板、2 号图板、3 号图板的尺寸。 （2）图幅介绍。（5 min） 教师介绍图幅种类及图幅大小。 （3）丁字尺、三角板介绍。（5 min） 教师介绍丁字尺、三角板的使用方法。 （4）铅笔介绍。（5 min） 教师介绍铅笔的使用方法。 （5）图框绘制介绍。（10 min） 教师介绍图框的绘制方法。 （6）图线的国家规范介绍。（5 min） 教师介绍图线在国家规范中的绘制要求。

活动历程	（二）学生绘制练习（35 min）
	
	1. 布置任务（5 min）
	
	内容：绘制图框。
	
	要求：绘制 A4 图框；
	
	   A4 绘图纸，210 mm×297 mm；
	
	   工具使用规范、摒弃徒手绘线；
	
	   图面干净整洁，构图合理。
	
	目的：
	
	（1）通过任务训练，掌握制图工具的使用方法；
	
	（2）提高徒手绘图的技能；
	
	（3）养成严谨的绘图习惯。
	
	工具：
	
	（1）纸张：A4 绘图纸；
	
	（2）工具：图板、三角板、丁字尺、比例尺、圆规、分规、制图模板、擦图片、铅笔和针管笔。
	
	2. 任务实施（30 min）
	
	准备工作：（5 min）
	
	（1）对所绘图样的内容、目的和要求作认真的分析，做到心中有数；
	
	（2）准备好所用的工具和仪器，并将工具仪器擦拭干净；
	
	（3）将图纸固定在图板的左下方，使图纸的左方和下方留有一个丁字尺的宽度。
	
	画底图：（15 min）
	
	（1）根据制图规定先画好图框线和标题栏外轮廓；（5 min）
	
	（2）根据所绘图样的大小、比例、数量进行合理的图面布置；（5 min）
	
	（3）画图形的主要轮廓线，由大到小，由整体到局部；（5 min）
	
	（4）检查底图，擦去多余的底稿图线。
	
	描图加深：（10 min）
	
	（1）按照水平线从上到下，垂直线从左到右的顺序一次完成，如果有曲线与直线连接，应先画曲线，再画直线与其相连；
	
	（2）各类线型描图的顺序：中心线、粗实线、虚线、细实线；
	
	（3）写图名、比例及文字说明；
	
	（4）描绘标题栏及文字；
	
	（5）加深图框线。
	
	注意事项：如果描图中出现错误，应等墨线干了以后，再用刀片刮去需要修改的部分，当修整后必须在原处画线时，应将修整的部分用光滑坚实的东西压实、磨平，才能重新画线

学习评量	1. 表现评量： 2. 实作评量： 3. 课后作业
课后作业	
教学后记	

（七）教学评量

课程学习态度评量单见表 3-12；课程实践操作学习评量单见表 3-13。

表 3-12　课程学习态度评量单

<table>
<tr><td colspan="9" align="center">"学习态度" 评量单</td></tr>
<tr><td colspan="9">评量日期：　　　年　　　月　　　日</td></tr>
<tr><td colspan="9">评价方法：
（1）教师于教学活动进行时或进行后，分别对学生个人表现评分；
（2）依不同评价项目，给予适当的 A、B、C 三级评等；
（3）每个评价项目评 A、B、C 级者给予 2、1、0 分，五项配分合计为 10 分；
（4）学生特殊表现得予以加、减分，然后于备注栏中说明</td></tr>
<tr><td rowspan="2">班级：</td><td rowspan="2"></td><td colspan="7" align="center">评量项目</td></tr>
<tr><td></td><td></td><td></td><td></td><td></td><td></td><td></td></tr>
<tr><td>学号</td><td>姓名</td><td>出勤</td><td>课堂
纪律</td><td>能积极参与
实作或讨论</td><td>做好课
前准备</td><td>课堂发言、
提问</td><td>总分</td><td>备注</td></tr>
<tr><td></td><td></td><td></td><td></td><td></td><td></td><td></td><td></td><td></td></tr>
<tr><td></td><td></td><td></td><td></td><td></td><td></td><td></td><td></td><td></td></tr>
<tr><td></td><td></td><td></td><td></td><td></td><td></td><td></td><td></td><td></td></tr>
<tr><td></td><td></td><td></td><td></td><td></td><td></td><td></td><td></td><td></td></tr>
<tr><td></td><td></td><td></td><td></td><td></td><td></td><td></td><td></td><td></td></tr>
<tr><td></td><td></td><td></td><td></td><td></td><td></td><td></td><td></td><td></td></tr>
</table>

表 3-13 课程实践操作学习评量单

"实践操作"学习评量单			
姓名： 班级： 学号： 日期：			

各位同学：为呈现本学期"实践操作"的完整学习历程，请在本学期完成阶段性实际操作共　　个。

第一单元：基本图样绘制为其中一次任务

一、实践操作的内容与评量

针对下列评量项目并参考"评量规准"，于自评处评级（A、B、C、D、E）。自评后再请老师复评

评量项目	自评与老师复评（A～E）	
	自评	复评
1. 完成度（10%）		
2. 准确度（20%）		
3. 线型（30%）		
4. 工具使用（20%）		
5. 整洁程度（20%）		
合 计		

评量教师：

二、评量规准

等级 项目	A	B	C	D	E
1. 完成度 （10%）	能够在有效时间内独立完成图样的绘制，图样表达内容完整	能够在有效时间内独立完成图样的绘制，图样表达内容较完整	能够在有效时间内独立完成图样的绘制，图样表达内容有所欠缺	不能在有效时间内完成图样的绘制，图样表达内容有所欠缺	不能在有效时间内独立完成图样的绘制，图样表达内容不完整
2. 准确度 （20%）	图样的细节表达得全面、精细，准确度极高	图样的细节表达比较全面、精细，准确度尚佳	图样的细节表达不够全面、精细，准确度一般	图样的细节表达不全面，准确度欠佳	图形绘制缺少细节，准确度很差
3. 线型 （30%）	线型分明、交接正确	线型比较分明、交接基本正确	线型基本准确、交接正确度一般	线型不准确、交接正确度欠佳	线型混乱、交接完全不正确
4. 工具使用 （20%）	图样绘制过程中熟练使用工具，工具的操作非常规范	图样绘制过程中认真使用工具，工具的操作比较规范	图样绘制过程中能够使用工具，工具的操作基本规范	图样绘制过程中很少使用工具，工具的操作不规范	图样绘制过程中极少使用工具，工具的操作极不规范

续表

二、评量规准					
等级 项目	A	B	C	D	E
5. 整洁程度 （20%）	图面构图合理、干净整洁，无涂抹痕迹	图面构图尚可、干净整洁，无涂抹痕迹	图面构图一般，比较整洁	图面构图欠佳，画面不够整洁	图面构图差，画面脏污不堪
注：各项目之 A、B、C、D、E 得分分别按各项目配分的 100%、90%、70%、60%、50% 计算					

第二节　学习领域课程

一、学习领域课程的内涵[①]

（一）学习领域课程模式简介

1996 年 5 月，德国文教部长联席会议颁布了新的《职业学校职业专业教育框架教学指南》，提出用学习领域课程方案取代沿用多年的分科课程为基础的综合课程方案。所谓"学习领域"，是指一个由学习目标描述的主题学习单元。一个学习领域由职业能力描述的学习目标、工作任务陈述的学习内容和实践理论综合的学习时间三部分构成，是整合后的工作任务。学习领域所显现的课程结构性原则，是将职业教育的教学过程与工作过程紧密融合，并在专门构建的学习情境中进行职业从业资格的传授。

从学习领域课程方案的结构来看，一般来说，每一教育职业（即专业）的课程由 10 ～ 20 个学习领域组成，具体数量由各专业的情况决定。组成课程的各学习领域之间没有内容上和形式上的直接联系，但在课程实施时要采取跨学习领域的组合方式，根据专业定向的案例性工作任务，采取行动导向方法教学。

从学习领域课程方案的内容来看，每一学习领域均以该专业相应的职业行动领域为依据，作为学习单元的主题内容以职业任务设置与职业行动过程为导向，以职业工作过程为参照。

学习领域课程强调与生产岗位一致的工作过程，适用于需要将真实工作过程再现于课堂的教学内容，通过理论与实践一体化，突出教学中还原真实的工作情境。例如，总结出典型工作任务、实操性强的畜牧兽医类、生产加工类专业的课程等。

———————

① 严中华. 职业教育课程开发与实施 [M]. 北京: 清华大学出版社, 2009.

（二）学习领域课程模式主要特征

1. 以培养职业能力为教学目标

教学目标的描述应与相应的职业资格要求一致。这里的教学目标指教学单元（或模块）的目标。这些教学目标是分层次和类别的、可操作的目标，即必须描述可观察得到的学习终点行为，必须列举实现学习终点行为的条件，必须列举给定学习终点行为的评价标准。

2. 以工作过程为导向开发课程

学习领域课程是以职业工作过程为参照系，按照实际工作过程的顺序进行课程开发，使自然形成的认知心理顺序与工作过程顺序相一致，以此为依据制定课程内容和课程排序的新标准的课程模式。课程开发时，由与该专业相关的职业活动体系中的典型工作任务导出全部职业行动领域，在此基础上，根据认知及职业成长规律递进重构行动领域转换为学习领域，并通过适合的学习情境使其具体化，简述为行动领域—学习领域—学习情境。

3. 通过行动过程进行学习

课程的教学方案设计是情境教学，在工作过程的背景下实施行动导向的学习，在真实或模拟学习情境实施过程中，为学生提供信息资料单、工作任务书、评估表等材料，通过"资讯、计划、决策、实施、检查、评估"这一完整的"行动"过程序列，在教学中教师与学生互动，让学生通过"独立地获取信息、独立地制订计划、独立地实施计划、独立地评估计划"，在自己"动手"的实践中，掌握职业技能、习得专业知识，从而构建属于自己的经验和知识体系。学生经历完整的工作过程，是学习过程的中心和主体；教师是学习过程的组织者与协调人，在工作过程的背景下，实现教学做一体化、知识理论实践一体化。

4. 通过检查课程实施的结果和进程进行评价

课程评价要检查课程实施的结果和进程，要检查课程内容与课程目标的同一性。包括学生参加考试与评估的结果，课程目标与课程内容的选择、确定及其理由分析，课程目标与课程内容的实施、组织及结果评价过程的正确与否，因此，课程需要不断进行改进。其主导问题是：课程结束后学生获得什么学习成果？导致学习成果产生缺陷的原因是课程设计、课程实施方式的问题，还是学生本身的问题？

二、学习领域课程设计实施要点及评价

（一）学习领域课程教学设计要点

姜大源基于工作过程的职业教育[①]，认为学习情境是工作过程导向的课程教学，即实施方

---

① 姜大源. 职业教育学研究新论 [M]. 北京: 教育科学出版社, 2007.

案，或称实施单元。它是在工作任务及其工作过程的背景下，将学习领域中的能力目标和学习内容进行基于教学论和方法论转换后，在学习领域框架内构成小型的主题学习单元，例如项目、任务、案例、产品等。开发学习情境，即学习领域的具体化，是在确定行动领域、学习领域的前提下，教师和学生一起，设计出有利于学生认知、构建知识的场景、情境，使学生在真实或接近真实的情境下进行学习、社会实践，从而提高职业能力，完成学习领域的能力目标。

学习情境的开发要素有载体、项目、任务、案例以及实训基地。载体是确定学习情境的范畴或者是设置学习情境的依据，学习情境设计的载体大体可归结为项目、任务、案例、现象、设备、活动、产品、构件、材料、场地、系统、问题、设施、对象、工位、类型、岗位、生产过程、运输工具等，选择载体要能够将理论知识与实践技能进行融合，将学习领域的学习目标全部涵盖。

项目是学习情境的具体化，指以生产（或完成）一件具体的、具有实际应用价值的产品（或者事件）为目的一系列独特的、复杂的并相互关联的活动。学习任务是学习领域课程的基础，是指在每个学习情境下，学生要完成的基本工作任务。确定学习任务的基础是职业的典型工作任务。在职业教育中，案例以描述的方式重现了以往在本岗位职业生涯中发生的事件及对事件做出的决策、解决办法和得到的结果，对学生处理现在或未来发生的类似事件有很好的参考价值。学习情境下的实训场所，按照工作过程模拟来组织实验实训教学，学生通过在实训基地进行部分学习情境的练习，特别是一些模拟性生产。

学习情境的设计与开发涉及六方面的内容：收集与设计任务、确定教学目标与内容、构建学习环境、制定课时与教师安排、选定教学方法、制订成绩考核计划。

下面以动物医学专业"牛羊病防治"课程为例，介绍学习领域课程教学设计。

1. 现状分析

本课程采用社会调查的方式，从定性分析的角度分析现状，解决课程开发应该满足的需求、课程针对的教育对象及保证国家的认可等问题。确定社会需求如劳动市场条件（本专业培养的学生主要为养殖场或养殖户服务）、专家意见（主要指企业、行业的专家意见，如岗位需求、工作内容等）等；了解教学对象，如学生的学习需求、教育基础、学习兴趣等；保障条件，如确保国家职业资格标准的确定、考核办法及证书的发放等。

2. 工作分析

主要进行职业分析、职责分析及任务分析，实际是对课程内容的选择与界定。学生将来主要从事与牛羊病防治相关的职业，针对相关的岗位群来确定职业所需的综合能力和专项能力。如牛羊病的综合诊治能力与相关技能有：① 牛羊常见病的临床诊断：临床检查基本技术、分系统检查技术、建立诊断技术；② 牛羊常见病的实验室诊断：血粪尿的常规检验技术、血液生化检验技术、瘤胃穿刺液检验技术、微生物及免疫诊断技术、寄生虫检查技术、影像诊断技术；③ 牛羊常见病的治疗技术：注射给药技术、投药技术、穿刺技术、冲洗技术、物理治疗技术、外科手术治疗技术；④ 牛羊常见病的预防技术：疫病的流行病学调查、疫情监测和疫情报告，结核病、布鲁氏菌病的检疫；⑤ 学生职业技能培养：主要培养学生对牛羊病的诊治能力、与养殖户交流协商的能力、与同学工作中的合作能力、学习方法工作方法能力，可以最大限度地使学生的知识和技能适应职业岗位的要求，实现知识和技能与岗位的无缝对接。

3. 教学分析

教学分析是在综合能力与专项能力基础上划分教学单元，并将基本知识、技能构成课程内容。以牛羊病主要系统症状为载体，分为若干教学情境，如以消化道症状为主的疾病、以呼吸道症状为主的疾病、以血液循环系统症状为主的疾病等。每个教学情境中又包括若干教学单元，如以消化道为主要症状的疾病中包括以口腔炎症为主的疾病、以前胃弛缓为主的疾病、以腹痛为主的疾病；以呼吸系统病症为主的疾病包括以气管炎症为主的疾病、以肺部炎症为主的疾病；血液循环系统症状为主的疾病包括以心力衰竭为主的疾病、以贫血症状为主的疾病等教学单元。

4. 教学目标确定

教学目标是指教学单元的目标，应与相应的职业资格要求一致。职业能力本位教育强调的是学习主体通过行动实现能力的内化与运用，这是素质教育在职业教育中的体现。个体职业能力的高低取决于获得合理知识技能结构的专业能力、养成科学思维习惯的方法能力和确立积极人生态度的社会能力三要素整合的状态。如在学习"前胃弛缓症状为主的疾病防治"中，专业能力目标是传授学生病因、临床症状等认知领域知识，在技能领域方面要求学生学会该类疾病的鉴别诊断及治疗技术。

5. 课程组织

课程组织是指课程设计和编制，将学科领域课程进行整合与重构，主要解决课程内容的取舍与序化结构问题。

（1）解决课程内容的取舍问题。由实践情境构成的以过程逻辑为中心的行动体系，以强调获取自我构建的隐性知识——过程性知识为主，因此，课程内容应以过程性知识为主、陈述性知识为辅，即以实际应用的经验和策略的习得为主，以适度够用的概念和原理的理解为辅。在本课程中，以疾病的概念、发病机理等陈述性知识为辅，以疾病的诊断方法与技术、治疗措施等过程性知识为主。

（2）解决课程内容的序化结构问题。行动体系课程强调按照工作过程来序化知识，即以工作过程为参照系，以疾病的主要症状为载体，将陈述性知识与过程性知识整合、理论知识与

133

实践知识整合，这样，针对行动顺序的每一个工作过程环节来传授相关的课程内容，实现实践技能与理论知识的整合。在本课程中，疾病的分类不再是按照内科病、外科病、产科病、传染病、寄生虫病的学科体系来分类，而是按照主要症状来分类，如以消化道症状为主的疾病（包括内科、外科、产科、传染病、寄生虫病中所有以消化道症状为主的疾病），将学科体系的知识进行了重新整合，以便更好地实现知识、技能与岗位的对接。

6. 学习情境设计

动物医学专业以素质培养为主线，以职业能力培养为核心，以动物疾病诊疗过程为导向，结合兽医行业特有工种的职业资格标准，根据完整思维及职业特征分解学习领域，开发设计学习情境。专业主要学习领域课程及学习情境设计见表 3-14，"牛羊病防防治"课程学习情境设计见表 3-15。

表 3-14　动物医学专业主要学习领域及学习情境设计

序号	学习领域	载体选择	学习情境1	学习情境2	学习情境3	学习情境4	学习情境5	学习情境6	学习情境7	学习情境8	学习情境9
1	动物微生物检验及免疫监测技术	对象	认识微生物	检查病原微生物	监测机体免疫状态						
2	动物寄生虫检验技术	手段	识别寄生虫	实验室检验寄生虫							
3	动物疾病诊断技术	工作任务	一般检查	系统检查	血粪尿常规检验	血液生化检验	影像诊断	动物病理诊断			
4	动物疾病防治基本技术	防治方法	防控动物疫病	药物治疗	外科手术治疗	物理治疗					
5	猪病防治	主要症状	以消化系统症状为主的猪病防治	以呼吸系统症状为主的猪病防治	以败血症症状为主的猪病防治	以神经系统症状为主的猪病防治	以皮肤、黏膜水疱症状为主的猪病防治	以贫血、黄疸症状为主的猪病防治	以繁殖障碍症状为主的猪病防治		

续表

序号	学习领域	载体选择	学习情境1	学习情境2	学习情境3	学习情境4	学习情境5	学习情境6	学习情境7	学习情境8	学习情境9
6	牛羊病防治	主要症状	以消化系统症状为主的牛羊病防治	以呼吸系统症状为主的牛羊病防治	以循环系统症状为主的牛羊病防治	以泌尿系统症状为主的牛羊病防治	以神经系统症状为主的牛羊病防治	以生殖系统症状为主的牛羊病防治	以四肢功能紊乱症状为主的牛羊病防治	以皮肤、肌肉异常症状为主的牛羊病防治	以损伤及并发症为主的牛羊病防治
7	禽病防治	主要症状	以消化系统症状为主的禽病防治	以呼吸系统症状为主的禽病防治	以神经系统症状为主的禽病防治	以急性败血症为主症的禽病防治	以肿瘤为主症的禽病防治				
8	宠物病防治	主要症状	以消化系统症状为主的宠物病防治	以呼吸系统症状为主的宠物病防治	以循环系统症状为主的宠物病防治	以泌尿系统症状为主的宠物病防治	以神经系统症状为主的宠物病防治	以生殖系统症状为主的宠物病防治	以内分泌机能障碍为主的宠物病防治	以免疫机能障碍为主的宠物病防治	……

表 3-15　"牛羊病防防治"课程学习情境设计

课程学习目标		
专业能力	社会能力	方法能力
能正确进行牛羊病的临床综合诊断、治疗、预防和控制；能针对实践中发生的牛羊病提出科学合理的治疗、防控措施；能对牛羊疫病检疫后采取正确处理；能对养殖场群发病正确执行应急预案	养成严谨的工作作风，团结协作和勇于创新的精神。具备就业能力、创业能力	具备制订学习计划、设计检验方案、实施检验方案、分析解决学习中问题、克服困难及自我评估的能力

学习情境描述			
学习情境名称	学习单元	参考学时	场所
以消化系统症状为主的牛羊病防治	以口腔炎症为主的疾病防治	2	
	以前胃弛缓为主的疾病防治	12	34
	以腹痛为主的疾病防治	20	
以呼吸系统症状为主的牛羊病防治	以气管炎症为主的疾病防治	4	10
	以肺炎为主的疾病防治	6	
以血液循环系统症状为主的牛羊病防治	以心力衰竭为主的疾病防治	2	8
	以贫血为主的疾病防治	6	
以泌尿系统症状为主的牛羊病防治	以肾炎为主的疾病防治；以尿路感染为主的疾病防治	2	2
以神经系统症状为主的牛羊病防治	以脑炎为主的疾病防治	8	8
以生殖系统症状为主的牛羊病防治	以流产为主的疾病防治	6	
	以难产、产道损伤为主的疾病防治	6	
	以子宫功能紊乱为主的疾病防治	6	24
	以卵巢功能紊乱为主的疾病防治	4	
	以乳房功能紊乱为主的疾病防治	2	
以四肢功能紊乱症状为主的牛羊病防治	以骨骼、关节功能紊乱为主的疾病防治	8	12
	以蹄功能紊乱为主的疾病防治	4	
以皮肤、肌肉异常症状为主的牛羊病防治	以皮肤、黏膜病变为主的疾病防治	4	8
	以肌肉病变为主的疾病防治	4	
以损伤及并发症为主的牛羊病防治	以损伤为主的疾病防治	6	
	以损伤并发症为主的疾病防治	4	14
	以外科感染为主的疾病防治	4	

场所（跨行）：一体化教室、校内外实训基地

考核评价建议：
（1）学生自我评价：学生根据疾病诊治防控情况，做出自我评价，提交评价报告单；
（2）教师评价：教师根据工作计划的制订、学习态度、实施过程的规范性、诊治防控结果的准确性进行分析，做出综合评价

7. 学习情境教学设计

以兽医工作任务、诊治防控技能项目为载体，充分利用校内外实训基地资源，采用项目教学法、案例教学法、思维导图法、小组讨论法、实践操作法等多种教学方法，实现学习与工作相结合、教学场所与临床现场相结合。"牛羊病防治"课程学习情境教学设计见表 3-16。

表 3-16 "牛羊病防治"课程学习情境教学设计

学习情境：以消化系统症状为主的牛羊病防治		参考学时：34
课程学习目标		
专业能力	社会能力	方法能力
能正确进行消化系统症状为主牛羊病的临床综合诊断、治疗、预防和控制；能针对实践中发生的牛羊病提出科学合理的治疗、防控措施；能对牛羊疫病检疫后采取正确处理；能对养殖场群发病正确执行应急预案	养成严谨的工作作风，团结协作和勇于创新的精神。具备就业能力、创业能力	具备制订学习计划、设计检验方案、实施检验方案、分析解决学习中问题、克服困难及自我评估的能力
学习单元名称	任务载体	教学方法建议
以口腔炎症为主的疾病防治	症状	运用多媒体手段，采用项目教学法、头脑风暴法、案例教学法、张贴板教学法、思维导图法等教学方法，结合兽医临床实际操作、模拟操作等形式，学生以小组形式自行组织学习过程，实现"教学做"一体化
以前胃弛缓为主的疾病防治		
以腹痛为主的疾病防治		

8. 课程评价

课程评价是指检查课程实施的结果和进程。包括学生参加考试与评估的结果，课程目标与课程内容的选择、确定及其理由分析，课程目标与课程内容的实施、组织及结果评价过程的正确与否等。

（二）学习领域课程实施步骤及要求

1. 实施步骤

一个完整的学习情境实施包括"资讯、计划、决策、实施、检查、评估"六个环节，具体步骤以"牛羊病防治"课程"学习情境1　以消化系统症状为主的牛羊病防治"为例进行介绍。

（1）资讯。教师下发学习任务单、任务资讯单、案例单等，确定项目学习目标及学习任务。学生通过教师提供的资料获取信息，理解任务要求、诊治步骤等。学习任务单见表 3-17，任务资讯单见表 3-18，案例单见表 3-19，相关信息单见表 3-20。

表 3-17　学习任务单

学习情境 1	以消化系统症状为主的牛羊病防治	学时	32
布置任务				

学习目标	（1）明确以消化道症状为主的牛羊病的种类及其基本特征； （2）能够说出各病的病性和主要临床症状； （3）能够通过一般检查、系统检查及与类症疾病鉴别，进行本类疾病的现场诊断； （4）能够对诊断出的疾病予以合理治疗； （5）能够根据养殖场具体情况，制定合理的防治措施并组织、实施防治措施； （6）能够独立或在教师的引导下分析、解决各方面工作中出现的一般性问题； （7）养成科学态度及团队协作、严谨工作能力
任务描述	对临床生产实践多发的消化道症状为主症的牛羊病做出诊断，予以治疗，制定及实施防治措施。具体任务如下： （1）诊断与治疗口炎、咽炎、齿病、食道阻塞； （2）诊治前胃弛缓、瘤胃酸中毒、创伤性网胃炎、奶牛酮血病、肝片形吸虫病； （3）鉴别诊断前胃功能障碍为主的疾病； （4）鉴别诊断腹围膨大为主的疾病； （5）诊治瓣胃阻塞、皱胃变位、胃肠炎、肠便秘、肠变位、肠痉挛、腹膜炎； （6）诊断与防治犊牛腹泻、羊梭菌性疾病、大肠杆菌病、沙门氏菌病、犊牛副伤寒、副结核、绦虫病、犊新蛔虫病、消化道线虫病、球虫病
学时分配	资讯 4 学时　计划 2 学时　决策 2 学时　实施 20 学时　考核 2 学时　评价 2 学时
提供资料	（1）孙英杰.牛羊病防治.中国农业出版社，2012. （2）孙英杰.牛羊病防治.北京师范大学出版社，2021. （3）李玉冰.兽医临床诊疗技术.中国农业出版社，2008. （4）"牛羊病防治"在线课程网址
对学生要求	（1）以小组为单位完成任务，体现团队合作精神； （2）严格遵守兽医诊所和养殖场制度； （3）严格遵守操作规程，避免安全事故发生； （4）严格遵守生产劳动纪律，爱护劳动工具

138

表 3-18　任务资讯单

学习情境1	以消化系统症状为主的牛羊病防治
资讯方式	通过资讯引导，观看视频，到本课程的精品课程网站、图书馆查询，向指导教师咨询
资讯问题	（1）口炎、咽炎、齿病、食道阻塞的症状； （2）前胃弛缓、瘤胃酸中毒、创伤性网胃炎、奶牛酮血病的临床特点、诊断方法、治疗原则及方案； （3）瘤胃臌气、瘤胃积食、皱胃积食的诊断方法及鉴别诊断要点； （4）瓣胃阻塞、皱胃变位、胃肠炎、肠便秘、肠变位、肠痉挛、腹膜炎的临床特点、诊断方法、治疗原则及方案； （5）犊牛腹泻、牛瘟、牛病毒性腹泻／黏膜病、羊梭菌性疾病、大肠杆菌病、沙门氏菌病、犊牛副伤寒、副结核、绦虫病、犊新蛔虫病、消化道线虫病、球虫病的流行病学特点、病理变化、实验室诊断方案及综合防疫方案
资讯引导	（1）在信息单中查询； （2）进入"牛羊病防治"在线课程网站查询； （3）相关教材和网站资讯查询

表 3-19　案　例　单

学习情境1		以消化系统症状为主的牛羊病防治	
序号	案例内容		诊断思路提示
1	一头4岁黑白花奶牛，主诉：一天前突然不吃铡碎的玉米秸；给整根的玉米秸，该牛仅吃玉米叶。 检查发现：该牛流涎，不断流出牵丝状唾液。用玉米秸试喂，该牛不吃硬秸，只吃软叶，采食小心、咀嚼缓慢，咀嚼几下又将食团吐出。进行口腔检查，见口腔黏膜潮红、肿胀，口腔散发酸臭气味，颊部、硬腭等处黏膜有烂斑。T.P.R. 无明显变化		根据病牛仅采食软草及流涎、有咀嚼障碍，重点进行口腔检查。根据口腔病变可确诊

表 3-20　相关信息单（部分）

学习情境1	以消化系统症状为主的牛羊病防治
项目1	以采食障碍为主症的牛羊病防治

　　一病牛，采食少、吃草慢、流涎、经常吐草。

任务1　诊断病牛

　1.1临床检查

　　一般检查：测病牛体温、脉搏、呼吸数，观察其精神状态、饮食欲等。

续表

系统检查：听诊、触诊、视诊等。 检查结果分析：（后略）
必备知识
一、口炎 口炎是口腔黏膜的炎症。临床上以流涎、采食障碍、口臭及口腔黏膜的炎性病变为特征。（后略）

（2）计划。学生以小组为单位，根据收集的信息对病例进行分析讨论，形成诊治计划，填写计划单中实施步骤。计划单见表3-21。

表3-21　计　划　单

学习情境1	以消化系统症状为主的牛羊病防治		学时	32	
计划方式	小组讨论、同学间互相合作共同制订计划				
序号	实施步骤		使用资源	备注	
1					
2					
……					
制订计划 说明					
计划评价	班级		第　组	组长签字	
	教师签字		日期		
	评语：				

（3）决策。师生共同分析计划方案，找出方案中的不足，确定实施方案，填写决策实施单，见表3-22。

（4）实施。学生根据计划自行准备器械、药品并对动物进行诊断和治疗。材料设备及动物清单见表3-23。

表 3-22　决策实施单

学习情境1	以消化系统症状为主的牛羊病防治					
计划书讨论						
计划对比	组号	工作流程的正确性	知识运用的科学性	步骤的完整性	方案的可行性	人员安排的合理性	综合评价
	1						
	2						
	3						
	4						
	5						

制定实施方案		
序号	实施步骤	使用资源
1		
2		
3		
4		
5		

实施说明：

班级		第　组	组长签字	
教师签字			日期	

评语：

表 3-23　材料设备及动物清单

学习情境 1		以消化系统症状为主的牛羊病防治					
项目	序号	名称	作用	数量	型号	使用前	使用后
所用材料设备	1	保定栏	保定动物	4个			
	2	听诊器	听诊	4个			
	3	水桶	导胃、投药	4个			
	4	开口器	开口、投药	4个			
	5	胃管	导胃、投药	4个			
	6	漏斗	给药	4个			
	7	注射器	给药	4个			
	8	点滴管	给药	4个			
	9	消毒棉球	消毒	若干			
	10	骆氏试剂	尿酮体检验	若干			
	11	穿刺针	瘤胃、瓣胃等穿刺	4支			
	12	pH试纸	测pH	4条			
	13	常规手术器械	手术治疗	2套			
所用动物	14	牛	诊治	4头			
	15	羊	诊治	4只			
班级			第　组	组长签字		教师签字	

（5）检查。方案实施完成后，学生依效果检查单进行检查，再由教师进行检查辅导，效果检查单见表 3-24。

表 3-24　效果检查单

学习情境 1		以消化系统症状为主的牛羊病防治		
检查方式		以小组为单位，采用学生自检与教师检查相结合，成绩各占总分（100分）的50%		
序号	检查项目	检查标准	学生自检	教师检查
1	一般检查	T.P.R.检查方法正确、结果准确		
2	系统检查	能重点进行口、咽、食道、胃肠的检查，检查方法正确		
3	分析症状	对检查结果分析正确，能提出理论依据		
4	治疗	提出的治疗措施合理、全面，治疗方案正确、操作规范		

续表

检查评价	班级		第　组		组长签字	
	教师签字				日期	
	评语：					

（6）评估。学生自评及教师评价，提出不足及改进建议。评价反馈单见表3-25，作业单见表3-26。

表 3-25　评价反馈单

学习情境1	以消化系统症状为主的牛羊病防治				
评价类别	项目	子项目	个人评价	组内评价	教师评价
专业能力（60%）	资讯（10%）	获取信息（5%）			
		引导问题回答（5%）			
	计划（5%）	计划可执行度（3%）			
		用具材料准备（2%）			
	实施（20%）	各项操作正确（8%）			
		完成的各项操作效果好（6%）			
		完成操作中注意安全（4%）			
		操作方法的创意性（2%）			
	检查（5%）	全面性、准确性（5%）			
	结果（10%）	生产中出现问题的处理（5%）			
		使用工具的规范性（2%）			
		操作过程规范性（2%）			
		工具和设备使用管理（1%）			
	作业（10%）	结果质量（10%）			
社会能力（20%）	团队合作（10%）	小组成员合作良好（5%）			
		对小组的贡献（5%）			
	敬业、吃苦精神（10%）	学习纪律（4%）			
		爱岗敬业和吃苦耐劳精神（6%）			

143

评价类别	项目	子项目	个人评价	组内评价	教师评价
方法能力 （20%）	计划能力（10%）				
	决策能力（10%）				
意 见 反 馈					
请写出你对本学习情境教学的建议和意见：					

评价 评语	班级		姓名		学号		总评	
	教师 签字		第　组	组长 签字			日期	
	评语：							

表 3-26　作 业 单

学习情境1	以消化系统症状为主的牛羊病防治
作业完成 方式	课余时间独立完成
作业题1	分析案例1，给出诊断结果及治疗方案
作业解答	
作业题2	分析案例3，给出诊断结果及治疗方案
作业解答	
作业题3	总结以前胃消化障碍为主、以腹围膨大为主、以排粪异常为主牛羊病的鉴别诊断要点
作业解答	

作业评价	班级		第　组	组长签字	
	学号		姓名		
	教师签字		教师评分	日期	
	评语：				

2. 教学实施

基于工作过程系统化的课程体系，理想的教学模式是教学做一体化和理实一体化。开发学习领域课程后，设计相应的学习情境，按照工作过程实施行动导向教学。行动导向是指由师生共同确定的行动产品引导教学组织过程，学生通过主动和全面的学习，达到脑力劳动与体力劳动的统一。行动导向的教学一般采用跨学科的综合课程模式，重视"案例"和"解决问题"以及学生自我管理式学习。教师的任务是为学生提供咨询并与其一道对学习过程和结果进行评估。

在行动导向教学实践中，运用的教学方法有案例教学法、项目教学法、张贴板教学法、思维导图教学法、头脑风暴法、模拟教学法、角色扮演法等。

下面是动物医学专业行动导向教学实施案例。

（1）课上教学实施。

选取代表性课程，如理论性较强的课程"动物药物应用"，实操性较强的课程"动物外科手术""动物疾病诊断"，综合能力较强的课程"兽医临床实践"进行行动导向教学，选择合适的教学方法实施，同时进行评价，验证教学方法的适切性。

① 理论性较强的课程教学实施。"动物药物应用"等课程主要采用张贴板教学法和思维导图教学法。学生总结出关键点或关键词，上传到课程教学平台，教师给予评分并鼓励，同时进行分析讲解，调动学生的学习积极性。

教学过程以"抗生素应用"为例：

学生分成 4 个合作小组。教师宣布用思维导图的方法，共同讨论抗生素的分类、抗菌谱、作用及应用，并提出分类方法和要最终形成的药物分类思维导图，鼓励每个人积极思考。

教师宣布各组思考的时间，以及思维结果的表达方式，把主要思维结果抗菌谱如抗革兰氏阳性菌抗生素、抗革兰氏阴性菌抗生素等用关键词表达，上传到课程教学平台并展示给全班同学。

待各组全部展示完，教师即开始引导学生共同参与将关键词整理成若干个大方面。

要求各组就已归类后的几方面，再提出进一步的思考，如每类代表药物及应用特点是什么，规定思考时间。

此时学生展示的关键词形成了一个图形，其基本特征是：中间是一个中心议题（抗生素），往外是由若干主要方面观点（抗菌谱）与中心议题联在一起，再往外则是第二次思考后展示的次要观点的关键词（药物及应用特点），此时用线条把这些想法根据前后次序和相关性连接起来，则形成了抗生素思维导图，如图 3-4 所示。

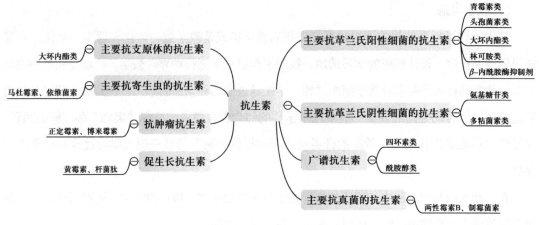

图 3-4   抗生素思维导图

② 实操性较强的课程教学实施。"动物外科手术""动物疾病诊断"课程采用四阶段教学法，学生动手实操时积极性较高。有的教师在授课过程中同时培训教学助理，如"动物外科手术"课程，从规范实操到理论讲解，针对学生进行培训，使教学助理不但能指导实训，同时可讲解操作要领及注意事项，高年级同学可以到低年级同学班级进行指导。

教学过程以"外科手术基本操作技术"为例：

课前准备。以动物医院的一例发生肠套叠的病犬病例，向学生提出疑问："动物保定、麻醉及消毒完成后，开始手术前，用什么手术器械和方法来完成手术呢？"从而导出本次课学习内容及与实际工作岗位的对应性，激发学生的学习兴趣，告知学生应完成的学习目标及任务。

教师示范。播放动画及视频，同时讲解每个任务的知识点和技能点，然后利用教具示范并讲解每个任务的实操过程、要求及注意事项。

学生模仿。学生以小组为单位，共同配合完成操作，教师注意观察操作过程，同时对每组做好记录。选出较好、适中、较差 3 组分别演示，根据学习目标，找出问题并纠正，以达到规范操作的目的。模拟结束后，学生自评，小组总结，组间交流互评，从而加深学生对组织分离、止血、缝合、包扎过程的认识，同时锻炼表达能力，激励组间竞争，激发上进心。

练习总结。教师对每组做出评价，总结操作中产生的问题，分析原因，强调技能操作的要点，继而突破教学难点。在总结问题时引入思政教育，强调规范操作、个人防护及关爱动物，增强责任心、遵循高尚的医德行为准则。

③ 综合能力较强的课程教学实施。"兽医临床实践"等课程主要采用项目教学法，开展"行动学习""合作学习"，学生自己设计活动、实践活动、汇报活动，其学习积极性明显提高，能够主动参与课堂活动。

教学过程以某个手术为例：

课前准备。教师准备多媒体课件、任务书、组内分工设计、手术器械等。

案例导入。联系兽医临床，以手术案例导入，下达任务（课业单）。

确定项目任务。由教师提出一个项目任务（手术）设想，然后同学生一起讨论，最终确定项目的目标和任务。

制订计划。由学生制订项目工作计划，确定工作步骤和程序（手术适应症、操作步骤）等，并最终得到教师的认可。

实施计划。学生确定各自在小组中的分式以及小组成员合作的形式，然后按照已确立的步骤和程序工作（学生根据计划对动物进行手术治疗，教师示范、指导）。

检查评估。先由学生对自己的工作结果进行自我评估，再由教师进行检查评分。师生共同讨论、评判项目工作中出现的问题，学生解决问题的方法以及学习行动的特征。通过对比师生评价结果，找出造成结果差异的原因。

归档或结果应用。将手术结果归档或应用到企业、学校的生产教学实践中。

布置课业。布置本次课后作业及下次课业。

（2）课下教学实施。

指导教师带领学生组建学习社团及学习兴趣小组等，以提升临床诊断、治疗技能和强化基础知识为目的，根据专业六力（协作力、学习力、责任力、执行力、专业力、发展力）制订学习计划，定期开展学习活动，强化自主学习与合作学习的能力。

课下教与学形式多样，主要形式有学习社团、学习兴趣小组、技能大赛等。

由教师指导成立动物临床诊疗协会学习社团。学生在会长的带领下制定协会章程及管理制度，与教师协商共同编写详细的学习计划，教师在授课技巧、内容要点、板书及实操规范性上，定期指导协会讲师团和学习小组长。在协会学习中，学生的学习气氛高涨，同时对讲师团和各小组长也是一个很好的锻炼。

学习兴趣小组主要有小动物外科手术、执业兽医准入训练、影像学等小组，有兴趣的同学利用课余时间积极投入学习，使学习更充实、踏实、有意义。

技能大赛主要有动物防疫大赛、骨科大赛、小动物医师大赛、影像学大赛、畜牧兽医类专业技能大赛等，以赛促学。大赛均为高年级带低年级的同学参赛或训练，训练中学长的带头作用发挥得淋漓尽致，使大赛也得到了很好的传承。

另外，还有企业冠名班和现代学徒制班的培养，共同形成了多形式培养现代动物医师的格局。

3. 实施要求

（1）工作过程导向的课程开发模式。在课程建设中以真实工作任务及其工作过程为依据，整合、序化教学内容。

（2）行动导向的教学模式。在课程建设中，在教学内容的组织安排上融"教学做"一体，在教学方法上，重视学生在校学习与实际工作的一致性。

（3）校企深度融合的实训基地建设模式。在课程建设中，以集教学、培训、职业鉴定、技术开发、生产多种功能于一体的生产性或仿真性实训基地为依托。

（4）多元课程评价模式。在课程建设中，市场需求的调研、工作任务的分析、课程门类的设置、教学设计的实施、教学质量的确认，应实行学校与社会、行业、企业多方面评价相结合。

（三）学习领域课程评价

课程采用形成性与终结性评价方法，呼应教学目标与能力指标，真实地记录学生在各个教学环节中的实际表现，将实践态度、参与活动的状态、实训前的准备、操作方法、结果及结果分析等都纳入成绩，实现对学生学习态度、技能掌握、职业素质提高等做出综合公正的评价。形成性评价常采用实作评价（质性评价）、口语评价（质性评价）、档案评价（质性评价）、纸笔测验（量化评价）等方式；终结性评价常采用期末纸笔测验或纸笔测验与实作评价共同评价的方式。质性评价设计评价标准，制作了双向表格；量化评价设计测验蓝图，制作了双向细目表。以"动物外科手术"课程为例，课程评价如下：

1. 实作评价

设计学生实作评价表和学生实作评价标准，见表3-27和表3-28。

2. 口头评价

设计口头报告评价表和口头报告评价标准，见表3-29和表3-30。

表3-27　学生实作评价表（以打结为例）

姓名：_____　学号：_____　组别：_____　评价日期：_____

评价项目	得分	备注
一、结的种类（30%） 1.方结（单手、双手、器械） 2.外科结（单手、双手） 3.三叠结（单手、器械）		

续表

评价项目	得分	备注
二、操作方法（60%） 1. 单手、双手、器械打方结 2. 单手、双手打外科结 3. 单手、器械打三叠结		
三、实作表现（10%）		
总分：		

评价教师：

表 3-28　学生实作评价标准（以打结为例）

等级 向度	A	B	C	D	E
一、结的种类（30%）	打结时说出结的种类及手法：7 种完全正确	打结时说出结的种类及手法：5～6 种正确	打结时说出结的种类及手法：3～4 种正确	打结时说出结的种类及手法：1～2 种正确	打结时说出结的种类及手法：7 种均不正确
二、操作方法（60%）	夹持线尾端及带针端、绕线、拉线方向及力度表现杰出	夹持线尾端及带针端、绕线、拉线方向及力度表现优良	夹持线尾端及带针端、绕线、拉线方向及力度表现尚可	夹持线尾端及带针端、绕线、拉线方向及力度表现欠佳	夹持线尾端及带针端、绕线、拉线方向及力度无适当表现
三、实作表现（10%）	打结效果确实	打结效果良好	打结效果尚可	出现滑结	出现假结、滑结

注：各向度之 A、B、C、D、E 得分分别按该向度配分的 100%、90%、60%、30%、0 计算

表 3-29　口头报告评价表

<table>
<tr><td colspan="3" align="center">"动物外科手术"口头报告评价表</td></tr>
<tr><td colspan="3">姓名：　　　　组别：　　　　学号：　　　　日期：</td></tr>
<tr><td colspan="3">各位同学：
请针对下列评价项目并参考"评价标准"，于自评字段打 A、B、C、D、E 其中一项后，再请教师复评</td></tr>
<tr><td rowspan="2" align="center">评价项目</td><td colspan="2" align="center">自评与教师复评（A 至 E）</td></tr>
<tr><td align="center">自评</td><td align="center">教师</td></tr>
<tr><td>（1）报告内容（60%）</td><td></td><td></td></tr>
<tr><td>（2）言辞（20%）</td><td></td><td></td></tr>
</table>

续表

评价项目	自评与教师复评（A至E）	
	自评	教师
（3）仪态（20%）		
（4）合计		

评价教师：

表 3-30 口头报告评价标准

等级 向度	A	B	C	D	E
（1）专业 （60%）	专业知识技能、分析及回应均佳（60%）	专业知识技能、分析或回应之二颇佳（50%）	专业知识技能、分析或回应之一颇佳（40%）	专业知识技能、分析或回应均欠佳（20%）	缺席 （0%）
（2）言辞 （20%）	声调、语言表达能力均甚佳（20%）	声调或语言表达能力均颇佳（15%）	声调或语言表达能力欠佳（10%）	声调、语言表达能力均欠佳（5%）	缺席 （0%）
（3）仪态 （20%）	礼貌、态度或举止均佳（20%）	礼貌、态度或举止之二颇佳（15%）	礼貌、态度或举止之一颇佳（10%）	礼貌、态度或举止均欠佳（5%）	缺席 （0%）

3. 档案评价

设计档案评价表和档案评价标准。"动物外科手术"课程档案评价以书面报告为主，书面报告评价表和书面报告评价标准见表 3-31 和表 3-32。

表 3-31 书面报告评价表

"动物外科手术"书面报告评价表		
姓名： 组别： ． 学号： 日期：		
各位同学： 请针对下列评价项目并参考"评价标准"，于自评字段打 A、B、C、D、E 其中一项后，再请教师复评		
评价项目	自评与教师复评（A～E）	
	自评	教师
（1）报告主题（10%）		
（2）报告架构（10%）		
（3）报告内容（70%）		

续表

评价项目	自评与教师复评（A ~ E）	
	自评	教师
（4）文字与结构（10%）		
（5）合计		

评价教师：

表 3-32　书面报告评价标准

等级 向度	A	B	C	D	E
（1）报告主题（10%）	主题切合目的，深具价值	主题切合目的	主题尚佳，需微调	主题欠佳	无主题
（2）报告架构（10%）	架构之论述基础甚佳，脉络分明	架构之论述基础颇佳	架构之论述基础尚佳	架构之论述基础欠佳	缺架构
（3）报告内容（70%）	内容完整、适切	内容完整，部分适切	内容不完整，大部分适切	内容不完整、不适切	无内容
（4）文字与结构（10%）	组织严谨、架构分明、文字流畅颇佳	组织严谨、架构分明、文字流畅之二颇佳	组织严谨、架构分明、文字流畅之一颇佳	组织严谨、架构分明、文字流畅均欠佳	杂乱无章

注：各向度之 A、B、C、D、E 得分分别按该向度配分的 100%、90%、60%、30%、0 计算

4. 纸笔测验

根据检验目的制定各章配分，编制双向细目表，并按双向细目表中试题形式、分值和权重编制试题。纸笔测验各章配分见表 3-33，纸笔测验双向细目见表 3-34。

表 3-33　纸笔测验各章配分

教材内容（章）		CP1 术前准备	CP2 动物外科手术 基本操作技术	CP3 胃部手术	CP4 肠管手术	CP5 生殖器官 手术	CP6 头颈部 手术
教学时间（学时）		10	16	16	10	10	6
占分比例	理想	14.7	23.5	23.5	14.7	14.7	8.8
	实际	14	22	24	16	16	8

表 3-34　纸笔测验双向细目

教材内容＼教学目标	试题形式	记忆	了解	应用	分析	评鉴	创作	合计
CP1 术前准备	名词解释							
	简答题	8（4）						8（4）
	填空题		6（1）					6（1）
	判断题							
	叙述题							
	小计	8（4）	6（1）					14（5）
CP2 动物外科手术基本操作技术	名词解释							
	简答题		6（1）					6（1）
	填空题		2（1）					2（1）
	判断题				2（1）	12（6）		14（7）
	叙述题							
	小计		8（2）		2（1）	12（6）		22（9）
CP3 胃部手术	名词解释							
	简答题		6（1）	6（1）				12（2）
	填空题				2（1）			2（1）
	判断题							
	叙述题						10（1）	10（1）
	小计		6（1）	6（1）	2（1）		10（1）	24（4）
CP4 肠管手术	名词解释							
	简答题							
	填空题		2（1）	2（1）				4（2）
	判断题		2（1）					2（1）
	叙述题						10（1）	10（1）
	小计		4（2）	2（1）			10（1）	16（4）
CP5 生殖器官手术	名词解释							2（1）
	简答题	2（1）						2（1）
	填空题							2（1）
	判断题			2（1）				2（1）
	叙述题				2（1）		10（1）	10（1）
	小计	2（1）		2（1）	2（1）		10（1）	16（4）

续表

教学目标 教材内容	试题形式	记忆	了解	应用	分析	评鉴	创作	合计
CP6 头颈部手术	名词解释							
	简答题			6（1）				6（1）
	填空题							
	判断题					2（1）		2（1）
	叙述题							
	小计			6（1）		2（1）		8（1）
配分合计 共 36 课时	名词解释	10（5）						10（5）
	简答题		18（3）	12（2）				30（5）
	填空题		4（2）	4（2）	2（1）			10（5）
	判断题		2（1）		4（2）	14（7）		20（10）
	叙述题						30（3）	30（3）
	小计	10（5）	24（6）	16（4）	6（3）	14（7）	30（3）	100（28）

注：（1）试题形式中，（ ）内的数字为题数，（ ）前的数字为配分；
（2）本表视教学目标、实际教学及命题需要可随时调整

第三节 CDIO 课程

一、CDIO 课程的内涵

（一）CDIO 课程模式简介

美国麻省理工学院和瑞典皇家工学院等大学经多年共同探索研究，创立了 CDIO 工程教育理念，并成立了相关国际合作组织，提出了一种全新的工程教育理念和教学模式，即 CDIO 教学模式。它让学生以积极、主动的方式学习，在学习过程中通过练习与实操，将课程之间有机联系而实现相关预设培养目标的达成。

（二）CDIO 课程模式主要特征

1. 以项目设计为导向的能力培养理念

工程实践的功能、技术、经济、环境、社会等要求和约束都要在项目设计过程中得到反映。通过项目设计，将整个课程体系有机、系统地结合起来。所有需要学习和掌握的内容都以

项目设计为核心。

2. 基于项目学习的教学模式

在教学模式的设计上，采用基于项目学习的理念，将 CDIO 项目按规模和范围划分为三级：一级为包含专业主要核心课程和能力要求的项目；二级为包含一组相关核心课程、能力要求的项目；三级为单门课程内为增强该门课程能力而设定的项目，三级项目的设立与否和形式由各门课程根据大纲需要确定。

3. 探究式课堂教学与实践教学的教学方式

从"以教师为中心，使学生知道什么"的传统教育观念，转变为"以学生为中心，学生学到和用得怎样"的新观念，引导学生"主动学习"；在教学过程中教师应提出问题引导学生思考研讨，增加主动学习和动手实践，强调分析问题和解决问题的能力；整合课程资源，采用边讲边实践的方式，让学生成为课堂上的"导演"；突出培养学生的创新能力、实践能力、沟通能力、团队合作能力、工匠精神、家国情怀等。

在课堂教学上，帮助学生明晰所学内容在知识体系中的位置，找到完善自身知识框架的方向和途径。在实践课环节中主要体现"实现"环节的验证，要求学生在实践操作前进行预习，训练学生的工程能力，加强思维逻辑性；在实践操作过程中，使学生体验团队合作的意义，在实践操作出现问题时，教师启发，让学生自己将失败原因找出来，有助于其对相关知识的理解、反思和运用。

二、CDIO 课程设计实施要点及评价

（一）CDIO 课程教学设计要点

根据不同课程在学生毕业时能力指标的达成度，遵照厚基础、宽口径、重应用的基本原则，可将相关课程划分为公共基础课程、专业基础课程、专业核心课程、专业拓展课程四部分。建立模块化课程，通过对基础课程模块、专业课程模块以及实践课程模块的系统学习后，将有利于学生在课程学习过程中，逐渐形成一套完善的知识体系理论，以便学生能够立即满足行业需求，具有一定的产品设计、操作、维护、开发等能力。

（二）CDIO 课程实施步骤及要求

以应用电子技术专业为例，组建由企业生产部门负责人和教育专家（共计 10 人）组成的 DACUM 委员会，依据学校核心能力培养和专业核心能力培养，共同确定应用电子技术专业学生核心能力，见表 3-35。同时，形成应用电子技术专业学生知识结构和能力结构，见

表 3-36、图 3-5；最终生成应用电子技术专业 DACUM 表，见表 3-37。

表 3-35　应用电子技术专业学生核心能力

学校核心能力	应用电子技术专业学生核心能力
A 沟通整合（协作力）	ADd1 具备有效运用沟通技巧和团队分工协作的能力； ADd2 具备搜集整理机械或信息安全相关知识的能力
B 学习创新（学习力）	BDd1 具备持续学习和搜集、整理信息的能力； BDd2 具备电子产品改良或设计思维创新创作的能力
C 责任关怀（责任力）	CDd1 具备勇于担当和服务社会的精神； CDd2 具备关心、爱护、尊重他人的修养
D 问题解决（执行力）	DDd1 具备综合运用专业知识，发掘、分析电子设备方面问题的能力； DDd2 具备综合运用专业知识，解决电子设备方面问题的能力
E 专业技能（专业力）	EDd1 具备电子设备安装、检测的基础知识及能力； EDd2 具备电子设备制作或智能产品开发、维护及生产管理的能力
F 职业素养（发展力）	FDd1 遵守电子制造服务行业的规范、准则和职业操守，热爱本职工作； FDd2 具备自省和职场适应及抗压能力

表 3-36　应用电子技术专业学生知识结构

知识层面	知识要求
文化基础层	高职阶段教育必备的文化基础知识； 初步的社会创业知识； 一定的体育和军事基本知识； 一定的卫生保健知识
线路元件层	电子整机中常用元器件与材料的功能与性能； 各种常用功能电路的组成原理及性能
电子整机层	典型电子整机的组成原理及各部分元件与功能电路的作用； 电子整机生产中所用到的各种新技术、新工艺
系统层	典型控制芯片综合运用的编程知识

在 CDIO 教学模式教学实践中，教师可以以一个实际工程项目为对象，分析项目的构思、设计、实施、运作，让学生通过团队合作来完成项目设计、项目实践和项目的总结报告。这里要特别注意，为有效地确保学生团队开发项目的顺利完成，应制订一系列行之有效的学习计划。

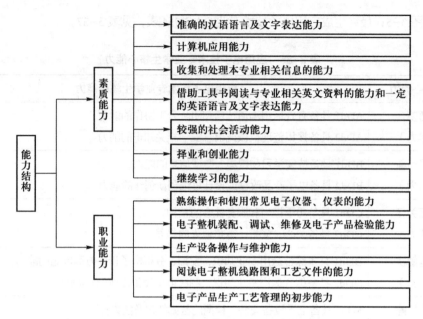

图 3-5　应用电子技术专业学生能力结构

表 3-37　应用电子技术专业 DACUM 表

层次	一级能力模块	二级能力模块
一层	基础技能	1.1 基本规范及用电安全
		1.2 选择与使用基本工具
		1.3 简单仪表的选择与使用
		1.4 识图及按图连接线路
		1.5 常用元器件识别
		1.6 拆装、制作与检查
		1.7 分析、查找并排除简单电路故障
二层	单项技能	2.1 电子元器件与材料的筛选与使用
		2.2 仪器仪表的选择与使用
		2.3 单元电路的装配与调试
		2.4 部件、结构件加工制作
		2.5 实用电子产品的设计与制作
		2.6 局部电路的故障分析与排除
		2.7 小型整机的装配、检测与调试

续表

层次	一级能力模块	二级能力模块
三层	综合应用能力	3.1 整机或系统的工艺规范
		3.2 整机或系统的装配与调试
		3.3 整机或系统的综合分析与测试
		3.4 外观与结构的规划与制作
		3.5 整机或系统的维护与检修

1. 项目构思

项目构思是项目开发的起始部分，它是项目实施中一个非常重要的开头环节。比较常用的构思一般通过调研来实现。学生通过调研可以明确自己选择什么样的项目来进行开发与操作，也使学生能进一步接近社会、企业需求，而不是漫无目的、想当然地进行项目研究开发，在项目完成后突然发现项目没有太多的实用性，这从一定程度上会对学生的学习、研究、开发设计以及创新意识造成打击。在现有学习中，很多学生都忽视调研的重要性，让调研阶段流于表面，力图跳过此阶段来节约时间，以至于到项目开发后期或完成时，出现开发的产品实用性差或需求不对口等问题，导致产品需求性直线下降，大幅降低学生的成就感，也由此影响学习兴趣。因此，教师在项目开发初始阶段应督促学生完成调研，并可通过召开不同层面交流会的形式来完善调研结果，通过一定的大数据分析，为项目后续工作有效开展打好基础。

2. 项目设计

通过前期的项目构思阶段，学生确定了选择何种项目产品进行开发，接着是对产品功能进行设计，这是学生完善项目构思、将项目构思立体化的一个重要阶段。这个阶段可以使项目构思有效地和所学课程知识相结合，也是学生创新性思想的形成阶段。在此阶段，教师可以进行多方面的有效引导，让学生通过自己所看、所感去发现项目开发的多样性。

3. 项目实施

项目实施是项目开发的关键环节，它是项目能否研发成功的主要阶段。在这个阶段，学生能将课堂所学知识与实际运用融会贯通，也能通过直接实践来检验知识学习效果，并起到查漏补缺的作用。在项目实施阶段，学生可能会遇到各种各样在学习过程中没有遇到的问题，通过解决这些问题也从一定程度上完善了课程所学知识，让学生更加明确理论和实际的差距，形成一套适合于自我的学习设计方法。教师在其中起到穿针引线的作用，引导学生通过一定的有效手段去自行解决问题，并为学生提供一个良好的知识交流平台，让其通过交流、实际动手去解决问题，养成一种良好的项目实施习惯。

4. 项目运作

当项目开发成功后，可通过行业、企业、学校等多种渠道来进行交流，推广项目产品，达到项目运作的目的。项目运作的手段多种多样，可以通过行业、企业、学校邀请专家或专业人士召开交流会、发布会、推广会来实现。这对于学生而言也是一次难得的开阔视野、学习交流、总结经验的机会，让学生深入理解理论与实际应用的关系。对于优良、有潜力的产品，可以通过发布会和推广会让其实现真正价值，以此促进学生的信心和兴趣；对于开发成功但功能普通的产品，则可以通过交流会为产品今后的改进、研发提出可行的设计目标，在完善过程中得到更多的提高；对于开发失败的产品，就需要召开总结会，发现问题、分析问题、解决问题，为以后的设计开发提供帮助，并总结出一些有效的解决方法。

（三）CDIO 课程评价

融入了 CDIO 理念的课程教学不可以仅依靠课程考试成绩来对学生学习效果进行考核评价，这种评价考核方式不利于激发学生课堂学习的积极性，也无法客观地体现学生的综合能力。对于该类课程来说，因学生学情参差不齐，可通过进阶任务的设计来实现学习效果的层层提高。学生也可根据自身情况选择不同的学习任务。知识的转化是一个不断学习、不断沉淀、不断实践与不断创新的过程，因此，过程性评价学生学习的过程尤为重要。在成绩考核方面，将期末考试成绩设定为 60%，过程性考核设为 40%。其中，过程性考核可由作业、期中测试、小组讨论、分组任务、预习测评、课内实践等组成；在分组任务的选取上，应尽可能地根据学生特点分组，并分派不同难度的任务，因材施教，充分调动每位学生自主探究学习的能力。

1. 考核方式灵活化

为突出考核的灵活多样性，打破以往只有纸笔测验的形式，采用可能的实践模拟活动，通过观察学生并记录学生活动中的表现来对学生进行考核评价，从而创建完善国际化（专业认证）考核评价制度，实现考核评价的灵活多样和全面性，实现对学生学习过程、态度、能力及效果的全方位考评。

2. 考核内容科学化

考试题型的设定应充分考虑到学生的实际能力，结合学生毕业后 5 年内职业中可能会遇到的实际情况来设计题型，培养学生知道原因、懂得怎么做、如何做得好，而不是只知道原理，缺乏实际应用能力。通过对学生实施 CDIO 教育教学改革实施评价方案，可以看到毕业生在各个能力方面的达成情况发生了变化，学校对学生专业核心能力的培养更加具体化，更具有针对性。企业能根据每个学生的考核评价情况，准确了解到每个学生的专长，找到企业需要的人才类型；学校可以根据企业发展需要动态调整学生培养的方向。

3. 项目考核全程化

将项目考核的标准实现量化，提高过程性评价占据的比例。考核标准要设定在项目的各环节当中，所有与项目有关联的实践，和学生的成绩都是有关联的，这样做还能规范学生的学习行为。在课程大纲中，设置详细的评分标准、评价尺规，教师严格按照标准来对学生进行打分，在打分之后还需要做出详细的评价说明并反馈给学生，目的是让学生更加了解如何完成作业、报告、考试等。在完善 CDIO 考核评价体系后，对毕业生的核心能力考核评估会发生良好的变化。

4. 考评方式多样化

职业资格证书具有权威性、全面性和公平性，部分课程用职业资格证书代替以往的期末考试，不仅形式新颖，而且更能得到社会的认可，既能更好地衡量出学生的技能水平，也能为学生未来的就业奠定基础。基础类课程还是建议按照常规方式，如纸笔测验、口头报告、期中汇报等进行考评。

5. 考核主体多元化

通过校企深度融合的方式能够整合企业和学校资源，实现资源共享。合理地利用资源，让学生参加到校外的实训基地，得到充分的实践训练；邀请企业中的专家、工匠来到学校，为学生讲述当下的职业发展。学校将企业实习考核和校内实践教学考核结合到一起，对学生进行考核评价，具体的考核由学校教师和企业导师共同完成。在校企合作的评价体系中，重点是测试学生是否达到了应该具备的职业素养和能力。

三、CDIO 课程案例

（一）"电工实训"课程

1. 教学内容项目化

在 CDIO 模式下，整个实训教学过程中以学生为主要角色，教师只起到引导和监督作用，讲方法、讲策略；学生需要的知识和内容靠自己主动学习，以培养实践和创新能力。在 CDIO 模式下将教学内容项目化：采用工程项目的形式，把实训教学大纲中要求掌握的技能与生产生活实际有机结合，采用典型的工程项目，将相关知识和实践过程有机结合，力求理论和实践一体化。

在项目内容的选择上，降低理论重心，突出实际应用，根据学生的学情决定教学项目的难易程度，合理选择教学项目。以低压电气控制实训为例，实训项目包括三相异步电机的手动控制电路、起保停控制电路等。对于电气相关专业的学生，选择其中一个难度适中的项目即可；对于非电气相关专业的学生，可以先从简单的项目开始，逐步加大难度。合理地选择教学项目，不仅能提高学生自学的积极性，还能增强学生的自信心，非常有利于实训的开展。电工实训项目的规划及安排见表 3-38。

表 3-38　电工实训项目的规划及安排

专业	训练项目	学时安排	教学目标	实训项目
电类专业	基础技能	1～4学时	工程基础知识	低压电器元件的检测、常用低压电器元件的选择、常用电工工具的使用与注意
	综合技能	2～5学时	个人能力	起保停电路的设计、画图
	实践能力	6～10学时	团队合作能力	接线工艺、静态调试
非电类专业	基础技能	1～3学时	工程基础知识	低压电器元件的检测、常用电工工具的使用与注意
	综合技能	2～4学时	个人能力	手动电路的设计
	实践能力	5～8学时	团队合作能力	接线工艺

2. 教学过程工程化

CDIO 模式包括构思、设计、实现、运行四个阶段，这也是产品从研发到运行的整个周期过程。CDIO 强调让学生在项目周期的整个过程中学习工程教育。因此，指导教师在设计教学项目时，要充分考虑工程项目实际，建立工程概念，严格按照实际工程项目的流程设计教学内容，让学生充分体会 CDIO 模式，提前做一回"工程师"。

以三相异步电动机起保停教学项目为例，其任务节点流程如图 3-6 所示。

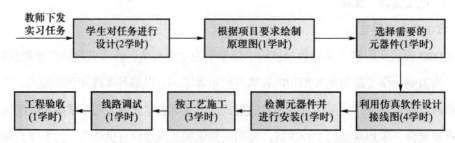

图 3-6　三相异步电动机起保停教学项目的任务节点流程示意图

3. CDIO 综合能力培养

（1）培养构思能力。CDIO 中的"C"是英文单词"Conceive"的缩写，中文意思是"构思"，是 CDIO 的第一个阶段。在本阶段，学生可通过网上搜索、查阅书籍、小组讨论等方法进行搜集资料，准确定义项目需求，充分发挥创新思维，从工艺要求、成本、硬件和技术支撑等方面充分考虑，在满足项目要求的前提下，设计方案力求简单、实用和经济可靠，确保高质量地完成设计任务。

例如，某生产企业有一台 7.5 kW 的水泵，额定电压为交流 380 V，额定电流 15 A，现需要对其控制电路进行安装，要求电气工程工作人员限期完成，并交付验收。在以上项目中，可采用额定容量 7.5 kW、额定电压交流 380 V 的开启式电机，利用三相低压断路器实现手动控制。鉴于水泵控制电动机容量 7.5 kW，可采用全压直接起动方式，因此，用三相低压断路器实现控制，倘若利用继电器－接触器系统来实现控制，则会造成成本的增加。另外，非特殊场合不必选用封闭式或防爆式电动机。抽水系统用于一般的环境条件，此时可选用开启式电动机。电动机容量选得过大会造成浪费，过小则会降低使用寿命，本例容量选 7.5 kW 即可。

（2）培养设计能力。CDIO 中的"D"是第二个阶段，英文全称是"Design"，中文意思是"设计"。它主要是指在开发产品系统时，需要制订的各种计划、草案和图纸等。例如，在上述三相异步电动机的手动控制项目中，设计内容包括原理设计和工艺设计两部分。原理设计包括电力拖动方案、电动机的选择、电气原理图、电气元件的选择等；工艺设计包括系统总装配图、电气元件布置图、电气组件和元器件接线图等。设计阶段是工程项目中最重要的一个环节，学生要树立正确的设计思想，建立工程实践概念，充分发挥分析设计能力，保证项目顺利进行。

（3）培养实现能力。CDIO 中的"I"是英文单词"Implement"的缩写，中文意思是"实现"。它主要是指把设计阶段的方案转化成真正产品的过程，包括各种硬件的安装制造，软件的编程、测试和仿真等。例如，在上述三相异步电动机的手动控制项目中，内容包括导轨、线槽的安装，元器件的安装，软件的仿真验证，布线施工等。实现阶段是对前面所有工作的验证阶段，它决定了能否将想法转化成实际产品。通过本阶段的实践锻炼，可大大提高学生的动手操作能力和解决实际问题能力。

（4）培养运行能力。CDIO 中的"O"是英文单词"Operate"的缩写，中文意思是"运行"。它是 CDIO 的最后一个阶段，主要是指将第三阶段实现的产品运行起来，以达到项目要求的结果，并实现其价值，包括维护、调试、检修、运行产品系统等。例如，在上述三相异步电动机的手动控制项目中，主要包括系统的静态调试、通电调试、检修、维护和运行等。

4. 考核评价过程化

在 CDIO 模式下，以工程项目为导向，将项目分成几个任务节点驱动学生完成任务，大大激发了学生的学习兴趣，提高了教学效果。因此，合理地给出项目中每个任务节点的考核成绩，形成过程性考核，更能客观公正地反映学生的实习效果。过程性考核包括电气原理图绘制（15%）、元器件选型（5%）、电气接线图绘制（10%）、列工程材料清单（5%）、按工艺施工（15%）、调试与检修（10%），共占比 60%；另外，实训综合报告（20%）、平时表现（20%）共占比 40%。

（二）"C 语言程序设计"课程

1. 重构教学过程

按照 CDIO 教学理念的要求，在教学过程中应该强调以学生为主体，改变"教师为本"的现状，让学生以项目驱动的形式开展学习。

以 2019 级应用电子技术、电子信息工程技术专业学生为对象，和 2018 级的相同专业的学生进行对比，在第一次课程教学过程开始时，以学生成绩管理系统为代表性案例，将该系统的完整功能按照软件设计的步骤进行任务分解，其中的构思部分对应软件设计的需求分析部分，设计部分对应概要设计、详细设计部分，实现部分对应编码过程，运行部分对应测试、交付与验收和运行维护部分。围绕完整项目的任务分配过程，有计划地介绍课程的知识点。比如，在介绍比较难理解的指针、结构体和文件读取等知识点时，可以结合相关的项目来重点讲解。

2. 选取教材和设定教学内容

在选取课程教材时，应该参考任务驱动的原则，选取带有完整项目案例的教材，并且在制作教学计划的过程中，以完整的案例项目开始教学过程，在学生学习完整教材中的所有知识点后，抽取 1 周的时间让学生来完成课程设计。通过课程设计，让学生能够对软件设计的过程有一个较为整体的了解，并把所学的知识点全部串接起来用于完成项目的设计。结合 OBE 教育理念设计课程顶层成果，确定课程结束后学生所习得的成果（作品、报告等），成果必须具有测量性。围绕课程的顶层成果，逆向组合课程内容，规划一级、二级、三级项目，以项目为载体按照 CDIO 的产品研发到产品运行的生命周期，让学生以主动的、实践的、课程之间有机联系的方式学习课程。以行动学习的方法，调动学生积极主动地参与到教学过程中，并通过测验、问卷、实作、报告等多样化评量方法，对学生实际"学习成果"进行形成性评量与总结性评量，以保证顶层成果的实现。

3. 改进考核方式

在学习过程中，让学生开始熟悉完成项目所需的步骤，并分组完成，每组选取一名实践能力较强的学生担任组长，负责任务的安排和对组员进行打分，配合教师平常对本组学生进行观察，能够尽量对平时成绩给出一个较为客观的分数，并加入课程设计的分数。课程设计的最后阶段要求学生完成答辩，答辩也是分组完成，通过每位学生对自己所在的组完成的部分功能进行分析演示，由组长和教师共同打分，并取平均分。课程设计的详细安排见表 3-39。期末考试的卷面分也占一定的比例。由平时成绩、期中成绩、期末卷面成绩三部分成绩共同决定每位同学的最终期末成绩。经过与 2018 级同专业的学生进行对比，学生的综合成绩均有所提升，并且过程化的成绩积累体现了一定的公平性。考核方式比例分配见表 3-40。

表 3-39　课程设计的详细安排

序号	项目名称	学时	主要内容	主要形式
1	开题	1 天	课程设计流程讲解	组内讨论
2	要求与范例分析	1 天	布置任务、分析、讨论	组内讨论
3	项目设计	2 天	设计、编码、调试	上机编码
4	编辑与调试	4 天	完成模块联调、测试	上机编码
5	完成文档与验收	2 天	成果答辩验收，提交设计报告	作品展示

表 3-40　考核方式比例分配

成绩情况	学生互评成绩（XS）	教师成绩（JS）	综合成绩（ZH）
平时成绩（P）	40%	60%	40%×XS+60%×JS
期中成绩（Q）	40%	60%	40%×XS+60%×JS
期末卷面成绩（J）		100%	100%×JS
期末综合成绩	P×20%+Q×20%+J×60%		

CDIO 对人才的培养不局限于人才培养方案、课程体系、教学方法等方面，更是从一个全新的角度，即培养的工程人才必须适应日益扩大的国际经济交流以及日益增加的全球化竞争等角度给予我们启示。实施 CDIO 教学，要设定好真实的企业工程项目，使学生在"做中学，学中做"，以学生为中心，提高学生人才培养质量。在实践中，要践行好工程教育的 CDIO 模式，应将之与其他模式有效结合，做好顶层设计，规划调整课程体系结构，将现代工程师素养的培养结合学生专业基础知识的学习，纳入理论课程和实践课程的教学建设之中。

第四节　模块式课程

模块式课程最早应用于国际职业技术教育课程，这种课程是从工业生产中将功能相关的零件组合在一起成为"模块"的做法中得到启发，将内在逻辑联系紧密、学习方式要求和教学目标相近的教学内容整合在一起，构成小型化的模块课程。每一个模块课程都是一个相对独立的单元，都设置了特定的教学目标、完整的课程内容、明确的评价要求。模块之间可以方便地进行组合，构成一定的衔接关系。模块式课程以加拿大的 CBE 模式和国际劳工组织开发的 MES 模式比较具有代表性。

CBE（Competency-Based Education，能力本位教育）是以执行能力为依据确定模块，以从事某种职业应当具备的认知能力和活动能力为主线，可称之为"能力模块"。MES（Modules of Employable Skills，模块式技能培训）是以岗位任务为依据确定模块，以从事某种职业的实际岗位工作的完成程序为主线，可称之为"任务模块"。CBE 和 MES 两种课程模式的共性是都强调实用性和能力化；其区别是 CBE 课程模式是从职业普遍规律和需求出发，侧重于职业基础通用能力；MES 课程模式是从职业具体岗位工作规范出发，侧重于职业岗位工作能力。

目前，模块式课程模式被广泛应用于高等职业教育和职业技能培训，并取得了良好的效果。本节重点介绍 CBE 课程模式的主要特征和设计实施要点及评价。

一、CBE 课程模式的内涵

（一）CBE 课程模式简介

CBE 是一种以岗位胜任能力培养为基础的课程开发与构建模式，被称为能力本位课程模式。CBE 模式是以美国休斯敦大学著名心理学家布鲁姆的"掌握性学习"和"反馈教学原则"以及"目标分类理论"为依据，20 世纪 60 年代末由加拿大皇家经济开发中心和美国通用学习公司合作开发出的一种教学模式，主要流行于北美地区的加拿大、美国，英国、澳大利亚等国家运用也较为广泛，90 年代初逐渐在全世界推广，现在已有 30 多个国家和地区学习和运用 CBE 课程模式[1]。

CBE 课程模式以职业分析为起点，并把职业能力看作职业教育的基础。以工作岗位能力为学习内容与评价标准，以具体工作任务为学习内容与课程组织依据，注重学生在学习中

---

① 王明海等. 成果导向高职课程实施 [M]. 北京：高等教育出版社，2016.

个体主动性的发挥，紧密联系社会与经济需求。CBE 课程模式中综合的职业能力包括四方面：知识（Knowledge）指与本职相关的知识领域；态度（Attitude）指动机、情感领域；经验（Experience）指活动领域；反馈（Feed-back）指评价、评估领域。这四个方面的要求以一个学习模块的形式表现出来，即构成一种综合的职业能力培训。为保证能力分析的客观性和实用性，这种职业分析工作、综合能力和专项能力的确定是由企业专家和专门的课程设计专家组成的顾问委员会完成的，学院的教学人员一般不参加[①]。

在 CBE 课程方案中，理论知识传授以"必需够用"为度，重视学生的能力训练。教学上强调学生的主体作用，其核心内容是学生职业能力的培养。在教学手段上，CBE 课程模式综合运用了卡片演示法、问题导向法、参观法、分组讨论法、情境模拟法、实习实验法及现代信息技术手段，体现了个体化教学，使学生的积极性得到了最大限度的调动，学生的独立思考能力、创新能力均得到了全面的提高。

CBE 课程模式于 20 世纪 90 年代初由原国家教委通过"中国—加拿大高中后职业技术教育交流合作项目"引入中国，并在许多高职院校得到广泛应用。CBE 课程模式在课程开发程序上，没有相对固定的程序，随意性较强；在指导思想上，是学科导向型的课程模式，主要由学科专家参与制定课程，课程开发的出发点是学科；在课程内容组织上，按学科的逻辑顺序排列课程；在课程实施上，注重统一性，所有的学生接受的教育都是一样的，忽略了不同学生的差异；在课程评价上，评价学生的学习能力与学业成就等[②]。由此可见，CBE 课程模式符合职业教育的本质要求，有利于学生职业综合能力的培养。

（二）CBE 课程模式的主要特征[③]

CBE 课程模式在培养目标、教学组织、课程体系、评价标准和课程开发等方面都与传统的课程模式有所不同，主要表现在以下几方面：

（1）以职业能力培养作为培养目标和评价标准；以通过职业分析确定的综合能力作为学习的科目；根据职业能力分析表所列的专项能力从易到难的顺序，安排教学和学习的教育体系和学习计划。打破了传统以学科为科目、以学科的学术体系和学制确定学时安排教学和学习的教育体系。

（2）以能力作为教学的基础，而不是以学历或学术知识体系为基础，因此，对入学学员原有经验所获得的能力经考核后予以承认，可以用较短的时间完成原定课程，缩短了学习时间。

---

①②③　王哉. 加拿大职业培训的特色: CBE 课程 [J]. 职业技术, 2006(19).

根据一定的能力观分析和确定能力标准，将能力标准转换为课程，通常采用模块化课程结构。

（3）强调学生自我学习和自我评价。教师是学习过程中的管理者和指导者，负责按职业能力分析表所列各项能力提供学习资源，编出模块式的"学习包""学习指南"，集中建立起学习信息室。学生对自己的学习负责，按"学习指南"的要求，根据自己的实际情况制订学习计划，完成学习后，先进行自我评价，认为达到要求后，再由教师进行考核评定。

（4）教学上灵活多样，管理上严格科学。CBE课程模式强调岗位需求和学生在学习过程的主体作用，强调采用个性化的教学方式，课程可以长短不一，学习程度可以不同，学习方式全日、半日、业余等可以由学生决定，毕业时间也不要求一致，因此，要有一套严格科学的管理，才能满足教学需要，发挥教育资源的作用。

（5）根据工作需要开发课程。CBE课程模式的出发点是就业环境，其课程设置完全服从于企业需要、岗位需要，服务于工作需要，根据需要设置教学条件，包括学习资料、教室、实习场地和全套设备，许多情况下都是企业提出培训内容和要求，并和顾问委员会一起制订培训计划。事实上，DACUM法是学校与用人单位的重要联系纽带，也是CBE课程模式的核心内容。

CBE课程模式是一个全面复杂的体系，主要由职业目标、模块大纲、个性化学习和科学的管理4个部分组成。CBE课程模式的最大特点是从社会实际需求出发，与用人单位合作，按照由职业分析和工作分析得来的职业能力本身的结构方式构建课程体系。这种课程模式以岗位技能为基础，紧紧围绕某种职业所必须具备的能力组织教学，既重点培养了岗位专业技术能力，又兼顾了职业发展的次要能力，其课程设置趋向综合化，有利于学生职业综合能力的培养。

（三）CBE课程模式与传统课程模式的区别

我国以能力为基础的CBE课程模式和以学科专业为基础的传统课程模式的主要区别见表3-41[①]。

通过以上对比分析，可以看出CBE课程模式与传统的课程模式的主要不同点在于：前者以职业需求为导向，后者以教育目标为导向；前者关注能力，后者关注知识；前者注重特定的学习结果，后者注重一般的教育目标；前者注重个体需求，后者注重群体需求；前者按个体安排学习进度，后者按群体安排学习进度；前者以模块的方式编排，后者以学科的方式编排。知

---

① 唐立伟,李宇才.中外高等职业教育课程模式的演变与比较研究 [J].职教与经济研究,2009(1).

识本位课程的最大优点是便于进行班级集体教学，充分发挥教师在教学中的主导作用，使学生掌握系统扎实的理论基础知识，确保课程的统一标准以及教育目标的实现。但其缺陷是理论基础课程偏多，实践应用课程偏少，课程的针对性和实用性不强，不利于培养学生胜任岗位工作的从业能力。CBE 课程模式打破学科体系、以能力为出发点，其最大优点是课程与职业岗位的需求密切相关，对于培养学生从事某一岗位的工作能力是很有效的。但其缺陷是学生掌握的知识体系零碎，不利于学生毕业后的继续学习，这与当前数字经济时代高素质技能型人才的培养需求是不匹配的。

表 3-41　以能力为基础的 CBE 课程模式和以学科专业为基础的传统课程模式的主要区别

课程模式	CBE 课程模式	传统课程模式
主要特征	目标明确、具体，研究能做什么	目标抽象、不具体，研究学什么
	突出能力培养	强调知识传授
	以学生为主体，教师为主导	以教师为主体
	内容以职业能力需求为主	内容按专业知识需要为主
	授课考虑个人需要	授课考虑群体需要
	以学生自主学习为主，教师指导为辅	以教师讲授、演示为主
	知识模块化、打破学科体系	知识系统化、按照学科体系
	以实践操作为主	以掌握理论知识为主
	问题反馈及时，动态控制	问题反馈滞后
	不限学时、以表现为主	学习时间限制
	模块组合、各取所需	课程设置固定，不能选择
	评价标准为能力水平高低	评价标准为考试分数高低
局限性	知识联系不广，不易形成综合职业能力	以知识学习为主，不利于能力的培养

（四）CBE 课程模式的优势与不足

1. CBE 课程模式的优势

（1）紧密联系市场与社会的需求，保证了生源与就业前景。与市场和社会的需求紧密联系是 CBE 课程模式的一大优势。为保证所开设专业课程兼有时效性与科学性，在 CBE 课程开发前，会进行翔实的社会调查。调查内容包括企业用工情况、区域产业发展状况、学生及家长的就业意向等，并对专业人才需求缺口以及就业前景进行评估。相对于传统的专业设置，CBE

课程模式的专业设置更加科学与具有说服力。专业设计的合理性在一定程度上可以提高教学的针对性与实用性，惠及学生、学校以及社会，是生源与教学效果的一大保证。

（2）以能力和职业为导向，缓解做学分离难题，改善职业教育内容与实际脱节局面，提升职业教育课程体系的整体度与实用性。传统三段式职业教育课程模式带来的是学问化倾向明显、课程内容与职业能力要求相脱节的重大弊端。三大部分课程之间缺乏相应的衔接与沟通，关注点放在知识的系统性与学生理论知识的掌握程度上。这种"重理论，轻实践，忽视技能培训"的课程，与企业的要求以及培养应用型、技能型人才的要求相去甚远，学习内容与实际需求之间相差甚大。而在 CBE 课程模式中，理论知识只是课程的有机组成部分，以"够用"与"实用"为原则，只要能够支撑学生进行专业学习即可。同时，实习或者是实训部分的比重相对较多，以让学生熟悉具体详细的、与工作任务紧密相关的操作。这既有利于克服传统课程模式的弊端，使专业理论课程与实习实训之间互相配合，又能够通过具体的实践操作增强学生的职业能力，拉近学生学习与实际工作岗位之间的距离。

（3）DACUM 的应用提高了职业教育课程的针对性与效率，也增强了企业参与职业教育的动力。在应用 CBE 课程模式之前，职业院校提供的教学内容与社会实际工作岗位对学生的要求之间的脱节一直是个难题，其关键在于职业院校应当教学生什么，以及如何教。CBE 课程借 DACUM 能力分析表进行课程开发，保证职业教育与培训的培养目标更加明确与可行，使教学效果与效率得以增强。

CBE 课程模式在企业参与方面也有很大的突破。DACUM 专业委员会的大部分成员来自用人单位，既有经验丰富的管理人员，也有一线的技术工作人员。他们直接参与职业分析与工作能力分析过程，制定相关人才培养标准与考核标准，参与培养过程与审查。而在课程实施过程中，委员会定期研讨修订人才培养标准以适应社会需求动态变化。这就是说，人才的培养、审核以及调整的权利都在企业的手中，方便从企业的角度培养企业所需的对口的技术技能型人才。

（4）以情境教学为课程理念，以参与式为教学方式，参照行业技能操作标准进行过程性评价。CBE 课程模式强调教学环境的工作现场化，强调学生在教师的引导下"通过做学会做""在工作中学习工作技巧"，强调学生在生产现场动手参与操作。情境教学与参与式学习的推行，可以缩短培养过程与具体工作之间的距离，在培养学生动手操作能力、提前帮助学生适应工作环境的同时，对学生职业态度的养成也起着潜移默化的作用。

就评价方式而言，CBE 课程考核体系直接与相关行业技能操作标准联系，以客观标准为参照，以学生实际操作能力与标准之间的差距作为客观评价依据进行等级评定。评价标准的客观化，将学生之间的竞争引向学生自己与自己的竞争，避免了过度竞争。同时，学生预知操作能力评价标准，消除了在传统考核方式中学生猜题的心理压力，有利于养成学生良好的学习心态。

（5）个性化与灵活性凸显，模块式影响深远。在 CBE 课程模式中，教师与学生的角色发生明显改变，学生学习更加灵活与个性化。学生不再是传统课程中的跟随者、知识的被动接受者，个性化的学习方式引导学生成为自身学习的主体，对自己的学习进程与学习方式拥有一定的决定权。教师则由主导者与知识信息传递者成为指导者与引导者，根据学生的学习进度与需要给予帮助与配合。

但是，拥有自由学习的权利并不代表学生可以随意对待学习。CBE 课程模式的管理机制比较灵活，可依据学生的不同表现采取不同的措施。在尊重学生个性化发展的同时，又给予一定的学习压力，有利于学生的自我发展与教学质量的提高。CBE 课程模式的灵活性还表现在其对学生以往学习经历的承认上，学生只要有一定的学习或能力证明，就可以免除相应部分内容的学习，既节约资源又节约学生时间。

个性化学习与灵活管理的另外一个载体是 CBE 课程模式所推行的"学习包"模块式课程体系。学习包将课程内容划分为多个以能力为核心的教学模块帮助学生学习，使理论与实践在工作任务中有机结合。这种模块式课程对后来的职业教育课程模式有着深远的影响，后来的课程模式或多或少都带有模块式特点。

2. CBE 课程模式的不足与问题

相对于传统课程模式，CBE 课程模式有一定的创新与进步，但是从其在实践中不断暴露出来的问题看，也存在着一些局限与问题。

（1）理论基础缺乏说服力，培养过程趋向任务本位化。支撑 CBE 进行任务分解的一个理念是行为主义下的部分之和相加等于整体。此理念认为，在整体情境中不同的刺激对应不同的反应联结，所以，整体的知识可以分解为若干小部分。该理念本身就值得质疑，依据唯物主义的整体与部分原理，整体大于各部分的机械之和，部分离开了整体不一定还有原来的效用。两者之间的冲突带来的质疑是，CBE 理论基础是否会带来机械主义的倾向：机械相加后得出的专项能力被简单地等同于职业能力，职业能力又被扩大化等同于岗位要求。其直接影响是，无形的、无法言语化或实体化的部分被忽视或无视。

在相应开发理念的影响下，CBE 课程模式存在着与任务本位等同的潜在危险。有意义的能力学习应该是鼓励学生手脑并用，动手的同时学会思考与解决问题。而在 CBE 课程模式的教学实施过程中，有的能力培养训练，尤其是旨在培养动手操作能力的训练，可能会由于工作任务过于细化,最后演变成机械的工作任务分解,教师的过程性评价也只注重技能的进步。学生获得的只是简单的、缺乏技术含量且不具有迁移价值的具体操作,只为培训而培训,培养出的学生会动手但很少或者不会动脑,不利于学生的最终职业能力形成,影响职业生涯的长远发展。

(2)课程内容开发无可行的依据,学习包的开发存在挑战。以什么样的原则将 DACUM 表的能力分析内容转化并组合为具有操作性的课程一直是 CBE 课程模式未解决的问题。有学者提出,CBE 缺乏职业教育课程内容组合方式的理论依据。虽然以职业能力的各子能力为课程内容是 CBE 的一大特色,也是其创新点,但具体课程的设置与安排的依据至今仍无标准。而沟通技能、方法技能、职业道德等相关内容该怎样在课程中体现也无说明。

学习内容组合无依据,带来的是能力考核方式的问题:具体的操作能力可以以工作任务为参照标准,其他抽象的能力该如何考评、以什么为评价标准,这些也是 CBE 课程模式存在争议的地方。而课程内容的承载主体——学习包的内容,既要遵从当前企业的通用设备与现场流程,又要及时随着技术的发展与设备的更新进行动态调整,还要考虑 DACUM 分析表内容。由此,学习包制定者必须非常熟悉生产一线的工作流程与设备的应用,又要具有编写教材的能力,这样才有可能保证所编写教材的实用性、适用性与及时性。同时,编写人员还需熟悉 CBE 课程编写原则,否则,容易落入编写传统教材的误区,或是无法落实 DACUM 表的能力培养。这些都是学习包开发所面临的挑战与难题。

(3)相应的配套资源要求高,超出大多数职业院校的承受范围。在开发与实施的过程中,需要组织大批的专业人员进行合作,包括大量的前期调研人员、专业的主持人、专业委员会成员、各种专家等。为使讨论结果具有权威性与实用性,所有的参与人员都要熟悉 DACUM 使用方法与 CBE 课程模式的要求,在开发之前都要接受相应的培训。在人员素质上,DACUM 对主持人、组织方、专家等几乎所有成员都提出了很高的要求。只有高素质的人员才能在短暂的时间内达到高效的讨论结果并进行内容修订,但是如何对内容资源提供保障是个棘手难题。

人员素质与能力的高要求还表现在教师方面。CBE 课程教师需要不断地随着技术的进步及时更新知识、熟练掌握新的技术技能,同时,还要熟悉 CBE 课程的运作方式与评价管理机制,随时跟进每个学生的学习进度并提供个性化的帮助、辅导与评价。

在硬件设施配备上,CBE 课程要求实训场地在数量上够学生自由使用、在配备上不落后于最新技术发展。显而易见,要支持与支撑所有这些高要求的硬件、软件设施的建设,需要大笔的资金投入。资金是制约 CBE 课程模式广泛推行的一大瓶颈。

(4)适用范围存在一定的限制,推广度不高。以能力为本位的 CBE 教育体系即是以能力为基础的培训体系。所以，在加拿大社区学院，其课程目标定位于向心智已成熟的成年人提供岗位技能培训以满足岗位要求，而学生职业成长与能力发展等"教育性目标"并不是其关注的目标。由此可以看出，CBE 课程模式的适用范围由于其设计的初衷而存在较大限制。将 CBE 课程模式引入职业教育之后，课程设计与实施者如何在课程的开发与实施过程中加入教育性目标，是个亟待解决的问题。

CBE 课程模式适用于技能训练类课程，有利于学生职业综合能力的培养，如机械制造、建筑工程等工科类课程，以及会计学、酒店管理等商科类课程。

综上所述，虽然 CBE 课程模式对改变高职教学中的学科本位论具有一定的启示和借鉴作用，但其并不具备普遍适用性。因此，高职院校在选择课程模式时，一定要结合我国和本校的实际情况慎重选择，不能一味地照抄照搬。

二、CBE 课程设计实施要点及评价

（一）CBE 课程设计实施要点

1. 要全面深刻透彻地理解 CBE 课程模式的精髓

CBE 课程模式作为舶来品，要使它洋为中用，无论是教师还是教学管理人员，都必须认真深入地学习和研究，并要深刻领会其精髓和实质，绝不能浮于表面。由于国情不同，在借鉴过程中，应遵循 CBE 理论的框架体系，但又不能受其模式的制约。

2. 要有合格的 DACUM 主持人并开发理想的职业能力图表

全面实施 CBE 课程模式的关键，是开发出理想的 DACUM 图表。理想的 DACUM 图表的开发，必须选择合格的 DACUM 主持人和与培养目标层次相应的 DACUM 研讨成员。DACUM 图表相当于现行教学体系中的教学计划和教学大纲，它是开发教学环境的前提。一份理想的 DACUM 图表，其内容应该涵盖某专业的全部岗位能力和技能，图表中的每一个单项技能分解要细，符合 CBE 理论要求，能在短时间内完成，并能产生产品、服务或决策，否则，会给下一步的开发带来困难。DACUM 主持人可以说是整个 DACUM 研讨中的灵魂人物，其自身主持水平高低，直接关系到 DACUM 研讨是否成功。在加拿大，DACUM 主持人已成为一种职业，只有受过正规教育，并获得资格证书的人，才可做 DACUM 主持人。在我国，目前由于种种原因，真正合格的 DACUM 主持人还较少，因此要开发理想的职业能力图表，培养合格的 DACUM 主持人是基础。

171

3. 教学环境开发既要符合实际又要高质量

教学环境的开发是实施教学的基础，其中在软环境开发中，难度较大、最重要的是技能分

析。技能分析必须按要求逐项进行细致的分析，特别是操作步骤和考核标准一定要准确反映技能的内容。CBE 的课程教学大纲与传统学科课程大纲区别较大，包括课程介绍、课程的重要性，须具备的知识说明、该课程的教学目标、学习参考资料、教学方法建议、考核评估方式及其标准、考勤学习单元。学习进程计划的开发，除遵循一般课程排列原则外，还要注意"基础专业技能应及早出现""重要技能应重复出现 2 ~ 3 次"。学习包开发的关键是开发出高质量的技能学习指导书。一份好的技能学习指导书要充分体现 CBE 的宗旨和基本原则，要达到"学生自学即可很快掌握技能"以及"考核内容准确并与实际接轨"。教学管理文件的开发要有针对性，要突出与传统模式的区别。而教学硬环境的开发必须体现为教学软环境服务的宗旨，并利于学生个性化学习方式的实施和主体作用的发挥。

4. 教学管理要严格，教学实施要科学

在教学管理中，首先要加强试点班任课教师的管理：① 严格选择思想素质过硬、业务水平较高、能力较强的且具有奉献精神的教师任课；② 凡是准备任试点班课的教师，必须列席 DACUM 研讨会，听取现场人员提出的各种要求；③ 参加教学环境开发的教师必须具有实践经验和较高的教学水平；④ 严格检查教学准备情况；⑤ 严格检查教学过程（听、看、督导）；⑥ 定期检查教学效果。其次要加强对试点班学生的管理。我们针对 STEP 学习系统的特点，制定了"学生学习管理办法""技能考核办法""考核管理办法""试点班学生行为规范"等相应的管理措施，从而保证采用个性化学习方式的学生有条不紊地学习和生活。

在教学实施中，为了保证出优质"产品"，我们从职业教育的特点出发，教学中做到了"四个现代化"。① 现代化的意识。随着科学技术的高速发展和数字经济时代的到来，社会对人才的需求既重能力又重素质，因此在教学中，在培养学生能力的同时，必须注重发展学生的全面素质。② 现代化的教学理论。教育的现代化，首先应该是教育理论的现代化。没有现代化的教育理论做指导，再好的模式也不可能取得好的效果。在教学中我们还注意吸收和运用国外现代化的教育理论思想，来弥补个性化学习方式的不足。③ 现代化的教学方法。为培养学生的能力发展学生素质，我们广泛采用现代化的教学方法，如合作学习法、角色扮演法、案例教学法、模拟实训法、复合作业法、讨论法等，取得了良好的教学效果。④ 现代化的教学手段。CBE 教学改革只有全方位纳入现代视听科技发展的大潮中，才能显示活力。教学中，采用了现代化的视听媒体教学手段，如幻灯教学，投影仪的使用，录音、视频教学，多媒体数字化课件等，收到了良好的效果。

5. 教师要全身心地投入，要有奉献精神

教学改革是一场艰苦卓绝的教育革命。它需要大量的人力、物力和财力的投入。要努力做

到因地制宜、因陋就简，自己动手、不等不靠，不讲条件、无私奉献。我们的开发工作都是利用业余时间完成的，由于 CBE 课程模式在教学、指导、考核等方面均比原来复杂得多，对教师自身水平的要求也就高得多，无形中给教师增加了巨大的工作量和心理压力。相关教师要全身心地投入，大力弘扬奉献精神，才可能有成功回报。

（二）CBE 课程实施步骤

模块式课程实施步骤包括很多部分，有准备阶段、劳动力市场分析、职业分析、工作分析、专项能力分析、教学分析、教学设计与开发、课程与教学的检验与更新。

1. 准备阶段

准备阶段主要需要考虑国家或地区的经济发展状况与社会文化政策、产业政策等宏观上的、具有全局意义或是整体引导性的因素，在总体上把握相关课程设计领域内的目标或是价值观念。

2. 劳动力市场分析

进行劳动力市场分析的目的是通过了解地区劳动力需求状况，获得课程开发的决策性依据。具体包括地区的人口状况、劳动力市场的供求关系、潜在的工作机会与职业以及所需劳动力缺口。这种以实际调查为基础的需求分析具有一定的科学性，在某种程度上可以避免严重的人才培养过度或者培养不足问题。劳动力需求状况分析得出的结果是后续活动与科学制定课程计划的前提与支撑，在宏观上决定着课程的培养目标与规模。

3. 职业分析

CBE 课程教学目标完全不同于普通教育体系的着眼点在于就业后的工作是 CBE 体系赖以建立的基础。所以，在通过劳动力需求分析确定出当前持续拥有或未来有潜在劳动力需求的职业后，相关人员需要按照劳动力市场分析的结果进行范围的选择。他们依据政府专家制定的工作计划对某个职业进行相关分析，一般是以经济领域作为划分基础来对工作岗位进行横向或是纵向分组。之后，以复杂程度为标准，在职业范围内进行具体工作说明，并进行职业或岗位描述。

4. 工作分析

工作分析建立在职业分析的职业与工作岗位选择上，目标是进行某一具体工作岗位的相关能力分析，进而确定该工作岗位所需的能力素质要求。加拿大相关实践证明，进行工作分析的最佳工具是 DACUM，也是 CBE 课程开发最为关键的一步。

5. 专项能力分析

专项能力分析也需要成立一个委员会，主要职责是对 DACUM 表进行修订与具体化：对每一项专项能力所需知识和技能进行排序并对不同层次的岗位内容予以确定。该阶段对教材与

173

学习资料的开发有很大意义。

6. 教学分析

教学分析指课程与教学专家组制订工作计划，将专项能力的具体分析结果划分成教学模块，进行组合与排序，确定核心课程的过程。

7. 教学设计与开发

教学设计与开发阶段主要包括培训开发专家组（可以包括教师）开发教学大纲、细化各模块的教学目标与教学方法、准备相应学习设备等活动。本阶段要实际考虑学校的条件、学生的心理与接受程度等，决定着 CBE 课程的教材是否具有可操作性与教学目标的可实现性。

8. 课程与教学的检验与更新

进行课程与教学的检验与更新一般有两种方式。一种是对 DACUM 表进行修改；另一种是进行调查与面谈。检验与更新是保证课程内容时效性的重要保障。

应当指出的是，CBE 课程体系开发步骤是紧密联系在一起的，而且要依据一定的顺序进行，不可跳跃或是孤立进行。同时，CBE 课程体系是各方共同努力的结果，既有政府、学校、教师，也有各类专家、企业的参与，不可以偏概全，由学校完全包办整个开发与实施过程。

（三）CBE 课程模式的实施要求

1. 师资方面条件

再好的课程模式也要通过教师来实施，建立一支高素质的教师队伍对于 CBE 课程实施的效果起着至关重要的作用。目前，高职院校的师资水平普遍制约着 CBE 课程的实施。CBE 课程要求高职院校的教师不但要懂理论，还要懂实践，即"双师型"的教师是职业院校的特殊要求。加强对已有教师的培训工作，让理论课教师深入到企业一线进行锻炼，实践课教师适当加强理论的学习，建立师资轮训制度，使教师的知识能力能定期得到补充；加强对教师的教育学、心理学、教学法等教育基本知识与技能的培训，提高教师的教学水平及其对高职教学质量观的把握；建立有利于高职教学的职称评定制度，调动广大教师从事教学科研的热情；引入外部优秀人才，建立优秀的专兼职教师队伍。

近年来，高职院校扩招加剧了师资的紧张。聘请校外兼职教师是不少高职院校经常采取的做法，如果高职院校聘请的兼职教师过多，对于一个学校有系统、有步骤地进行课程与教学改革是一件较为困难的事情，对于在广大教师中开展成果导向教学就更加不容乐观。

2. 教学硬件方面条件

高职院校应加大教学投入，为 CBE 课程的实施提供硬件保障。建立和完善现代化的多媒体教室，将网络、计算机教学引入课堂，为直观教学提供必备条件；加强校内实验室的建设，为学生的基本技能的训练提供必要条件；建立校内实习基地或模拟车间，为学生创造仿真工作环境；与企业联合办学，充分利用企业在设备设施上的优势，为学生的校外实习提供各种便利，为学生创造较多的接触实际工作的机会。

3. 教学资源方面条件

应加强课程资源建设，开发适合于 CBE 课程的教材、多媒体课件和微课等资源，为开展 CBE 课程教学奠定基础。充分利用网络资源和现代的教学手段，如网络技术、多媒体技术、模拟实验、CAI 教学等手段开展教学。

4. 教学管理方面条件

从管理上为 CBE 课程的顺利实施提供保障。在课程开发的决策权上，由专业委员会来决定课程开发；在管理上，学校的各项工作以教学为中心，为课程的顺利实施创造有利的外部条件；在教学质量监控上，加强对教学质量监控体系建设，从各个环节对课程实施加以监督；建立完善的教学评估制度，对理论课程与技能训练进行科学考核，加强以校内实习与校外实习的科学考核；实行灵活的学制，对学生进行学分制管理，学分累积到规定学分者便可毕业。学生的学习过程也可中断，使学生对课程有更多的选择余地。

（四）CBE 课程模式的应用案例

以黑龙江职业学院建筑工程技术专业教师张皓的"建筑工程施工"课程为例，简要介绍应用 CBE 课程模式进行教学设计与实施步骤。

1. 市场调查与职业分析

学校在新生入学前应组织成立调查小组对建筑施工岗位的劳动力市场进行调查。调查小组由企事业单位、行业专家及教育专家、教师、学生代表、毕业生代表组成，一般 8 人左右。调查时可有选择地选取调查对象，调查对象也应涵盖多个行业。通过市场调研、岗位走访，进行岗位群分析，确定建筑施工企业与本门课程相关的主要岗位有施工员、造价员、质检员、安全员、材料员、监理员、测量员、预算员等。根据行业标准和职业要求对岗位进行职业能力的分析，确定目前行业对所需建筑施工各岗位人员应具备的职业综合能力，并对建筑施工人才需求状况、职业范围、工作领域等进行职业分析。

2. 确定职业能力分析表（DACUM）

DACUM 表的设计是先由 8 ~ 12 名专家组成的 DACUM 委员会，在市场调查和职业分析的基础上确定建筑施工岗位的综合能力，再将各个综合能力分解为若干专项能力，并将综合能力和专项能力绘成表。本例中，通过调查分析得出建筑施工岗位的综合能力包括通用能力、施工基本技能、施工技术应用能力、施工管理能力等，可以编制 DACUM 表即岗位职业能力表，见表 3-42。

表 3-42　建筑施工岗位 DACUM 表

综合能力	专项能力及编号	专项能力名称
通用能力	专项能力一 Z01	计算机应用
	专项能力二 Z02	应用文写作
	专项能力三 Z03	人际交往能力
	专项能力四 Z04	分析与决策
施工基本技能	专项能力五 Z05	施工图识读
	专项能力六 Z06	工种操作步骤
	专项能力七 Z07	工程计算分析
	专项能力八 Z08	建筑材料检测
	专项能力九 Z09	工程造价软件应用
施工技术应用能力	专项能力十 Z10	施工技术
	专项能力十一 Z11	质量安全检查
	专项能力十二 Z12	施工测量、放线
	专项能力十三 Z13	内业资料整理
施工管理能力	专项能力十四 Z14	工程质量控制
	专项能力十五 Z15	工程进度控制
	专项能力十六 Z16	工程投资控制
	专项能力十七 Z17	信息处理与管理

3. 专项能力分析，构建教学模块

课程开发委员会根据 DACUM 表将每一个专项能力分解为学习步骤、必备知识、所需工具设备、要掌握的特殊技巧、工作态度、安全事项、防护措施等。每一专项能力都包含知识、技能、态度和反馈四方面，并以一个学习模块的形式表现出来。为保证职业能力分析的客观性和实用性，以上几方面的分析是由在企业长期从事该项职业工作、具有丰富实践经验的优秀管理人员和技术人员组成的顾问委员会完成，学校的教学人员一般不参与。这要求学校与企业和

学生要有紧密的联系。学校要主动走出去，听取企业人员的建议。以专项能力五施工图识读为例，可将该项技能划分成建筑首页图识读、建筑总平面图识读、建筑平面图识读、建筑立面图识读、建筑剖面图识读和其他相关技能模块。每个模块又可分为若干子模块，当学生掌握了子模块中所有技能后就完成了该模块的学习。

4. 开发"学习包"

教师根据教学模块开发"学习包"，即学习手册。开发"学习包"时应以学习的目的是掌握技能为指导思想，通过收集整理资料，确定教学内容。"学习包"内容包括能力目标、应掌握的知识和技能、学习方式、学习资料、参考书籍、成绩评估等。如 DACUM 表中"施工基本技能模块"的子模块"建筑材料检测"的能力目标为"通过学习和训练使学生能够熟练地掌握建筑材料检测的基本方法，能够熟练地对建筑材料进行检测"。

（五）CBE 在教学过程中的实施

1. 指导学生制订学习计划

CBE 模式中的"学"重于"教"，这与传统教学模式相反。因此，在借鉴 CBE 课程模式进行教学改革时，首先应对新生进行专业学习的入学指导，通过教师介绍、放映幻灯片、组织讨论等形式使学生充分了解 CBE 课程模式教学法的内容、实质以及学习流程。然后教师向学生介绍教学模块和"学习包"，学生根据自身情况制订学习计划。这个过程可能需要教师的指导和建议，学校也可制订一些学习计划供学生选择。学习计划主要包括所需掌握的技能和完成的步骤及时间安排。之后，学生参照"学习包"，按照学习计划进行学习。

2. 指导学生学习

CBE 课程模式虽然以学生自学为主，教师指导为辅，但教师依然起着举足轻重的作用，要采用各种方法指导学生学习。首先，在学生学习前，教师可以通过讲授向学生讲解某模块所要掌握的知识和要点，对学生进行引导，也可采用案例教学对学生进行示范。其次，在学生学习过程中，对学生提出的问题给予解答，对学生遇到的困难给予帮助。在每个模块的学习中，可以先由学生独立学习，必要时，教师根据教学情况对学生进行分组，每组 4 ~ 6 人并确定一名负责人，教师给每组分配一项较复杂的任务并给予分析指导，由各小组在规定时间内完成。最后，教师对学生学习过程中的反馈的信息进行归纳总结。

3. 进行校内校外实训

校内实训室模拟训练。"学习包"也应包含技能实训内容。在学生的学习过程中，教师可根据学生的学习情况，组织学生到校内的实训室进行模拟实训，做到理论与实训同步进行，以加强学生对理论知识的感知能力。这避免了传统教学中理论与实训时间相脱节的情况。应在实训室配置全套模拟施工现场操作的软硬件，以提高模拟实习的质量。在手工操作的基础上，训练学生工程造价软件的操作能力。教师先讲解软件的操作要领，并进行示范；然后由学生自己摸索演练，教师进行指导。同时，配备先进的企业管理软件，加强学生对企业各方面管理的感性认识。

校外实训基地训练。在学生掌握一些模块的理论学习和模拟实训后，教师可以组织学生到校外的实训基地去参观或见习，使学生对企业的生产管理活动有一个大体和初步的了解。随着学生进一步掌握专业知识和进行校内实训后，再组织他们到实训基地进行实践操作训练。指导教师可根据实训教学计划，让学生轮换充当各个施工岗位角色，以完成建筑施工岗位所要求的技能训练。

（六）课程考核与评价

对学生学习效果的考核评价可以从理论知识考核、校内实训测试和校外实践检验三方面来进行，最后进行综合技能的测试。考核采用多种形式，包括教师与组长共评、过程性考核与终结性考核结合。过程性考核包括项目考核、课堂出勤、小组协作、作业和课堂表现；终结性考核为期末考试，方式为卷面考核。

1. 理论知识考核

教师应按课程计划，在学生学习完一个模块或若干模块后，对学生所应掌握的理论知识进行测试，注重学生对理论知识的掌握程度及对问题的判断分析能力，采用闭卷纸笔测验形式进行，测试成绩作为专业技能成绩的一部分，并确定其比重，一般占 30%。

2. 实践考核

（1）校内实训测试。这部分主要是对相关软件操作的考核，先由学生对自我学习情况进行评价，并提出考核申请。教师主要采用案例操作来进行测试，案例操作可以由个人或团队来完成，教师应观察学生的操作过程，确定他们的操作时间和熟练程度，以及团队协作情况，最后确定成绩。这部分成绩应给予较大的比重，占总成绩的 30%。

（2）校外实践检验。考核方式方法是根据教学模块内容和工种岗位实际操作标准，进行实地考核。主要检验学生的实际操作能力和对实际问题的处理能力。如因客观原因，考核项目涉及不允许学生接触的工作，可用问答或笔试等方式代替进行。该部分成绩比重占总成绩的30%。此外，还应对学生平时学习的态度进行考核，包括学习的积极性、主动性及出勤情况，这部分的成绩占 10%。

（3）综合技能的考核与评价。在学生完成所有模块的学习后，需对学生应掌握的专业理论知识和技能进行综合考核，并结合其他课程的考核情况以及毕业设计、论文撰写和答辩情况，如果全部合格，则准予毕业。为鼓励和激发学生学习的积极主动性，可以设定一定的评优标准，评选表现突出的学生为优秀学生，并给予表彰。

第五节　顶点课程

一、顶点课程的内涵

（一）顶点课程模式简介

顶点课程（Capstone courses）也称顶石课程、顶峰课程，是为临近毕业的学生开设的一门综合性课程，主要是帮助学生巩固和应用在校期间所学的知识、提升学生综合能力与素质，为未来走向工作岗位或继续深造做好准备。相较于毕业设计和综合设计等课程，顶点课程更注重和强调学生对知识的整合和应用，以及学生间的分工协作、问题解决、组织领导、团体合作和沟通表达等多方面综合能力的培养，以帮助学生更好地适应未来岗位的要求，更快地实现从校园到企业或更高层次学习的过渡。

顶点课程的实施可根据不同学科、不同专业的实际需求进行。不同的学科、专家根据各自的理解定义了该课程的特点和功能。瓦格纳等学者把顶点课程看作"学生展示其熟练掌握所属领域的复杂性的一个机会"；[①] 克伦基尔顿等人则把顶点课程定义为"要求学生合成以前所学知识、将新信息整合进原有知识基础以解决各种模拟或现实世界问题的一种有计划的学习经历""它促进学生从学术生活向职业生涯或深入研究阶段的顺利过渡"。这个定义表明，顶点课程强调的是对片段性的学科知识的完全整合，帮助学生有意义地结束其学术经历。而且，它还应该为学生提供一个能够沟通理论和应用的丰富的背景框架，增强学生对理论与实践之间联系的自觉性。它是侧重专业主修领域的一种综合性课程，是一种终极性课程，是大学生教育生涯的巅峰体验，在这种体验中，学生应学会整合、拓展、批判和应用在学科领域和跨学科领域的学习中所获得的知识。

顶点课程的主要功能包括如下三方面。一是支持学生的深层学习。深层学习是一种基于理解、深入钻研、学用结合和自我反思的高等级学习，使学生深入理解一门学科的理论和方法的核心，使学生在身体、智力、情感、审美、道德和精神等方面获得全面成长。二是可以作为一

179

---

① Wagenaar T C. The capstone course[J]. Teaching Sociology, 1993(21).

种有效的评价工具。顶点课程为学生提供一种整合先前所学知识和展示先前学习成果的机会，学校可以从学生在顶点课程中的表现看出学生先前的学习是否达到要求。研究表明，顶点课程是一种评估学生是否为进入更高层次的学习或者参加工作做好准备的有效手段。三是帮助学生从学校向职场过渡。在顶点课程中，学生能够更好地理解他们在学校所学的知识之间的关联以及这些知识如何应用于实践，能够深刻地思考大学学习的意义和展望未来的生活，能够批判性评估自己和负责任地行动，因而有助于他们从相对确定的大学学习环境过渡到相对不确定的职业世界。

顶点课程的形式很多，可能是一个实习、解决一个有争议的问题或专注于专业发展，它也是介绍学科的合适工具[①]。顶点课程可以给学生提供一个整合概念和技能的综合性体验，给学生机会去理解他们在课程中学到的知识如何解决专业领域相关的问题[②]。一门顶点课程既是一个综合合成过程，又应该是一座桥梁，综合即"反映和整合"，桥梁即"一个侧重于毕业后的未来现实世界的预备经验"。顶点课程的提出、发展，反映了知识生产模式转型对于高等教育的影响。传统的课程已经不足以承载知识生产模式转型后的知识生产需求，多层次、多形态、多节点的知识生产群，在新型的顶点课程中实现了知识生产、知识扩散和知识使用的复合系统融合。在顶点课程中，学生基于应用情境，针对社会实践和专业实践中真实的问题，综合运用其所学的理论来制定解决方案，既是适应知识生产模式转型的需要，也高度符合应用型人才培养的要求。

（二）顶点课程模式主要特征

顶点课程的设置是为了拓展学生知识宽度，帮助学生厘清知识结构，提升学生综合素养，培养学生发现问题的能力、善用所学知识和技能解决问题的能力、创新性思维能力和有效沟通、交流表达的能力。

1. 顶点课程的目标

（1）提升通识教育的连贯性和相关性。

（2）密切通识教育与学术主修的联系。

（3）促进学术主修内部的整合和综合。

（4）在专业学习和工作体验之间建立起更有意义的联系。

---

① Zechmeister E B, Reich J N. Teaching undergraduates about teaching undergraduates: a capstone course[J]. Teaching of Psychology, 1994, 21(1).

② 杨茜. 大学"顶点课程"与高质量应用型人才的培养 [J]. 黑龙江高教研究, 2019(2).

（5）明确地、有意地发展学生的某些重要的技能、能力和观点，这些在以往的大学课程中只是潜在地、偶然地得到发展。

（6）提高高年级学生从大学生向毕业生过渡中遇到的人生关键调整的意识并提供支持。

（7）提升高年级学生的职业准备和专业发展，实现从学术世界向职业世界的过渡。

（8）提高高年级学生对接受进一步深入教育的准备和期望。

（9）提高学生对毕业后的生活中可能遇到的现实问题（理财、结婚和家庭规划）的有效规划和决策能力[①]。

2. 顶点课程的类型

根据不同的标准，顶点课程可以分为不同的种类。

从价值取向和基本方法的角度来看[②]，顶点课程的类型主要有三种：

（1）基于项目的顶点课程，致力于应用知识去解决开放性结果的问题；基于研究的顶点课程，致力于让学生参与初级的和中级的研究。

（2）基于研讨会的顶点课程，致力于知识的拓展、综合和个人化；基于临床的顶点课程，致力于直接应用知识于临床环境。

（3）基于实习的顶点课程，致力于在政府和产业环境中获得知识、应用知识。

根据顶点课程的实现形式和作用，把顶点课程又可归纳为以下五种类型：

（1）知识拓展课程：利用高级研讨班、论文等方式，帮助学生综合、拓展、批判和应用所学的专业知识。

（2）成功体验课程：利用高级研讨班、论文、实习、制作档案袋等方式，让学生整合在校期间所学的相对零碎的专业知识，获得融会贯通的学习体验。

（3）问题解决课程：利用项目和实习等方式，让学生在综合以往所学知识的基础上学习新知识，并获得解决实际问题的能力[③]。

（4）角色过渡课程：利用小组合作项目、实习等方式，把传统教室学习与应用性经验结合起来，对毕业生进行相关的职场教育，以帮助他们毕业后能顺利实现从学生角色过渡到职业人员的角色[④]。

---

①② 叶信治, 黄璐. 美国大学的顶点课程初探 [J]. 教育考试, 2009(6): 64-67

③ 董盈盈, 文新华. "高峰体验"课程: 大学生实践能力建设的新探索 [J]. 江苏大学学报（高教研究版）, 2006, 28(3): 20.

④ Zechmeister E B, Reich J N. Teaching undergraduates about teaching undergraduates: a capstone course[J]. Teaching of Psychology, 1994, 21(1).

（5）评价工具课程：为学校、老师提供机会去系统评价学生的学习，这不仅包括对学生学习的深层结果或特殊技能方面的评价，还包括对学生的学习经验在现实中的普遍应用的评价[1]。

3. 顶点课程的作用

顶点课程给学生提供一种反思以往所学知识、整合普通教育与专业教育的机会，有效地帮助他们顺利结束学业，实现由学生到职业人员的过渡[2]。

首先，反思的作用。反思是学生内在的活动，即学生运用所获得的经验对自己过去的某些固有观点、想法及知识进行重新审视，找出存在的问题及其原因，进而做出相应的改进。这种反思不仅在活动开始前进行，还需贯穿于整个活动的始终。通过反思，学生知道现在和将来能做什么、该怎么做，学会三思而后行。

其次，整合的作用。大学期间由于受学期和时间等因素的影响，课程偏于专业化和零碎化，部分学生不能将前后课程有效地关联学习或将所学知识应用。针对这一问题，顶点课程克服了学科间相对独立的缺点，通过融合不同课程的内容、适当贴近社会现实以及完成真实任务，让学生以整体的角度去思考，以整合的技能去解决在未来的学习和工作中存在的复杂问题。

最后，过渡的作用。顶点课程能起到过渡的作用，帮助即将步入社会或更高层次学习的学生平稳顺利地实现从校园到社会或更高层次学习的过渡，对大学期间所学课程知识进行归纳性地回溯，并将之应用到解决未来工作岗位中的实际问题，帮助学生实现从学生到职员的过渡。

4. 顶点课程的特点

（1）终端性。顶点课程一般都是在学生临近毕业之时开设的课程。因为该课程必须是建立在其他所有开设课程之上，要对过去所学知识、技能进行总结整合，把学生在大学所学的大量相对零碎的专业知识整合成一个统一的整体，努力提升通识教育的连贯性和相关性，密切联系通识教育与专业教育的关系。整合的目标表现为学生能够用哲学的和历史的观点审视主修课程、精通所修专业的知识和技能、探究所修专业的社会影响、寻求一种整体的和综合的视野、形成大局观、密切学科之间的联系、力求形成跨学科的观点等[3]。此外，该课程还要为学生从学习阶段向职业生活或更高学历阶段的过渡做准备，即通过要求学生完成一些应用性的项目，

182

[1] Rosenberry J, Vicker L A. Capstone course in mass communication programs[J]. Journalism & Mass Communication Educator, 2006(6).

[2][3] 刘小强, 蒋喜锋. 质量战略下的课程改革: 20 世纪 80 年代以来美国本科教育顶点课程的改革发展 [J]. 清华大育研究, 2010(2).

如服务性学习、实习等，为学生提供参与真实世界的机会，让学生把先前所学知识和技能应用于解决实际问题，为学生进入职业领域做好准备。其具体目标为：综合检验学生的专业知识以帮助他们积极应对未来企业的需要和工作要求、致力于学生的发展方向；提高学生的人际关系技巧；帮助学生解决在高工作期望和现实之间达成平衡等问题。

（2）整体性。顶点课程的整体性表现在两方面：一方面表现在要对过去所有开设课程的知识、技能进行综合，跨越学科界限将不同学科知识整合成一个整体；另一方面是在知识技能整合的基础上，要将理论与实践、学术与职业、学校与社会等进行整合。所以，不管是侧重学术方面还是侧重就业方面，顶点课程都要为学生形成一个整体的世界观而努力。

（3）综合性。综合性主要是指课程目的和学生素质发展的综合性。不管是从该课程的开设目的，还是从该课程的实际效果来看，顶点课程的目的都是多元、综合性的。它既要关注学生一般的专业学习，还要关注学生的交流沟通、团队合作、组织领导等非专业能力的培养；不但要关注即时知识技能的掌握，还要关注学生终身学习、发展能力的发展。总之，顶点课程指向的是学生全面素质、多向度的发展。

（4）灵活性。顶点课程的灵活性表现在多个方面，既表现在其定义、类型的多样性，不同院校、院系和专家对顶点课程强调不同的方面；又表现在这一课程的教学内容、形式和授课方式的灵活上。

（5）实践性。顶点课程一般是基于实际问题或项目的学习，提供开放性项目，增加学生对工程相关领域的道德和社会等问题全局的认识，让学生通过参加各种项目，在解决实际问题或项目的过程中，将在其他所有课程中学习的知识进行有效整合与实践应用，把这些理论知识与通过项目合作和实习的实际应用联系起来，重在知识的实践应用上，以此帮助学生加深对所学专业的理解和提高解决问题的能力，检验知识掌握的扎实程度和应用能力，培养学生的多种能力和素质：沟通能力，独立决策能力，合作能力，发现问题、分析问题、解决问题的能力，自我评价和评价他人的能力，收集、分析和综合资料的能力，责任、安全、效率的意识，关心自然和人类发展的品质，从而使学生获得更好的个人成长和专业发展。

（6）超越性。顶点课程若是只停留在系统总结在校期间所学的知识和技能的水平上，它就与普通课程无异。它更注重的是在反思和整合大学期间所学的理论知识的基础上，通过让学生完成一系列应用性的项目，如服务性学习、实践实习等，为学生提供参与真实世界的机会，让学生把先前所学知识和技能应用于解决实际问题，为学生进入职业领域做好准备[①]。

---

① 叶信治, 杨旭辉. 顶点课程: 高职学生从学校到职场的桥梁 [J]. 中国高教研究, 2009(6).

二、顶点课程设计实施要点及评价

（一）顶点课程教学设计要点

顶点课程的设计与教学实践主要考虑两个问题：一是帮助学生梳理整合以前学过的知识；二是培养学生的职业素质与技能，帮助学生做好就业准备[①]。

1. 课程主题设计突出知识的整合性及实用性

顶点课程的内容设计特别突出知识的综合性、多维性，以及与现实世界的结合。顶点课程在主题设计上要注重"知识整合"，课程内容涵盖学生所学专业的多门专业课程，同时要与专业岗位实际工作项目和内容相结合，突出知识的实用性。

2. 课堂教学组织注重学生职业素养的培养

在课程实施过程中注重培养学生的职业素养，增强学生职业认同感，为就业做好准备。顶点课程的教学实施应组织教师进行整合性课程的开发，帮助学生巩固、整合、运用以前学过的知识；同时，在教学实施中加强学生职业技能的训练与职业素质的培养，帮助学生实现从"学生角色"到"职场角色"的顺利过渡。

3. 采用"以学生为中心"的授课模式，培养学生的自主学习能力

在教学中要真正做到"以学生为中心"，提升学生的自主学习能力。要采用多样化的教学方法激发驱动，将教学的重心从传授知识转到激发兴趣、传授方法、培养学生自主学习能力上来。在这种情境下，教师只是引导者，学生真正成为课堂的主角，学生要对问题进行深入探索，并寻求解决问题的方式方法。在这个过程中，学生被具有挑战性的问题驱动着，不断学习与探索新的知识领域，极大地拓展了知识的深度与广度，自主学习能力也不断加强。

4. 课程考核注重过程性与全面性

课程考核与评价是检验人才培养质量的重要标尺，顶点课程的评价应结合行业企业、学校和学生自身的特点，强调在学生学习过程中进行评价反馈，要实施多元化的评价方式，注重学生各方面能力的综合运用。如从评价内容上，评价方法要兼顾知识、能力和素养多方面的评价；从评价方式上，要采用多样化的、有效的方式，如作业、实作成品、日常表现、表演、观察、轶事记录、口头报告、口试、书面报告、专题档案、小考、期中纸笔测验、期末纸笔测验等多种方式相结合的评价；从评价主体上，将学生自评、同学互评、小组评价、企业评价

---

① 邢有洪, 李猛, 曾庆美. 昆士兰科技大学会计专业顶点课程分析及启示 [J]. 中国乡镇企业会计, 2019(9).

等多角度评价纳入评价体系，全方位地进行评价，提升学生综合能力。在评价过程中，要及时总结经验，积极反思，不断完善评价方法，构建"多维度、多元化、多角度"的综合评价体系。

（二）顶点课程的设计、实施和评价

1. 顶点课程的设计步骤

（1）分析专业的培养目标、学科传统和社会需求等因素，决定开设什么样的顶点课程。虽然许多院校开设了顶点课程，但是它们开设的目的是不同的，有些院校是为了整合学生的学术经验，为学生深层次的学习打下基础；有些则更强调与真实世界的联系，为学生的职业做准备。

（2）设定课程的学习目标，如培养学生的问题解决能力、决策能力、批判性思维能力、合作能力、人际关系能力、表达能力、领导能力，促进学生从大学向职场转变等[1]。

（3）确认潜在的参与者。确定所要开设课程的潜在利益相关者，如学生、教师、企业等，然后评估这些利益相关者的需要、想法和价值取向等，在此基础上选择相关课程主题。

（4）选择合适的主题。选择主题时，既要考虑学习的目标和参与者的特点，又要基于顶点课程的整合的理念，还需要突破一些限制，如专业限制或传统观念，在更宽广的维度上考虑相关问题，以便培养学生的综合素质。例如，为工程类专业学生开设的顶点课程，需要考虑工程的行为规范和标准、经济因素、环境影响、可持续性、制造业、伦理、健康与安全问题、社会后果、政策因素、法律主题，而传统的工程设计不会考虑这么多问题。

（5）整体规划与细节设计，制定课程方案，编写课程大纲。课程大纲包括课程概况、学习目标、教材、课程内容、作业、课程时间表、成绩评定和课程政策等。

（6）设计课程实施方案并在运行过程中实时进行改进。

以上是顶点课程设计的一种方式，但不是唯一的方式，具体设计方式可根据专业情况、学校情况、学生情况有针对性地进行设计。

2. 顶点课程的实施

顶点课程定义的不同其实也反映了这一课程在实际实施中的复杂性，不同的定义反映了不同的课程类型，也决定了不同的实施方式。顶点课程的实施模式也是丰富多样的。

---

① 叶信治, 黄璐. 美国大学的顶点课程初探 [J]. 教育考试, 2009(6).

从课程的组织实施角度来看，顶点课程可以分为五类：学科—学系型顶点课程、跨学科型顶点课程、过渡型顶点课程、职业生涯规划型顶点课程和其他类型顶点课程[①]。其中学科—学系型顶点课程是以学科或学系为基础来组织课程，课程由学系开设，由某一学科内的一个教师或教师团队来教学，它是顶点课程最主要的类型。其主要目的是让学生对学术专业内的学习进行总结，也可能是要让学生在学术性学习与专业实践之间建立联系。也可通过这类课程促使毕业学生顺利进入更高层次的学习，这类课程通常会要求学生完成一个专业项目或进行一个专业报告。跨学科型顶点课程，其目的是为学生提供一个对通识教育、专业教育和课外学习进行综合合成的机会，强调的是不同学术专业及其社会作用之间的相互关联性。获得这门课程的学分通常被看作专业要求、核心要求或者通识教育要求。与第一类顶点课程类似，这类课程的教学也主要是通过完成专业项目或进行专业报告等来实现。

不论是哪种类型的顶点课程，在顶点课程的实施过程中，主要任务都不是让学生学习新的专业知识和技能，而是要促进对过去已学知识技能进行整合。在这一过程中，学生是整合的主动执行者。教师的角色不再是知识传授者、教学的控制者，而是学生学习的协助者，其主要任务就是要促使学生从依赖性的学习者转变为自我导向的学习者。所以，在顶点课程教学中，教师要特别重视和奖励学生的良好学习动机、主动性和创造性，要训练或者引导学生跨越从传统高度结构化的课堂环境到动态的实际环境的鸿沟。

以黑龙江职业学院焊接技术与自动化专业的顶点课程为例，该专业顶点课程的设置旨在引领学生训练和提升焊接结构设计、焊接工艺设计与实施，初步形成焊接生产管理的意识。通过调研、小组讨论等确定焊接产品设计项目，利用机械制图绘制设计产品结构，通过任务驱动、小组合作等方式完成焊接产品构件的焊接工艺方案设计及流程制作，合理选择焊接材料、焊接设备进行焊接操作实施，以完成金属材料产品的焊接生产制作，实现项目方案整体设计、实施、撰写、阐述，提升综合技能。在开展顶点课程教学时，焊接专业教师团队充分调研行业企业，通过实地走访、电话访谈、网络调查问卷等形式征集顶点课程项目，再商议确定不同的顶点课程项目方向。在教学实施过程中，把学生分成若干小组，每组由 5 ~ 7 名学生组成，每组配置一位校内指导教师和校外企业教师全程进行课程实施指导。在第一次课上，教师介绍不同的项目方向及内容，引导小组学生进行分析讨论并选择确定要完成的项目；教师布置作业，学生利用课余时间进行项目调研。在第二次课上，邀请来自行业、企业的焊接技术专家与专任教师一起参与课堂，每个小组汇报本组调研情况，提出有关项目实施、项目难点、技术攻关等问

① 刘小强, 蒋喜锋. 质量战略下的课程改革: 20 世纪 80 年代以来美国本科教育顶点课程的改革发展 [J]. 清华大学教育研究, 2010(2).

题，焊接技术专家与专任教师一起解答学生问题，根据汇报情况，教师和小组间分别进行打分评价。课后，教师布置作业，要求小组协作完成项目实施计划和方案，包括调研情况、人员分工、时间分配、拟解决的主要问题等，并在下一次课时提交实施计划。在第三次课上，各小组汇报本组项目实施计划和方案，针对计划和方案存在的问题，教师和学生一起进行研讨改进，并确定实施方案。在接下来的时间里，每个小组可根据自己组的项目情况，进入相关合作企业现场进行项目调查，并初步完成结构图纸绘制，各小组汇报本组设计思路、阐述图纸，指导教师查验各小组的图纸，给出阶段性分数，并指出图纸存在的问题，反馈给学生进行修改，各小组根据反馈意见进行图纸修改。图纸完成后，教师发布根据每组项目设计的小任务，各小组通过任务驱动、小组合作等方式完成焊接产品构件的焊接工艺方案设计及实施方案，并各自进行汇报阐述，教师给出指导意见。方案设计完成后，各小组利用焊接专业校内外实训基地，选择合适的母材、焊接材料、焊接设备、辅助工具等完成产品焊接制作。各小组撰写期中报告并进行中期汇报，说明目前项目进展情况、存在及遇到的主要问题，并说明拟采用的解决方法，教师和小组一起研讨解决方案。中期汇报后，各小组根据解决方案进行项目改进，期间每日要向指导教师汇报项目完成情况，最终完成产品的焊接制作及项目设计报告的撰写任务。在顶点课程结课时，进行展示答辩活动，各小组展示介绍本组完成的焊接产品构件实物，并利用 PPT 阐述项目背景、方案思路、实施路线、主要方法、解决的主要问题、解决措施、最终成果、问题反思等。校内专任教师和校外技术专家组成评价团，根据学生实物及 PPT 展示，提出相关问题，依据学生作品及阐述情况，按照评分标准进行打分评价。

3. 顶点课程的评价

通常来说，顶点课程评价方法是多种多样的。不同的教师及项目指导者采用不同的方法进行操作，从最基本的标准化考试、调查、面谈、档案袋等到严格地使用标准量表[①]。这些方法在最大程度上检验本课程或项目是否符合目标要求。顶点课程的评价是形成性评价和总结性评价的合体。作为形成性评价，顶点课程常通过让专业内或跨专业的学生共同合作完成一个项目，此类项目通常限于相关专业范围内并与学生的应用能力密切相关。它的作用是评价课程内普遍掌握的学习、技能及课程目标的实现情况。顶点课程也是一种总结性评价，它不仅评价学生先前专业内的认知学习，也通过研讨会使指导者评价学生总体的学习体验。它为学生提供一个深入的机会去表明他们完成了学习目标要求的全部范围。学生有机会去理解、分析、应用他们所积累的专业知识和技能。同时，学生的自我评价、同伴评价、教师评价和校外人员评价也应同

_____

① 黄璐. 顶点课程: 评价大学生综合素质的一种有效方式 [J]. 教育考试, 2010(10).

时使用。这就要求顶点课程的任何一种评价方法不仅具有可操作性，还要能提供反馈信息以便形成一个可循环评价系统，从而将评价与学生的学习体验和指导者的教学联系起来，以评促教，以评促学。

顶点课程的评价是与课程的类型、目标、教学任务紧密相连的[①]。课程内容的多样性和综合性决定了评估方法的多样性。基于顶点课程能有效地反映大学生的综合素质的特性，课程评价主要内容应是综合素质评价。评价标准应该是顶点课程确立的目标与任务，结合学生的表现与取得的进步。这样的评价方法有利于学生正确检验和评估自己，准确地了解自己的学习结果和个人素质，认识到自身的优势和劣势，以便扬长避短，不断地提高自身素质。同时，有助于教师及时了解教学效果与存在的问题，从而改进教学方法。

焊接技术与自动化专业在整个顶点课程实施过程中，评价贯穿整个课程实施过程，实施动态的、实时的评价，如在不同阶段均要求每组学生进行汇报阐述，一共进行了6次汇报阐述，每次要求各组分配不同的学生上台进行阐述说明，同时穿插师生互动研讨、组间研讨，让各小组可以有机会学习其他组的设计方案并从其他组的成果中受益，促进各小组间的互相交流与合作，达到共同进步。同时，要求学生广泛开展调研、了解行业企业，增强交流沟通、分工协作、有效收集整理资料并归纳总结的能力。此外，学生还需在全部学习活动中完成记录自己的能力和兴趣的学习档案袋及测试，这些都为教师提供信息以创造学生学习方式的多样性。在顶点课程完成过程中，有别于传统的相对统一的评价方式，更强调在学生学习过程中进行评价反馈，实施多元化的评价方式，注重学生各方面能力的综合运用，如从评价内容上，评价方法要兼顾知识、能力和素养多方面的评价，不仅能通过多项活动评价学生知识整合能力、应用能力，还能锻炼并考核评价学生与同伴共同讨论问题的能力、做出独立决策的能力、收集分析和综合资料的能力、开展富有成效地口头和书面报告的能力、整体统筹能力、项目分析与实践能力等综合素质与能力。而从评价方式上，采用了多样化的评价方式，如日常表现、观察、作业、实作成品、口头报告、书面报告、专题档案、口试等多种方式相结合的评价；从评价主体上，将学生自评、同学互评、小组评价、企业评价等多角度评价纳入评价体系，全方位地进行评价，提升学生综合能力，在评价过程中，及时总结经验，积极反思，实时完善评价方法。焊接技术与自动化专业顶点课程设计评价方式见表3-43，学习表现评价见表3-44，期中报告评价见表3-45，实作评价见表3-46，期末答辩评价见表3-47。

---

① 施俊. 社会体育专业顶点课程开设模式的构建 [C]. Proceedings of 2013 3rd International Conference on Applied Social Science (ICASS; 2013) Volume 4.

表 3-43　顶点课程评价方式

课程名称	顶点课程				课程代号	03Z04022
课程类型	□通识必修课程　□通识选修课程 □专业平台课程　□专业核心课程　☑专业拓展课程				授课教师	
修读方式	☑必修　　□必选　　□选修				学时/学分	72/4
是否配备 教学助理	□是　　　　☑否				实践学时	72
上课地点	☑校内　　☑校外				周学时	24
教学场所	□教室　☑实训（验）室　☑一体化教室　☑生产性实训基地　□其他（　　）					
课程教学 目标 （标注能 力指标）	（1）能合理进行项目选题、完成小组分工协作并制订工作计划；（AZd1） （2）调查、分析并能将所获取有效信息运用于结构的设计创作中；（BZd2） （3）能在项目设计当中及时发现、分析问题，并进行合理解决；（DZd1） （4）能依照标准熟练绘制图纸，完成焊接工艺制订方案与生产管理实施方案；（FZd1） （5）能够熟练选择合理的焊接材料并操作焊接设备；（CZd1） （6）能统整所学专业知识，熟练应用于设计项目；（DZd2） （7）能尊重多元观点，完成项目设计（AZd2）					

核心能力 权重	沟通整合 （A）	学习创新 （B）	专业技能 （C）	问题解决 （D）	责任关怀 （E）	职业素养 （F）	合计
	25%	15%	15%	30%	5%	10%	100%

课程 权重	AZd1	AZd2	BZd1	BZd2	CZd1	CZd2	DZd1	DZd2	EZd1	EZd2	FZd1	FZd2	合计
	15%	10%	5%	10%	15%	0%	15%	15%	0%	5%	10%	0%	100%

教材内容 大纲	教材章节内容	学时分配		
		理论	实践	合计
	1. 顶点课程题目拟定		4	4
	2. 项目调研、资料查询与内容整合		8	8
	3. 工艺方案设计与内容汇编		14	14
	4. 作品焊接实施		36	36
	5. 总结项目，完成方案的编写、格式排版、内容校对		6	6
	6. 完善项目方案		4	4
	合计		72	72

G 教学方式	□讲授　☑讨论或座谈　☑问题导向学习　☑分组合作学习　□专题学习 ☑实作学习　□发表学习　□实习　　　　　□参观访问　　□其他（　　）				
	成绩项目	配分	评价方式 （呼应能力指标）	细项配分	说明
H 学习评价	平时成绩	60	表现评价 （AZd1、BZd2）	20	1. 出勤率：基本分3分，缺课、迟到、请假、聊天，每次各酌情扣0.5～1分； 2. 日常表现：基本分3分，勤做记录或学习态度、汇报阐述，各酌情加1～2分
			实作评价（BZd2、CZd1、DZd1）	20	根据任务具体要求，完成各项实作项目，具体评分标准见附件
			口语评价 （AZd1、AZd2）	20	过程化考核：能够以积极的态度及时与指导教师沟通，并完成相关任务、口头汇报阐述每次任务，具体评分标准见附件
	期中成绩	20	档案评价（BZd2、CZd1、DZd2）	20	项目报告：撰写完成项目的报告，根据完成程度酌情加减分，具体评分标准见附件
	期末成绩	20	作品、口语评价 （AZd2、CZd1、FZd1）	20	答辩：回答指导教师对于顶点课程设计中的相关问题，具体评分标准见附件
I 评价方式	纸笔测验：□小考　　　　□期中纸笔测验　　□期末纸笔测验 实作评价：☑作业　　　☑实作成品　　　　☑日常表现 　　　　　□表演　　　☑观察　　　　　　□轶事记录 档案评价：☑书面报告　☑专题档案 口语评价：☑口头报告　☑口试 其他评价：□请说明：＿＿＿＿＿＿				

表 3-44　学习表现评价

班级：　　　　　　　　　　　　姓名： 小组：　　　　　　　　　　　　学号：						
	优（100%）	良（80%）	需改进（50%）	组内互评	组间互评	教师评定
合作态度（5%）	愿意参与到合作学习中来，积极开展合作学习	能基本参与到合作学习中来，能较好开展合作学习	排斥合作性学习，在合作学习中不能积极参与			

续表

	优（100%）	良（80%）	需改进（50%）	组内互评	组间互评	教师评定
小组分工（5%）	分工合理，能根据自己特质承担不同工作，出色完成自己的工作	分工基本合理，任务明确，完成自己的工作	缺乏分工，出现一人包办现象，不能完成属于自己的工作			
出勤纪律（5%）（注：旷课者此项无分）	无迟到、早退；无违反课堂规定行为	无迟到、早退；无违反课堂规定行为，但精神偶尔不集中	出现迟到、早退、违反课堂规定等以上任一行为			
小组交流（5%）	小组内交流热烈，通过讨论能得到新方法，得到新启示	能完成基本的交流，完成基本的学习任务	小组成员缺乏沟通，不能有效地交流			

表 3–45　期中报告评价

班级：　　　　　小组：　　　　　姓名：　　　　　学号：

各位同学：

1. 请针对下列评价项目并参酌"评价标准"，于自评字段打 A、B、C、D、E 其中一项后，再请老师复评。

2. 此评价表总共占课程成绩的 20%

评价项目	自评与教师复评（A ~ E）	
	自评	教师
（1）整体完成程度（5%）		
（2）内容表达程度（10%）		
（3）报告格式排版达成度（5%）		
合计（20%）		

期中报告评分表之评价标准					
符号	A	B	C	D	E
1.完成度（5%）	按时提交，内容完整，字数达到3 000 字以上	按时提交，内容相对完整，完成80% ~ 90%，字数达到2 500 字以上	按时提交，内容完成70%左右，字数达 2 000 字以上	按时提交，内容缺失达50%以上，字数达 1 500 字以上	未完成

期中报告评分表之评价标准					
符号	A	B	C	D	E
2.内容安排（10%）	立项合理，论据充分，内容条理清晰，有一定的推广及实际应用价值	立项合理，论据比较充分，内容条理清晰，有一定的实际应用价值	立项合理，论据比较充分，内容条理清晰	立项合理，大部分内容比较清晰	未完成
3.格式排版（5%）	按照报告范文要求编辑排版，包括字体、字号、段落间距、大纲级别等，需要插入页码、页眉页脚，并整理目录	按照报告范文要求编辑排版，包括字体、字号、段落间距、大纲级别等，需要插入页码、页眉页脚，并整理目录，以上要求中有一项未满足	按照报告范文要求编辑排版，包括字体、字号、段落间距、大纲级别等，需要插入页码、页眉页脚，并整理目录，以上要求中有二项未满足	按照报告范文要求编辑排版，包括字体、字号、段落间距、大纲级别等，需要插入页码、页眉页脚，并整理目录，以上要求中有三项未满足	未完成

表 3-46　实作评价（结构作品）

班级：_____　小组：_____　姓名：_____　学号：_____　日期：_____		
（此评价表成绩占课程总成绩的 20%）		
评价项目	组间互评	教师复评
1.未焊满（10%）		
2.根部收缩（10%）		
3.咬边（10%）		
4.裂纹（15%）		
5.电弧擦伤（10%）		
6.接头不良（10%）		
7.表面气孔（10%）		
8.表面夹渣（15%）		
9.焊缝正面外表成形（10%）		
合计：得分 = 总分 ×20%		
互评意见：		

续表

教师评价：

实作评价表之评价标准（结构作品）

评价指标	A	B	C	D	E
1. 未焊满（10%）	无	≤0.2 mm+0.02t 且 ≤1 mm，每100 mm 长度焊缝内未焊满累积长度≤25 mm	≤0.2 mm+0.04t 且 ≤2 mm，每100 mm 长度焊缝内未焊满累积长度≤25 mm	每100 mm 长度焊缝内未焊满累积长度＞25 mm	未成形
2. 根部收缩（10%）	≤0.2 mm+0.02t 且 ≤1 mm，长度不限	≤0.2 mm+0.02t 且 ≤1 mm，长度不限	≤0.2 mm+0.04t 且 ≤2 mm，长度不限	＞2 mm，长度不限	未成形
3. 咬边（10%）	无	≤0.05t 且 ≤0.5 mm，连续长度≤100 mm，且焊缝两侧咬边总长≤10%焊缝全长	≤0.1t 且 ≤1 mm，长度不限	＞1 mm，长度不限	未成形
4. 裂纹（15%）	无	无	存在长度≤5 mm 的弧坑裂纹	存在长度＞5 mm 的弧坑裂纹	未成形
5. 电弧擦伤（10%）	无	无	存在个别电弧擦伤	存在较多电弧擦伤	未成形
6. 接头不良（10%）	无	缺口深度≤0.05t 且 ≤0.5 mm	缺口深度≤0.1t 且 ≤1 mm	缺口深度＞1 mm	未成形
7. 表面气孔（10%）	无	无	每50 mm 长度焊缝内允许存在直径≤0.4t 且 ≤3 mm 的气孔2个；孔距应≥6倍孔径	每50 mm 长度焊缝内存在超过2个气孔	未成形
8. 表面夹渣（15%）	无	无	深≤0.2t，长≤0.5t 且 ≤20 mm	＞20 mm	未成形
9. 焊缝正面外表成形（10%）	成形美观，焊纹均匀细密，高低宽窄一致	成形较好，焊纹均匀，焊缝平整	成形尚可，焊缝平直	焊缝弯曲，高低宽窄明显，有表面焊接缺陷	未成形

说明：A、B、C、D、E 各占该项配分的100%、80%、60%、30%、0%

表 3-47　期末答辩评价

班级：　　小组：　　姓名：　　学号：　　日期：		
此评价表总共占学期成绩的 20%		
评价项目	教师评价（A ~ E）	
	校内教师评价及意见	企业专家评价及意见
（1）专业能力 (10%)		
（2）言辞表达 (5%)		
（3）仪态仪容 (5%)		
合计 (20%)		

期末答辩评价表之评价标准					
符号	A	B	C	D	E
1.专业能力（10%）	专业知识技能、分析及回应均佳，技术要点陈述准确	专业知识技能、分析或回应之二颇佳	专业知识技能、分析或回应之一颇佳	专业知识技能、分析或回应均欠佳	缺席
2.言辞表达（5%）	准确理解评委问题，有针对性地回答问题，善于用全面的观点、发展的观点分析问题	准确理解评委问题，有针对性地回答问题，善于用全面的观点、发展的观点分析问题，以上行为有一条不满足	准确理解评委问题，有针对性地回答问题，善于用全面的观点、发展的观点分析问题，以上行为有两条不满足	准确理解评委问题，有针对性地回答问题，善于用全面的观点分析问题，以上行为有两条以上不满足	缺席
3.仪态仪容（5%）	礼貌、态度或举止均佳	礼貌、态度或举止之二颇佳	礼貌、态度或举止之一颇佳	礼貌、态度或举止均欠佳	缺席

三、顶点课程案例

（一）顶点课程设计实施案例

以黑龙江职业学院畜牧兽医专业为例，该专业设置了顶点课程"虚拟牧场运营"。该课程由多名专业课程教师任辅导教师，安排在学生最后一学年进行，采取翻转课堂的教学模式。翻转课堂是将学习过程的两个步骤——知识传授与知识内化分别放在了课下与课上，即课下通过学生自主学习相关资料来完成知识的学习，课上则通过互动交流、协作探究等各种形式来完成知识的内化。根据顶点课程的属性和翻转课堂的特点，在该顶点课程中实行翻转课堂的教学模式能很好地实现该课程的教学目标。

（1）教学目标制定。"虚拟牧场运营"课程是总结性课程，学生通过本课程的学习能根据基础条件做出猪场、羊场、牛场或禽场的建设规划，能根据生产模式准备牧场生产设备，能按饲养规程管理牧场的生产，能制定牧场饲料、人力和资金的管理方案，完成各类牧场的经济核算。本课程培养学生团结协作、自主学习、遵守职业规范、爱岗敬业的职业素养。

（2）教学项目设计。"虚拟牧场运营"课程设计了商品肉鸡场的运营、商品蛋鸡场的运营、种鸡场的运营、种猪场的运营、肉牛场的运营和奶牛场的运营六个项目。要求各组学生根据兴趣和就业志愿选择四个项目，分阶段完成。每个项目要按实际生产运行要求，规划出饲养规模，确定养殖场地并设计场区布局，确定养殖品种并说明理由，确定所需设备，做出饲料和兽药计划，说明饲养管理和防疫要点，最后做出财务报告。

（3）课堂下活动设计与实施。

教师活动：上课前一周，任课教师召开一次翻转课堂启动会，将项目的实施要求明确传达给学生，为翻转课堂实施做好准备。为学生分好学习小组，讲授翻转课堂实施过程和考核方式，并将项目参考资料、课件、思考题、作业等上传于课程网络教学平台。

学生活动：学生借助手机客户端、计算机等开展个性化自主学习，通过自主观看视频、阅读课件等形式完成相应资料的学习，小组合作完成任务。

（4）课堂上教学活动设计与实施。课堂上各小组同学就项目完成情况向教师及全班同学汇报，教师作为活动的组织者、协调者，根据学生反馈的问题，针对学生的共性问题，组织学生讨论解决。个性化问题通过组内讨论形成初步答案，教师对组间讨论有疑义的内容通过引导等方式进行分析解答，并总结。

（二）顶点课程实施与评价案例

以黑龙江职业学院生物制药技术专业为例，展示顶点课程实施与评价的相关细节，见表 3-48—表 3-50。

表 3-48 顶点课程的课程目标及评价标准

课程名称	生物药品生产		课程代号	9411005006
课程类型	□素质通识　□专业统整　□专业核心　☑专业选修		授课教师	

续表

修读方式	☐必修　　　☑必选　　　☑选修				学时／学分	72/4
是否配备教学助理	☑是　　　　☐否				实践学时	72
上课地点	☑校内　　　☐校外				周学时	24
教学场所	☐教室　☑实训（验）室　☑一体化教室　☐生产性实训基地　☐其他（　　　）					
1. 课程描述	本课程旨在引领学生整合专业知识，拓展专业技能，提升职业素养，通过设计制剂处方工艺方案，编写工艺操作规程，绘制不同深度的工艺流程图和设备的选型，以完成生物药品生产与检测					
2. 课程教学目标	（1）能够分工协作完成生物药品生产工艺流程设计；					ASd1
	（2）能够依照工艺设计方案和国家标准绘制生产工艺流程图；					BSd2
	（3）能够整合专业知识完成药品生产的设备选型和车间布置设计；					CSd2
	（4）能够团队合作完成生物药品生产和检验；					CSd2
	（5）能够灵活运用生物制药领域专业技能分析与解决问题；					DSd1
	（6）熟练现代生物制药技术建立良好的职业素养					FSd2

顶点课程评价核心能力达成度之评价标准

核心能力 ＼ 等级		A（91～100分）	B（81～90分）	C（71～80分）	D（61～70分）	E（0～60分）
A 沟通整合（协作力）	ASd1 具备有效沟通与团队合作的能力；ASd2 具备跨界整合的能力、尊重多元观点	协调沟通、领导团队能力较强；突破专业，跨界整合、尊重多元观点的能力较强	协调沟通、领导团队能力尚佳；突破专业，跨界整合、尊重多元观点的能力尚佳	有效沟通和团队合作能力尚可；突破课程，跨界整合、尊重多元观点的能力尚可	有效沟通和团队合作能力欠缺；突破课程，跨界整合、尊重多元观点的能力欠缺	协助其他团队成员，不参与沟通；没有跨界思维，不尊重多元观点
B 学习创新（学习力）	BSd1 具备学会学习、信息处理的能力；BSd2 具备独立思考和创新的能力	学会学习，搜集、整理、分析信息能力较强；独立思考和技术革新的能力较强	学会学习，搜集、整理信息的能力尚佳；独立思考和技术革新的能力尚佳	学会学习，搜集信息的能力尚可；独立思考和创新能力尚可	学会学习，搜集信息的能力欠缺；独立思考和创新能力欠缺	没有学会学习，搜集信息的能力；没有独立思考和创新能力

顶点课程评价核心能力达成度之评价标准					
核心能力 ＼ 等级		A（91～100分）	B（81～90分）	C（71～80分）	D（61～70分）	E（0～60分）
C 药品生产专业技能（专业力）	CSd1 具备熟用药品生产领域实务知识、掌握药品生产现代生产技术、熟用生产及检测设备的能力；CSd2 具备执行药品标准操作规程，熟练运用技能的能力	具备精熟药品生产领域实务知识、熟练应用药品现代生产技术、熟用生产及检测设备能力较强；具备严格执行药品生产领域标准，运用技能的能力较强	具备熟用药品生产领域实务知识、掌握药品现代生产技术、熟用生产及检测设备的能力尚佳；具备严格执行药品生产领域标准，运用技能的能力尚佳	具备了解药品生产领域实务知识、初步掌握药品现代生产技术、初步学会使用生产及检测设备的能力尚可；具备执行药品生产领域标准，运用技能的能力尚可	欠缺了解药品生产领域实务知识、初步掌握药品现代生产技术、初步学会使用生产及检测设备的能力；欠缺执行药品生产领域标准，运用技能的能力	不了解药品生产领域实务知识、没有掌握药品现代生产技术、使用生产及检测设备的能力；不执行药品生产领域标准，运用技能的能力弱
D 药品生产问题解决（执行力）	DSd1 具备确认、分析药品生产领域实际问题的能力；DSd2 具备解决药品生产领域实际问题的能力	善于发现、确认、分析药品生产领域实际问题的能力较强；具备有效解决药品生产领域实际问题的能力较强	善于发现、确认、分析药品生产领域实际问题的能力尚佳；有效解决药品生产领域实际问题的能力尚佳	确认、分析药品生产领域实际问题的能力尚可；解决药品生产领域实际问题的能力尚可	欠缺确认、分析药品生产领域实际问题的能力；欠缺解决药品生产领域实际问题的能力	欠缺确认药品生产领域实际问题，无法分析药品生产领域实际问题；没有解决药品生产领域实际问题的能力
E 责任关怀（责任力）	ESd1 关注时事具有公众健康责任感；ESd2 具备涵养人文、健康身心的能力	乐于关注时事，公众健康责任感很强；关心、爱护和尊重他人，涵养人文、健康身心的能力很强	乐于关注时事，公众健康责任感较强；关心、爱护和尊重他人，涵养人文、健康身心的能力较强	关注时事，公众健康责任感尚可；关心、爱护他人、涵养人文、健康身心的能力尚可	关注时事，公众健康责任感较弱；关心、爱护他人、涵养人文、健康身心的能力较弱	认识时事，公众健康责任感缺失；关心他人，涵养人文、健康身心的能力缺失

续表

顶点课程评价核心能力达成度之评价标准					
核心能力 ＼ 等级	A（91～100分）	B（81～90分）	C（71～80分）	D（61～70分）	E（0～60分）
F 职业素养（发展力） FSd1 具备遵守伦理、忠诚职业的素质；FSd2 具备合理规划职业生涯和适应变迁的能力	遵守伦理，忠诚职业的素质很强；合理规划职业生涯和主动适应变迁的能力很强	遵守伦理，忠诚职业的素质较强；合理规划职业生涯和主动适应变迁的能力较强	遵守伦理、忠诚职业的素质尚可；合理规划职业生涯和适应变迁的能力尚可	遵守伦理、忠诚职业的素质欠缺；合理规划职业生涯和适应变迁的能力欠缺	不接受伦理、不尊重职业；没有规划职业生涯、不能适应变迁

表 3-49　2018—2019 学年年度顶点课程评价

专业核心能力（得分情况）	权重	A组	B组	C组	D组	E组	F组	平均
A 沟通整合（协作力）	20%	70	75	85	90	86	90	83
B 学习创新（学习力）	10%	66	65	80	84	90	92	79
C 药品生产专业技能（专业力）	35%	82	84	85	94	97	96	90
D 药品生产问题解决（执行力）	20%	62	63	78	75	90	84	75
E 责任关怀（责任力）	5%	80	75	88	86	88	90	85
F 职业素养（发展力）	10%	74	72	70	73	85	82	76
各组总分	100%	73	74	82	86	91	90	83

表 3-50　2018—2019 学年课程分析及评估

课程名称	必修/选修	开课年级	学分数				授课学时数	请勾选对应之核心能力						修课人数	评价方式	平均成绩	及格率
			总学分数	数学及基础科学	工程与实务课程 专业/实务	专实课程 实践/实作		沟通整合	学习创新	专业技能	问题解决	责任关怀	职业素养				
生物药品生产	必修	三年级	4			4	72	☑	☑	☑	☑	☑	☑	78	□小考 □期中考 □期末考 ☑作业 ☑书面报告 ☑口头报告 ☑实作成品 □口试 □其他请说明：＿＿＿	82	100%

本课程之目的是希望学生整合专业知识，拓展专业技能，提升职业素养。针对学生学习成效、核心能力反馈说明如下：

（1）2016 级生物制药技术"生物药品生产"课程的平均成绩是 82，及格率是 100%，符合预期。

（2）90% 以上学生学习达到课程目标设定要求。部分同学（5%）协作能力及沟通能力有待提高。大多数同学（90%）学习态度明确，在实操过程中都达到了既定要求。在学习方法上，大部分同学能利用以往所学和相关网站，参加方案设计及图纸的绘制。小组内接受能力强的同学可以带动小组其他成员共同完成实操。80% 同学能够完成生物药品的生产和检测，但对于所学知识的整合、专业技能的提升，小部分同学还有所欠缺。学生的沟通整合能力和专业技能和责任关怀平均分分别为 83 分、90 分及 85 分，获得了较好的锻炼；而学生的学习创新和问题解决能力、职业素养平均分分别为 79 分、75 分和76 分，分别低于班级六项核心能力平均分的 4.82%、9.64% 和 8.43%。

（3）本课程为顶点课程，与核心能力皆有关系。综合学生本学期之各项表现，学生的学习创新和问题解决能力、职业素养需要再加强，或许可以通过强化生产实习来实现。如何激发学生的学习创新、问题解决能力，提高其职业素养，仍是本课程努力的目标。

第四章　课程教学目标评价

在成果导向课程设计过程中，对教学目标的评价是非常重要的环节。评价是检验教学目标是否达成的主要教学手段，同时评价也是课程教学设计的重要环节。成果导向教学理念提倡以学生为中心，进行自我反思及自主学习，那么将评价融入课程，做到以评促学，对提高学生的学习成效就尤为重要。本章介绍成果导向量化评价及质性评价的方式、工具，并以案例形式给出知识、技能、素养教学目标的评价方案。

第一节　课程教学目标

教学目标是课程大纲的核心，是一切教学活动的出发点和归宿，是一定学段学校课程力图最终达到的标准[①]，是课堂教学过程中教与学的互动目标，也是学生修读完该门课程后所能具备的知识、技能和素养的收获。每个参与教育教学的工作者，在教学的过程中，都要认真关注课程的教学目标。课程目标与学习成果"两者均是学系对学生毕业时成就的声明，其差异在于具体性程度、外部顾客的角色以及评价类型等方面"[②]。就其具体内容而言，"课程目标较为广泛，学习成果较课程目标而言比较具体，但仍难以评价，因此还需要转化为更为具体的核心能力及其指标"[③]。撰写教学目标在遵守基本原则的同时要兼顾两个向度：① 知识、能力、素质的层次向度；② 二级学院和专业能力指标向度。

一、课程教学目标的撰写原则

1. 呼应前文

撰写教学目标时要注意与课程描述保持一致，以实现"预期成果"为起点和终点，展现"历程"，使教学目标成为达成"预期成果"的必经之路（即要达到预期成果应完成哪些工作），并体现最终成果。如黑龙江职业学院"人身保险"课程的课程大纲，教学目标中的第 1 条对应课程描述中的"目的"，第 2、3 条对应"对客户进行风险识别、保险需求分析"，第 4、5 条对应"结合保险软件进行险种选择、组合、保费测算"，第 6 条对应"预期成果"中的"针对不同客户，诚信合理设计人身保险规划方案，提高客户签单意愿"，具体内容见表 4-1。

① 廖勋哲. 课程学 [M]. 武汉: 华中师范大学出版社, 1991.
②③ Rogers G. Community matters: assessment tips with gloria rogers. Ph. D. community matters [M/OL]. [2009-08-01]

表 4-1　"人身保险"课程描述与课程教学目标

课程名称	人身保险
A 课程描述	本课程旨在引领学生认知人身保险的运作原理、基本险种，善用保险软件，完成保单设计业务操作（目的）。通过对客户进行风险识别、保险需求分析，结合保险软件进行险种选择、组合、保费测算（历程）。针对不同客户，诚信合理设计人身保险规划方案，提高客户签单意愿（预期成果）
B 课程教学目标	（1）能说明人身保险不同险种的作用及适用范围； （2）能与客户进行有效沟通，取得客户信任，获取有效信息； （3）分析客户对人身保险的需求及程度； （4）能使用保险软件为客户设计人身保险规划方案； （5）能运用投保软件为客户测算保费； （6）能向客户详尽诠释人身保险合同的条款，提高客户签单意愿

2. 以学生为中心

课程目标的叙述应以学生为中心，不能以教师为中心。在撰写时应从学生的角度出发，全面展示学生在完成课程后将具备的知识、技能和素养方面的收获。尽量避免在目标中出现"让学生""使学生""指导学生""帮助学生"等词语。而应当使用"善用""具备""运用""说明""描述""区辨"等动词，让学生成为课程教学目标的"受益人"。以教师为中心和以学生为中心的课程目标的比较见表 4-2。

表 4-2　以教师为中心和以学生为中心的课程目标的比较

课程名称	以教师为中心	以学生为中心
前厅运行实务	让学生具备分析、解决紧急事件和客人投诉的能力	具备分析、解决紧急事件和客人投诉的能力
应用文写作	帮助学生了解、探索行政公文、日常文书、事务文书、财经文书等典型文体的表达形式	了解行政公文、日常文书、事务文书、财经文书等跨类应用文的表达形式
	指导学生运用简洁的语言文字撰写常用的应用文	熟练跨类应用文的写作基本方法和技巧，掌握跨类应用文的写作要领

3. 用词精准

教学目标力求清晰、明确、具体，并尽量呼应专业能力指标。

（1）能力指标不应复制核心能力，但课程目标却须复制能力指标。教学目标要比能力指标更有针对性，叙述要具体、精确、聚焦。

（2）教学目标要精准掌握动词，要保证目标动词的精度，同一领域同一知识向度仅呈现最高阶动词，无须呈现较低阶动词，更不能高低阶的动词同时使用。精确掌握动词的前提是教师必须了解知识、技能、素养领域目标的层次，并善用知识、技能、素养教育目标常见的单元目标动词。教学目标中的词语使用见表4-3。

表4-3　教学目标中的词语使用

课程名称	教学目标	词语使用分析
前厅运行实务	会使用酒店管理信息系统为客人提供预订、礼宾接待、入住登记、住店、结账离店等服务	"善用"的意思为采取积极的态度和行动以期达到某种效果的行为。"常规前厅服务"提炼概括所有的服务项目，更符合具体、精确、聚焦的要求
	善用酒店管理信息系统为客人提供常规前厅服务	
就业指导	统整"知己与知彼"信息，运用决策方法清晰定位	"知己与知彼"叙述不够精确，学生对此的理解可能会出现偏差
	统整自我及外部职业的有效信息，运用决策方法清晰定位	
动物繁殖技术	能说出动物的生殖系统的组成、形态、结构和生理机能	"说明"比"说出"更精确，呈现的是最高阶动词
	能说明动物的生殖系统的组成、形态、结构和生理机能	
	能进行精液品质检查、精液稀释、精液保存和人工输精等人工授精的各环节工作	"熟练完成"比"进行"更精准，明确了程度，体现了对此目标的要求
	能熟练完成精液品质检查、精液稀释、精液保存和人工输精等人工授精的各环节工作	

4. 条目陈述

教学目标条目数量以 4 ~ 6 项为宜，一般不多于 8 项、不少于 4 项。

5. 呼应指标

教学目标应与专业能力指标有明确的对应关系，在呼应能力指标的同时还应当强化与认知层次的关系，使教师更注重高层次的教学。在此基础上，对应能力指标应"对应到引用的能力"，而非仅对应到知识。检查对应关系的办法是把对应的专业能力指标代码填写到课程教学目标的后部。这样，可快速检查教学目标回馈专业能力指标的状态。同时也为后续的课程权重核算打下基础。多个或不同的课程目标可对应同一个专业能力指标，一个课程目标只对应一个专业能力指标，如果一个课程目标对应多个专业能力指标，应对该条教学目标进行拆分。若该课程目标不易拆分，应由教师确定更倾向于哪个核心能力，并考虑将来的落实情况，根据权重只保留一个对应关系，并在设计权重比例时充分考虑。例如，"机械制图"课程目标与专业能力指标相呼应，见表4-4。

表4-4 "机械制图"课程目标与专业能力指标

机械专业群专业能力指标	AJa1 具备制造企业生产现场沟通与团队协作能力； AJa2 具备整合机械、电气及相关领域知识的能力	
	BJa1 具备学会学习，获取行业发展信息及处理信息的能力； BJa2 具备创新制造工艺方法的能力	
	CJa1 具备承担社会责任、关怀社会的意识； CJa2 具备人文涵养及一定的身心适应能力	
	DJa1 具备发现和分析各种问题的能力； DJa2 具备运用机械专业知识解决制造企业生产实际问题的能力	
	EJa1 具备使用机械工具与设备加工产品的能力； EJa2 具备产品零部件制造工艺规程制定的能力	
	FJa1 具备遵守规范，严谨的工作态度，精准的产品生产意识； FJa2 具有职业道德精神和适应工作岗位变迁的能力	
"机械制图"课程目标	（1）善于使用制图工具，提高仪器和徒手绘图的操作技能；	EJa1
	（2）熟悉图学符号，严格执行国家标准；	FJa1
	（3）精通正投影的理论，准确实现平面和空间的物图转换；	EJa1
	（4）准确绘制专业图样，熟练表达设计意图；	DJa2
	（5）准确识读图样信息，精准重现机件原型；	EJa2
	（6）利用图形绘制养成严谨制图习惯	FJa2

6. 控制外延

要处理好课程与课程的关系，不扩大延展本课程边界。多数教师在授课的过程中总是想多传授学生一些知识，在无形中扩大了本课程的外延，使得不同的课程内容有着不同程度的重复，浪费了教学时间，加重了学生的负担。因此，在编撰教学目标时，应当处理好课程之间的关系，尽量回避其他课程的教学目标。最好的方法是同专业的教师协商，划好课程外延、分好教学领域，避免出现同一个教学目标不同课程重复的问题。课程教学目标的外延控制见表4-5。

表 4-5 课程教学目标的外延控制

课程名称	修改前	修改后	修改原因
前厅运行实务	能够用中英文与客人进行有效沟通及进行团队内部的协作和部门之间的合作	删除	英文目标与"酒店情境英语"课程目标重复,要横向整合。不能扩大本门课程的目标外延
市场调研与分析	能进行团队合作与管理能力的培养	删除	团队合作与管理能力的培养属于"个人与团队管理"课程的教学目标,因此将其删掉

7. 有效可测

课程教学目标应当是有效的、可实现的,最低目标应有超过 70% 的学生可以达成。如果学生达不到最低目标,则应当降低目标的层次向度或从课程教学目标中删除。如"药事法规与管理"的课程教学目标:"能熟记药事法规以顺利获得执业药师资格证书。"由于在资格证考试中无法保证 70% 以上的学生成功获取职业药师资格证书,因此,应降低教学目标的难度为:"能熟记药事法规以通过执业药师资格证书相关模拟考试。"此项课程教学目标较易实现。教学目标应是具体可测的预期结果,可直接作为评价目标。不可测的内容不宜作为课程目标,如"前厅运行实务"课程的教学目标虽阐述学习结果为"能够运用前厅部岗位工作标准、岗位职责和服务礼仪要求自己",却无法进行课程中的结果测量,因此课程目标可改为"能执行前厅部各岗位服务流程和工作标准为各种类型的客人提供前厅服务"。

二、课程教学目标的功能和细化

1. 目标的功能

课程教学目标是教学设计的核心,整个课程教学设计是围绕着教学目标开展的,设计之前教学目标是制定原则,实施之中教学目标是检核标准,课堂学习之后教学目标是补救依据,从课程教学目标的功能中能看出其对课程教学设计中其他内容的影响。

课程教学目标具有以下 6 项功能:

(1)精准定位学习内容。用课程教学目标条列式呈现教学内容,清晰、针对性强且易于理解,教学目标简明扼要地用动词加名词的形式,把此部分的教学内容体现出来,让教师和学生能够清晰了解本课程的学习内容和学习后应具备的能力。

(2)准确筛选教法、学法。课程强调以学生为中心,学习活动具有多元化类型,学习历程中可以按照阶段具体活动历程教学目标的不同性质,对应多种教法和学法,所以能帮助设计者更清晰科学地选择教法和学法。

（3）合理安排学习历程。课程教学中学习历程是重点设计过程，是预期成果的能否实现关键，有了教学目标的引导，学习活动的设计不会偏离预期成果，每个学习历程都为了完成预订的具体教学目标，避免为了活动而设计活动的情况。

（4）广泛选取教学资源。课程教学目标中区分知识、能力和素养目标，不同类型目标的实现途径不同，依赖的教学资源也不同，教学资源作为教学依赖的客观环境，对教学有很大的影响作用，为了实现目标，学生会积极关注和整合教学一切可以利用的资源，教师也会积极思考，合理安排一切能够使用的资源。

（5）客观实施教学评价。课程教学目标中区分知识、能力和素养目标，不同类型目标的对应的评价方式不同，为了验证教学目标的达成程度，需要设计多元的评价方式，这就使学生能够表现出自己在不同领域中的优势。同时，活动历程中设置的具体教学目标，在不同的阶段考查学生不同的内容，对应的有安置性评价、形成型评价和总结性评价，使评价的设计兼顾类型和时间两个维度，对学生更客观、公平。

（6）辅助形成教学诊断。课程教学设计包含教学后记，教学后记是教师自我诊断、学生学习检视和教学补救的重要依据，教学目标达成度是教学后记中重点记录的内容，通过教学目标的完成情况，教师和学生可以检视整个教学过程，发现问题并制定补救措施，使教学补救有的放矢。

2. **课程教学目标的细化**

在撰写课程教学目标时，应先了解学校培养目标、课程对应的专业能力指标、学生学习起点、课程的位置、教学设备和资源等实际情况，再选择、决定适合学生学习程度和学习需要的课程教学目标。课程教学目标应包含课程教学主题目标和具体活动历程目标，下面以主题目标和具体目标区分，为了强化基本能力，使每个活动历程有指引，应依据知识、能力、素养目标结构的层次，着重具体活动历程目标的撰写。在撰写中可根据不同学校的情况和教学要求，以及课程的具体内容和要求决定是否把课程教学主题目标和具体目标撰写。课程目标、主题目标和具体目标之间的关系见表4-6。

表4-6 课程目标、主题目标和具体目标之间的关系

目标、分类 维度	课程目标	主题目标	具体目标
范围	宽泛	中等	狭窄
所需时间	几个月或几周	几周或几天	几天或几小时
功能	设计课程	准备课程课时计划	准备活动时间计划
适用领域	计划整体课程	计划教学活动	计划具体活动历程

207

撰写课程目标应注意弱化教师的"教"，强调学生的"学"，如需写两类目标，设计时要把两类目标明确分开；课程目标要有可测性，在本课程结束时要能够通过观察、测试等方法确定实现情况；课程目标叙述力求简化，要用条目式表述。

（1）主题目标的撰写。主题目标从课程目标转化而来，并要紧扣与之对应的能力指标。主题目标要比课程大纲中的课程目标更具体、明确，即课程目标可以细分出几项课程主题目标，在不同类型的课程中，主题目标可以与课程教学目标中的某一条教学目标相同，原则上主题目标的包含范围应小于或等于课程目标，而不能大于课程目标。课程教学主题目标之间要注意区分范围，应尽量避免不必要的重叠。

撰写主题目标时要注意以学生为中心，撰写时语言描述最好以学生为中心，如"通过……历程，能说出……""通过……合作，能理解……""通过……查阅，能分析归纳……""通过……训练，将形成……"等。同时在目标撰写时要考虑四个"最"，即课程教学目标是最适合预期学习成果的、最适合学生学习能力的、最可能激发学习动机的、最可行的。

（2）具体目标的撰写。具体目标是学生在活动历程中完成每个小活动学习后，可以从行为表现观察到的学习行为改变，以及具体的、明确的可以听到、看到、测量的目标。具体目标必须呼应课程总目标，不能无中生有。避免错误的方法是要注意区分知识、技能和素养目标及主题目标和具体目标之间的包含关系。

设计具体目标可分六步进行：

① 分析主题目标所衍生的每个课程活动，明确掌握各个课程活动具体的学习行为。

② 评析各个课程活动的具体行为在知识、技能、素养三项教学目标的层次、范围与独立性。

③ 分析学习行为分类中可具体观察的实际反应或行动。

④ 将具体目标依课程教学活动细分成数项具体目标。

⑤ 剖析具体目标的五要素：主体、行为、情境、标准、结果，主体一般指学生，通常可省略，情境可根据教学目标不同内涵决定是否省略。

⑥ 精准使用适当动词来叙述行为目标。具体目标在撰写时比较困难，主题目标与具体目标的动词应该不同，课程主题目标叙写时要用概括性较广泛的动词，如了解、知道、认识、学会、欣赏等含有内隐性语词，这些词较难以直接观察，意义较含糊或多元；具体目标的动词应用更具体，可看、可听、可测，如说出、写出、画出、分类、分辨、比较等，见表4-7。

表 4–7 教学目标的动词差异

层次		内涵	主题目标（总目标）常用情境	活动历程目标（具体目标）	
知识教学目标	记忆	记忆所学教材，如人、地、时、物、事（事实、方法、标准、原理原则与知识内容素材）的记忆（记得）	记忆普通名词，记忆单一事实，记忆方法与步骤，记忆基本观念，记忆原则等	叙明…… 描述…… 认出…… 列举……	配对…… 说出…… 选出…… 复制……
	理解	把握教材意义，如说明、翻译、摘要、推论教材（懂得）	了解事实与原理，解释图表，由文字转为数式，解释数据	转换…… 区别…… 估计…… 解释……	事例…… 预测…… 摘要…… 重写……
	应用	将所学知识应用于新情境，包含原理、原则、学说、观念等知识或方法的应用（会用）	应用原理或原则于新的情况，应用法则或学说，设计图表，示范正确的过程或步骤	变换…… 计算…… 示范…… 发现	预测…… 表现…… 解决…… 修改……
	分析	将所学知识细分为数部分，如分为数个因素、分析因素关系（会分）	认出未经叙明之假说，认出错误的解释，区别事实和推论，判断数据之可靠性	分解…… 区别…… 指出…… 选择	分开…… 图解…… 辨别…… 推知
	综合	将所学知识综合成新的整体，如知识事理的贯通、归纳、创新，发展独特能力或规划实验或活动（会合）	根据一主题写出高度组织化的论说，发表组织良好的演说，设计组织完善的实验	联合…… 编辑…… 创造…… 创立	设计…… 筹划…… 重组…… 摘要
	评鉴	依据标准价值判断的能力（会选）	判断实验结果是否有充分的数据支持，判断实验对于科学的价值，判断研究工作对人类的价值	批判…… 评定…… 断定…… 结论	对照…… 解释…… 支持…… 辨别……
能力教学目标	观察	通过感觉器观察，获得技术上的领悟	口述仪器各部名称及机能，复诵仪器操作方法	描述…… 使用……	抄写……
	准备	对于学习目标在情趣上、生理上及心理上的接触	正确装卸仪器之零件	装置…… 评价……	拆除……
	模仿	模仿技术，"尝试错误"	描画所观察之标本，表现解剖刀正确的使用法	建立…… 连接……	系结……

续表

层次		内涵	主题目标（总目标）常用情境	活动历程目标（具体目标）	
能力教学目标	表现	正确操作仪器，表现正确的步骤及过程	正确快速装置仪器，表现正确的切片标本制作	变换……操作……	装卸……
	熟练	熟练操作，熟练技术	完成精确解剖，迅速排除仪器之故障	校准……组合……	修缮……
	创造	超越前面一切，表现其技术性的创造性	改良实验装置，创造新的实验方法	制造……改正……	创造……
素质教学目标	接受	表示愿意参加学习活动，本部门中最起码的学习行为	静静讲解，表示学习意识，参加班上活动，认真实验；表示对科学问题关切	发问……选择……认识……回答……	讲解……使用……实验……
	反应	积极参加学习活动，积极主动反应，表示较高的兴趣	完成家庭作业，遵守实验室规则，参加讨论活动，完成实验工作，乐意帮助别人学习	回答……帮助……听从……讨论……	表现……提出……实施……
	欣赏	对于所接触之目标、现象或行为等价值判断，或接受价值；对于所接受的事负责	鉴赏优美的作品，欣赏美妙大自然；对于自己行为负责，并接受自己优缺点；根据自己能力、兴趣、个性规划自己工作	描写……判别……区别……评价……	解释……研究……追踪……
	评价	将不同的价值判断组织，或将其中矛盾指出，如规划活动以满足其社会服务的热诚	表现独立工作的决心；在团体中，表现合作精神，客观解决问题，保持良好的习惯	坚持……指出……修改……统合……	安排……规划……解释……
	运用	具备其价值判断，建立人生观、社会观；个性、情趣之调整行为之表现		表现……展示……影响……解决……	辨别……鉴赏……展示……

检视具体目标设计是否合格可以从以下 4 项入手：

① 拆分化：将课程主题目标分析得更精细、更具体，使每一步都有明确的行为表现。

② 系统化：不仅要分析精确，并且学习历程与结构（观念或事实或过程）应按照发生顺

序先后排成系统，对应学习活动的过程与顺序。

③ 明确化：叙述行为表现的动词要具体明确、可观察、不模糊，谁看都一样，不致有其他误解。

④ 数量化：行为应尽量提出可听、可看、可测的量化标准。

剖析具体目标时为了使目标具体、明确、可观察，一项完整的具体活动历程目标的叙述必须包含主体、行动、情境、标准、结果5个要素，其中"行动、标准、结果"是每一项具体目标不可或缺的要素：

① 主体（人）：实践预期的行为者是谁，一般指学生，可省略。

② 行为：学生学习后可观察到的行为，通常以动词说明，具体动词是可听、可见、可测外显行为的动词，如说出、写出、画出。具体动词的意义只有一项，让任何人在任何情况下的解释都相同，不会有误解。

③ 结果：学生行为所产生的结果，通常接在动词后面。结果是行动的"内容"即实际上做了些什么。

④ 情境：学生学习行为的限定条件，包含内容很多，如面对情境，使用工具、方法、材料、限定时间、特定或限定场所。情境可视教学目标的内涵或学习领域的性质决定是否省略。

⑤ 标准：行动应达成的要求或合格标准，尽量以量化形式撰写。如正确程度多高、协调程度多准、速度多快、数量多少、价值层次多高。下面举例说明五要素的结构：

例一：能说出至少五种微生物常见的变异现象。（省略主体、情境两要素）
　　　（行为）　（标准）　（结果）

例二：能在十种变异现象能选出至少五种微生物常见的变异现象。（省略主体要素）
　　　（情境）　　　　（行为）　　（标准）　　（结果）

例三：学生能在十种变异现象能选出至少五种微生物常见的变异现象。
　　（人）　（情境）　　　　（行为）（标准）（结果）

第二节　评价方式

多元化的课程教学目标和教学方法，决定了课程评价的多元化。评价在由传统的主要对学习的评价发展到评价即学习和促进学习的评价，量化评价与质性评价成为多元评价的主要方式。本章以量化评价——纸笔测验，质性评价——实作评价、口语评价、档案评价为例，用典型案例形式从评价内涵、步骤和应用等方面介绍成果导向教育中的多元评价方式。

一、量化评价

（一）量化评价的内涵

量化评价是对教学目标评价的传统方式之一，是运用纸笔测验等方式对知识类目标进行学生学习达成度测验。量化评价可以检测知识的识记、理解和运用能力，逻辑推理和理性分析判断能力，探究过程的心智技能、表述和交流能力。因此，在总结性评价过程中，量化评价是对知识类目标客观、简便、真实的评价方法。

（二）量化评价的主要方式

量化评价的主要方式是纸笔测验。纸笔测验是书面形式的测量工具，主要是侧重于学生在学科知识方面的学习成就高低或认知能力方面发展强弱的一种评价方式。其特点是用线下纸质试卷或线上计算机题库形式来呈现要求学生回答的试题，并要求学生通过线下或线上方式在该测验卷上填写相应的答案。它包括随堂测验、教师自编测验、标准化测验、阶段性终结考试等。

纸笔测验的优点：一是具有可操作性，操作容易，简便易行，便于制定统一标准，适合大规模团体测试，是检查学生学业成就较容易操作的一种渠道；二是可比较性，能够最大限度地保证测验对每个受试者都是相同的，受试者的分数可以相互比较，因此，纸笔测验仍是学习评价的重要方式之一。在成果导向学习评价理念的指导下，虽然纸笔测验不再是唯一的评价方式，但对于知识类目标的评价往往更有效率及针对性。

（三）量化评价的应用

量化评价的应用主要在于出具有效的纸笔测验试卷以及对现有试卷有效性的检核修正。在实际操作过程中，当课程涉及对知识类教学目标评价时，我们会在设定目标后，衡量此项教学目标学生达成的程度，即评价目标，出具多样化的量化评价纸笔测验试题。教学目标量化评价案例见表 4-8。

二、质性评价

（一）质性评价的内涵

质性评价是运用更为灵活的评价方式，在课程初、中、末不同时点均可实施的教学活动。质性评价侧重对情感态度和素养德行加以检测，对能力中的相对内隐的部分和外显的操作技能给予评价。质性评价可以实现通过各种可行的途径，搜集全面性、多元化的资料，再从各个角度和不同观点加以比较与综合分析，进行整合性的诠释，以充分反映学生学习成效的达成情况、学习障碍，也能更清楚地表达评价各方的评价目标。

表 4-8　教学目标量化评价案例

序号	教学目标	评价目的	量化评价试题
1	能明晰人身保险不同险种的特性及适用范围	检测知识的理解和运用	下列属于一般可保意外伤害的是哪项？ A. 战争中受伤 B. 拳击比赛受伤 C. 拒捕受伤 D. 跌倒造成骨折
2	能够明晰典型寓言故事的寓意背景	检测知识的识记	"狼与猴子"的月亮故事，发生在哪里？ A. 印度 B. 希腊 C. 欧美 D. 日本
3	准确绘制专业图样，熟练表达设计意图	检测知识的理解和运用	下列局部剖视图中，哪一个绘制得正确？ A　　B　　C　　D

（二）质性评价的主要方式

质性评价的主要方式包括实作评价、口语评价、档案评价等，这类评价方式作为成果导向教育中评价的重要方式，倾向于技能、素养教学目标的评价。评价编制者同样应根据学生学习历程及智能培养需要进行设计实施。在遵守评价共性原则的同时，必须依照教学目标与教材内涵来决定评价目的，再依据评价目的来选取评价方式。不同评价方式在设计和施测过程中具有多种形式和特点，教师应该准确把握评价目的，灵活使用恰当的评价方式。

1. 实作评价

（1）实作评价的内涵。实作是学生实际操作及解决问题等行为能力的表现。实作评价以学生实际操作表现为评价出发点，学生必须以实际动手操作或展示来完成任务或作品，评价可通过现场观察来判断，也可从学生完成的作品去评价。教师在评价课程的技能或素养类教学目标的达成时，可根据教学目标的具体内容，设计未来应用情景，设计趋同测验情境与环节，让学生应用所学技能解决现实问题，表现学生预期学习成果，帮助学生达成预期教学目标。实作评价主要评价将所得知识转化为行动的能力，是对学生行为技能表现的评价。要求学生"展现"已学得的知识和技能，而非"回答"已学得的知识和技能。

（2）实作评价的类型。根据评价过程中的观测点不同，实作评价分为过程评价和作品评价两大类。过程评价要求学生展现或执行某一历程，观察和评分的焦点在表现的过程，可以通过行为观察或实际操作、展演体现。作品评价要求学生创作或制作作品，观察和评价的焦点在完成的作品，可以通过书面作品或实作成品形式体现，见表4-9。

表4-9　实作评价主要类型

评价类型	评价手段	评价内容
过程评价	行为观察	以某些特定动作或日常行为为主的表现，日常常规活动、特定情境动作展示等。例如，演讲、口头报告、讨论、辩论、朗诵、示范、解说、交谈、口语沟通的录音和录像等
	实际操作、展演	以动作技能为主的表现。例如，操作仪器（工具、设备）、演奏乐器、演唱、演剧、舞蹈、体育技能、急救技能、各种展演过程的录像等
作品评价	书面作品	以文字为主的表现。例如，文章、书信、故事、诗歌、书面报告（如读书报告、专题研究报告、实验报告、调查报告等）、访谈记录、广告文案、脚本和剧本、手工书、计划书、小册子、学习札记等
	实作成品	以表、图、绘画、影像和实物为主的表现。例如，统计图表、概念图、流程图、图解、地图、模型、艺术作品、工艺作品、家政作品、卡通画、视频、影片、海报、多媒体文件、展览等

（3）实作评价应用实例。黑龙江职业学院相关课程实作评价见表4-10、表4-11和表4-12。

（4）实作评价的特点与局限性。实作评价能够将评价与教学、学习密切结合，能够提供机会让学生把知识、技能、习惯和态度整合连接并展现出来，能够较为完整地了解学生学习的全貌。与真实生活较为贴近，学生有机会学以致用，能提升学生学习动机、参与感和投入的程度，也能帮助学生构建有意义的学习情境、提升问题解决和表达自我的能力。参与评价的人员可以多元化（教师、学生、家长、企业等），从不同角度及观测点进行评价，评价结果更能全面体现学生学习成果的达成程度。强调学生的优势，鼓励、支持和促进学生的学习和发展。实作评价的局限性主要表现在：一是在实施过程中需要对预先设定的每个行为观测点进行观测、分析、评价，因评价要贯穿整个学生实际操作过程，所以在实施上和记分上需要投入较多的时间，且不易客观；二是由于实施较为耗时，评价取样有限，可能会出现学生在某项作业上的表现难以推论到其他作业上的问题，亦即评价结果推论的概括程度不够理想；三是相比纸笔测验，实作评价需要较多的经费和设备投入。

表 4-10　"人身保险"课程实作评价

课程	人身保险
教学目标	能给自己的家庭成员制作完整的健康险规划方案
目标分析	技能类目标。评价的重点在学生如何运用健康险规划技能，按步骤出具健康险规划方案
评价任务	应用保险实训软件，让学生根据自己家庭成员的具体情况，输入规划方案基础信息内容，核算健康险需求，设计健康险产品组合，最终出具健康险规划方案。教师根据学生过程中技能点的操作情况及最终规划方案的合理性给予评价

表 4-11　"前厅客房服务与管理"课程实作评价

课程	前厅客房服务与管理
教学目标	正确完成中式铺床
目标分析	技能类目标。评价的重点在于学生如何运用中式床的铺床操作要点，按步骤规范完成中式铺床
评价任务	学生在实训室自己准备中式铺床的工具及道具，在规定的时间内独立完成中式铺床的操作。教师根据学生中式铺床的最终效果，根据操作规范及要求给予评价

表 4-12　"会计基础"课程实作评价

课程	会计基础
教学目标	正确理解、严守会计职业道德规范，从事会计基础岗位工作
目标分析	素养类目标。评价的重点在于将道德规范外显，直观地看到学生对会计职业道德规范的理解
评价任务 1	量化评价——纸笔测验
评价任务 2	以会计职业道德规范为背景，教师设计多个案例主体，让学生进行案例情境演示，并采用口头报告的形式说明演示情境是否符合道德规范，如不符合，应如何纠正。教师根据学生所阐述的规范的正确性给予评价

2. 口语评价

（1）口语评价的内涵。口语评价主要评价学生的语言表达能力或语言技能，以学生"说"为评价出发点，让学生以口头描述的方式来阐述教师指派的议题或内容，通过学生即时的语言阐述，就其口语表达准确性、得体性、规范性、真实性、创新性的所有表现进行评价。口语评价可以帮助学生提高思维的敏捷度、严密性，增强应对突发变化的灵敏性；可以检测学生的专业知识技能；可以通过聆听、应对和口语表达的过程，培养学生倾听、表达和应对的能力；可以测量学生口头表达能力、思维的逻辑性和概括能力；可以在一定程度上反映学生的思维过程，以及对所掌握知识的理解。

（2）口语评价的类型。口语评价主要通过"说"来实现，可以通过口试、提问等方式来实现，具体采用何种方式，可以根据是否是正式评价来界定及选择。口语评价主要类型见表 4-13。

表 4-13　口语评价主要类型

类型	表现方式
口试	表现形式多样，如演讲、辩论、口头报告、经验分享、故事接龙、日常心得分享、表演等方式
提问	在教学过程中通过教师问、学生答来获取信息，是常见的师生互动模式，也有较少教师将提问纳入正式教学评价，可作为对教学目标达成的一种诊断或安置

（3）口语评价应用举例，见表 4-14。

表 4-14　"基础日语 1"口语评价

课程	基础日语 1
教学目标	能向他人简要介绍自己的基本信息
目标分析	技能类目标。评价的重点在于学生能够自主组织日语语言，介绍自己的基础信息
评价任务	学生自行设定"递名牌"的情境，应用日语自拟自我介绍文案，在情境展示中用日语进行名字、工作单位及岗位的自我介绍。教师对其日语的语法、发音及文案的设计进行评价

3. 档案评价

（1）档案评价的内涵。以个别学生或小组为单位，让学生持续一段时间主动从各种角度和层次收集、组织学习参与、努力、进步的成就证明，并按顺序汇集整理于数据文件夹内，以供评价。其过程表现为教师依据教学目标与计划制订标准和指导性建议，让学生持续一段时间主动收集、组织与反思学习成果，以评定其努力、进步、成长情况，最终将学习历程及成长变化整理后制作成一份完整的学习档案。

档案评价过程是培养学生实现教学目标的过程，在整理档案的过程中，引导学生养成自主学习、思辨反省、发展认知等能力和技巧。档案评价也是一种合作型的评价，通过自我评价、同学评价、家长评价及教师评价等多元回馈的方式，学生可以从多角度观看自己的成长，增进对自我学习的了解。因此，档案评价不只是为了评价，还是将教学、学习与评价相结合，给予学生足够的弹性空间去发展个人特色，实现所有学生均成功的手段。

（2）学习档案的类型。档案评价的实现需要准备充分的档案资料，即学生应该在其评价档案里准备多种形式的资料以供评价。档案评价相比其他质性评价的方式更为复杂，需要准备的评价资料更为多样。构成学习档案的资料主要包括成果档案、过程档案及评价档案，见表4-15。

表4-15 学习档案的主要类型

类型	表现方式	操作方法
成果档案	展示学生最优秀的作品与成果，展示的主题则由教师与学生共同决定； 评价的重点在于呈现结果	根据预定的教学目标设计学生要完成的任务或作品，在规定的一段时间内，学生可以多次完成一系列的学习作品或最终展示学习成品
过程档案	着重呈现学生学习历程进步、努力与成就的观察和记录； 评价的重点在于了解学习过程或诊断学习问题	师生依据特定的教学目标，有计划、有系统地收集学生数据或作品，只要是师生讨论后认为与学习历程有关的数据或作品均可纳入
评价档案	由评价任务（单）和评价标准组成的档案； 评价的重点在于档案内涵与评价的标准化	教师先依据教学或评价目标来设计学习内涵与评价标准，再要求学生就学习内涵与评价标准着手收集或制作档案，后依据评价标准实施评价

在档案评价资料准备的过程中，能够作为档案资料的文件有多种表现形式，见表4-16。

（3）档案评价的特点。

① 真实性。学习档案完整地呈现了学生的学习成长轨迹，这是档案评价的独特之处。学习档案的内容可以包含学生的成绩单、参与活动记录、社会实践心得以及自我反省，是学生学习历程的真实呈现。

表 4-16　档案资料的主要表现形式

情境	方式	表现形式
学习过程中留下正式记录	学习成果记录方式	作业、图表、测验卷、检核表、评价表、作品、书面文件等
学习过程难以留下记录	复制品方式	日志、录像、照片、讨论记录或录音
学习过程或成果需第三方证明	他人证明方式	调查问卷、参加活动证明、入场券等

② 整体性。档案资料是长期收集整理形成的多角度成果集合，资料的丰富充实让评价具有整体性，降低了对学生做出片面判断的可能性。

③ 自评性。评价档案由学生自己设计完成，在档案里面须呈现学生的学习心得与活动之后的反思。学生自评可以培养自我负责的价值观，养成自我反思和自我评价的习惯。学生在反思的过程中会觉察到自己的进步，从而为以后的学习创造动力。

④ 多元性。档案评价中，教师不是唯一的评分者，同学、家长都可能是评价者。这种多方参与的评价不仅使得评价结论更具客观性，而且通过教师、学生、亲人之间互动得来的情感纽带能有效促进学生的学习和成长。

（4）档案评价的优缺点。

① 档案评价的优点。档案评价是一种以学生为中心，可顾及个别差异，兼具多重目的，适用于许多学习领域和各种年龄阶段的评价方式。档案评价提供弹性的空间并且长期间持续搜集学生的作品，学习档案可呈现学生丰富且多元的学习历程和成果及其在学习上的成长和进步。档案评价强调学生的参与和自我评鉴，激励学生为自己的学习负责。参与评价的人员可以多元化且彼此间可相互沟通，除了教师、学生外，同学、家长、校内师长都可以加入评价的行列。档案评价可和教学目标和日常教学活动密切结合，可以作为评价策略，也可作为教学策略。

② 档案评价的缺点。首先，评分是档案评价的难点，因为档案中的指标过多导致计分耗费时间且困难，且需要教师具备较高的专业知识及能力。其次，档案评价的历程往往是延续的，在此过程中如何持续有效吸引学生专注于任务的完成、协助学生解决任务的障碍点、引导学生持续在正确的路径上，都是档案评价对教师提出的挑战。

（5）档案评价的原则。

① 档案评价应与其他评价并行。档案评价是学生自行收集资料、建立学习档案的评价方

式。除具备评价反馈功能外，更重要的功能是通过建立学习档案提升学生的学习兴趣和综合素质，帮助学生在撰写、搜集资料过程中，激发各项能力。因此，档案评价必须辅以其他评价方法，评价教学成效还是要通过纸笔测验、口头评价及实作评价等各种方式实现，这些评价方式是档案评价的基础。

②　档案评价应注重阶段性总结。学习档案是一个长时间的累积过程，是学生一段时间内学习成果的累积。档案评价的目的是通过审核学生学习档案来判断学生进步与否，在哪些方面有进步、有成长，在哪些方面的成就比较缺失。通过教师和同学自己的评价判断进行反思，找出自己的优势和弱势所在，然后制订出下个阶段学习的计划，在下个阶段发扬优势，同时也弥补不足。档案评价的实施必须是长时间的多次反复评价，不同阶段的对比才能体现出能力的进步，才能对学生的学习有警醒和督促作用。

③　档案评价应强调教师引导。学生对于建立学习档案没有经验，对于学习目标、制作程序、注意事项等并不是很清楚。因此，教师要引领学生观摩学习档案，模拟制作小规模档案、由制作单一内容学习档案再到制作多元内容的学习档案。在制作初期，要给予学生较多的引导和讨论，并给学生一定的书面说明资料，组织、引导、帮助学生建立体现个性成长的学习档案。高质量的学习档案应是学生的作品集，是学生有目的地搜集个人在某些领域的作品，这些作品可以传达出学生的努力、进步和成就。

（6）档案评价应用案例，见表 4-17。

表 4-17　"早会"课程档案评价案例

课程	早　会
教学目标	能够契合主题召开保险公司早会
目标分析	技能目标 + 素养目标： （1）技能目标——重点在于学生在反复实践中提升。此目标涵盖的技能点较多，包括学生在组织早会前的素材收集、整合、编排；在早会召开中语言、场景、实施、互动交流等环节的把控；早会召开后的反思等。显然，通过某一次评价无法涵盖全面的评价内容，需要不断地练习操作，在多次准备、实施、反思后，才能达成预定的教学目标，所以给予学生的评价也不能在短时间内完成。 （2）素养目标——重点在于学生自我反思、自我评价及独立学习。注重反思对学生自我成长的影响，必须通过一系列与早会相关的学习资料综合反馈。因此，教师可以通过档案评价，让学生持续一段时间主动从任务过程中收集、组织学习参与、努力、进步的成就证明，并按顺序汇整于数据文件夹内，以供评价

评价任务	学生自行组建早会小组，教师在给学生观看保险公司真实早会视频案例或带学生实地走访（根据教学条件）后，发布早会主题，学生自行准备召开早会。档案评价的具体步骤如下： （1）确定评价档案的类型。在此过程中，教师分别采用了"成果档案""过程档案"及"评价档案"。学生自行成立早会小组，按照早会主题准备早会。在准备及实施的过程中，要建立学习档案，决定档案的类型，包括"早会计划""早会影音""早会日志""早会总结"等档案资料，可以从教师、同学、自我等角度，对上述材料进行分别评价，最终形成档案评价。 （2）制定档案评价的尺规。教师根据评价目的来确定档案实作尺规，以呼应教学目标。档案评价可以设计多角度的评价尺规，在本案例中，教师分别设计"早会实施"评价尺规、"早会日志"评价尺规及"早会资料档案"评价尺规。教师可以书面形式告知所有使用学生，亦可提供档案范例，使其充分了解实作尺规。 （3）转化档案实作尺规为档案项目。通常直接将评价尺规转换为档案项目，亦可将一项评价目标准则细分为数个项目。项目数量应参考学生能力、程度、所需时间、经费、家长或学校行政的配合度。 （4）拟订评价标准。档案评价标准表现为描述式和量表两种形式。若档案评价的目的在于增进学生成长或诊断、回馈与师生沟通，则采用描述式评价标准，仅需描述学生在每个档案项目的表现；若档案评价的目的在于评价学生的努力、进步及成就等情形，则采用量表标准，除了描述学生在每个档案项目的表现外，还必须提供档案评价的分数或等级，甚至为学生排序。同时，评价标准可以设定为呈现整体档案或分项档案的结果两种方式。其中，整体档案的优点在于评价快速、省时省力，但较难以发挥诊断功能；分项档案的优点是可诊断学生在每个档案项目的优缺点或进步情形，但费时费力，评阅速度较慢。 （5）制作使用说明书与制定档案。为提高档案评价的信度、效度，教师应审慎制作《档案使用说明》，让学生、教师或有关人员能够清晰地了解档案制作过程与评价方式、标准。给学生使用的《档案使用说明》包括档案内容、评价尺规、注意事项、完成期限、学习单。给教师使用的《档案使用说明》包括评价尺规、使用与评价方法、评价目标、评等或计分方式、参考答案、补救教学、补充说明等。制作时应注意：档案评价文字描述必须具体明确，且清晰告诉学生档案优劣；教师评价等级或分数的决断点是什么，但其重点不在于决定通过、接受或满意与否，而在于决断后的补救教学或加深加广教学内容；教师将档案结果分为几个等级，各等级之间如何区分应相当明确；通过评价设计提高学生制作档案的兴趣。 教师可将每个档案项目设计成一张学习单，或数张学习单，也可将数个档案项目合并设计成一张或系列学习单。档案必须与教学充分结合，以达成教学目标。教师应协助学生提高档案质量，定期与学生讨论档案内容，提供立即回馈；定期检核学生档案资料收集情形；定期与家长或其他有关人员就档案内容及学生学习情形进行沟通，研究拟订协助或增强策略；激发家长或其他有关人员参与意愿，激励学生制作档案动机。档案评价通常会增加教师工作负担，教师可适度纳入优秀小组长或具有较好教育理念且热心的家长来协助初评，之后教师再实施复评

评价方式的选择不是依据教学目标固定不变的，知识目标也可以采用质性评价方式进行灵活评价，技能素养类目标也可以采用效率高、覆盖率大的量化评价来测量。教师可以根据教学条件、学生的整体层次、课程课时的具体要求，对所要评价的教学目标选择合适的评价方式。

第三节　评 价 工 具

根据不同的评价方式，可应用不同的评价工具，帮助实现教学目标达成度评价。量化评价通常采用双向细目表，质性评价一般采用检核表或评价尺规。

一、双向细目表

（一）双向细目表的内涵

双向细目表是将重要的教学目标列出，并描述一份测验中所应该包含的教学内容以及所评价能力的表格，目的在于厘清教学目标和学习内容的关系，期望能够真正评价到预期的学习结果，并借此确定试卷的品质，避免命题的随意性和盲目性。应在决定测验目的与评析教学目标、教材内容后，设计双向细目表。它描述了一份测量中所应包含的内容以及所评价的能力，以教学目标（记忆、理解、应用、分析、评价、创造）为横轴、以教材内容为纵轴，分别说明各项评价目标。它是量化评价方式重要的实施工具，同时也是纸笔测验试卷的检核工具。

（二）双向细目表的应用

在成果导向课程教学目标的评价中，双向细目主要应用于量化评价纸笔测验试卷的规划及设计。量化评价工具——双向细目见表 4-18。

双向细目表中的内容包括各章节或项目的题型、配分；教学目标的层级分布、配分等。根据实际操作中完成双向细目表的过程，可将双向细目表的应用分为以下步骤：

1. **确定测验目的**

评价是对课程教学目标达成程度的测量。纸笔测验多指向知识类的教学目标，一般多适用于总结性评价。所以，当课程有知识类目标存在的，就应该进行量化评价，即出具试卷进行纸笔测验。

2. **确定检测范围**

在决定进行纸笔测验后，就要确定在所授课程的哪些部分出具试题，出具多少分的试题，也就是双向细目表纵向度要解决的问题。原则上课程各单元的配分应该与各单元授课学时相配套。可以先将这一纵向度提取出来，设计成"各单元配分表"来确定试题在各教学单元的配分。"各单元配分表"是由课程各单元学时与占分比例所构成的向度量表，是以课程各单元的学时占课程总学时的比重作为各单元出题配分占比权重，确定课程各单元出题理想配分比例，明确检测的范围。

表 4-18　量化评价工具——双向细目

教学目标		1.0 记忆		2.0 理解		3.0 运用		4.0 分析		5.0 评价		6.0 创造		合计	
教材内容	试题形式	配分	题数	配分	题数	配分	题数	配分	题数	配分	题数	配分	题数	配分	题数
CP1（章节或项目名称）	填空题														
	选择题	4	2												
	简答题														
	计算题														
	……														
	小计														
CP2（章节或项目名称）	填空题														
	选择题			2	1										
	简答题														
	计算题														
	……														
	小计														
CP3（章节或项目名称）	填空题														
	选择题														
	简答题														
	计算题														
	……														
	小计														

例如，某门课程 n 个单元，授课学时共 70 学时，见表 4-19。单元一 15 学时、单元二 10 学时、单元三 10 学时……在确定检测范围时，首先核算各单元的学时占课程总学时的比重，如单元一应该为 15 学时 / 70 学时 ×100% = 21%（四舍五入取整数），以此作为单元一配分的权重，那么在出纸笔测验试卷，确定第一单元的理论配分比例就是 21%，最终各单元理想配分比例合计为 100%。

表 4-19 双向细目表之各单元配分

课程内容（单元）		CP1 单元一	CP2 单元二	CP3 单元三	……	CPn 单元 n	合计
授课学时		15	10	10	……	10	70
占分 比例	理想（%）	21	14	14	……	14	100
	实际（%）						

实际的占分比例在没有出具完整双向细目表前是无法体现的，只有在出具双向细目表，确定出题的类型、配分后，才能得出实际的占分比例。在实际与理想出现偏差时，应针对偏差超过 5% 的单元进行试题配分调整，争取实际与理想相一致。比如单元一，如果最后实际的占分比例超过 26% 或者低于 16%，那么要对出具的试题进行调整，相应减少或增加出题量，使单元一的配分在理想范围内。

3. 确定试题教学目标认知领域层级分布

接下来，进行"双向细目表"横向度的规划。在这一环节，提取横向度内容，设计为"教学目标分配权重表"，来规范试题指向的教学目标认知领域的层级，界定对某项所要评价教学目标学生掌握的程度。根据布鲁姆的教学目标分类理论，将教学目标在认知领域层级分为 1.0 记忆、2.0 理解、3.0 应用、4.0 分析、5.0 评价、6.0 创造六个层级。

（1）1.0 记忆。"记忆"是学生从长期记忆中提取相关知识，强调知识的识别和辨认。这里的知识主要指事实、概念类知识。记忆知识对持续学习和解决更复杂的问题来说是必不可少的。1.0 记忆包括识别、回忆两项内涵，见表 4-20。

（2）2.0 理解。"理解"是学生从教学信息中创造意义，建立所学新知识与旧经验的链接。主要考查学生对概念、规律的理解，引导学生进行知识的总结、比较，证明某个观点。2.0 理解包含解释、举例、分类、总结、推断、比较、说明七个内涵，见表 4-21。

（3）3.0 应用。"应用"层级是善用不同的程序（步骤）来执行作业或解决问题。对所学的概念、法则、原理的运用，强调初步的直接应用。3.0 应用包括执行、实施两项内涵，见表 4-22。

表4-20　1.0 记忆的内涵

1.1 识别	辨认。搜寻长期记忆，找出相关的知识与呈现信息一致或近似的知识。如：认得相关领域已存在的徽章、图形、符号等
试题一　公顷的国际通用符号是什么？　　A. a　　B. ha　　C. aa　　D. hm 试题二　在道路标识中，用来表示车辆禁停的标识是什么？	
1.2 回忆	指当给予某个指令或提示时，学生能从长时记忆库中提取相关的信息
试题三　当汽车向右转弯时，坐在车里的你会向哪边倾倒？	

表4-21　2.0 理解的内涵

2.1 解释	将信息的一种表征方式转换成另一种表征方式（能转换信息的表达方式）。如文字到文字（转述）、图画到文字、文字到图画、数字到文字、文字到数字、音符到音调等
试题一　请用自己的语言来说明什么是"惯性"	
2.2 举例	对一般概念或原则知识，给一个特定的例子；指认出一般概念或原则的定义性特征，使用这些特征来选择或构建一个特定的例子
试题二　请举例说明"健康保险"中的保险责任	
2.3 分类	指认出某物（特定的例子）隶属于某一特定类目（概念或原则）。侦测出相关特征或组型，使其匹配于示例与概念或原理之间
试题三　请简要叙述人身保险的险种类型	
2.4 总结	对所呈现的信息，提出单一陈述来概括，或提取出一个主题
试题四　客户李某3月15日感觉自己胸闷乏力，并有持续性咳嗽，当日前往医院治疗，经过10天住院治疗，于3月25日痊愈出院。请根据案例，填写理赔单"主诉说明"	
2.5 推断	学习者能够在一组事例中发现特征（组型）（提出一个具有逻辑性的结论）
试题五　请填出下列空格中的数字：2，3，5，8，13，（　　　）	
2.6 比较	指认两个或多个实体（对象、事件、想法、问题或情境）间的异同，找出一个新学事物与已知事物之间的一对一关系
试题六　下列哪一组修辞技巧与其他三组不同？ A. 明日复明日，明日何其多　　　　B. 海连天，天连海 C. 沟捉峁，猫捉老鼠　　　　　　　D. 变形的怪兽，扭曲的人体	
2.7 说明	能构建及使用现象系统中的因果关系
试题七　消费者市场人数众多。个体在年龄、职业、收入、受教育程度、居住区域、民族等方面的差异性大，决定了消费者市场需求的哪项性质？ A. 多样性　　　　B. 层次性　　　　C. 可诱导性　　　　D. 伸缩性	

表 4-22 3.0 应用的内涵

3.1 执行	将程序应用于熟悉的任务。由于情境的熟悉,所以会有足够的线索引导学生采用适当的程序。这类程序常常可称为技能或算法;它们的性质是步骤固定、解答明确
试题一	请根据公式,核算案例中被保险人重大疾病保险的保额需求值
3.2 实施	当碰到一个不熟悉的任务时,学生需要了解问题,需要从所学过的程序中选择一组来直接解题或修改后解题
试题二	演示"能量守恒定律"在生活中的应用

（4）4.0 分析。"分析"层级把材料分解成它的组成要素部分,确定部分之间的关系,以及各部分和总体结构或总目标之间的关系。4.0 分析包含区分、组织、归属三项内涵,见表 4-23。

表 4-23 4.0 分析的内涵

4.1 区分	从一个完整结构中,根据关联性与重要性分析出特征或不同。区分呈现材料的相关与无关部分,或重要与次要部分（辨析整体中的各部分）
试题一	以下属于市场调研资料来源中的二手资料的是? A. 通过询问获得的资料　　　　　　B. 通过观察获得的资料 C. 通过调查问卷收集的资料　　　　D. 通过网络收集的资料
4.2 组织	确定一个要素在一个结构中的合适位置或作用,决定要素在结构中的适切性和功能（构建信息间的联系）
试题二	请把下面的词语重新组成完整的句子。 闪亮的　　圆圆的　　天上　　他　　眼睛　　就像　　星星
4.3 归属	明确指出出现在材料中隐含的观点、偏见、价值、意图（确定观点、价值和意图等）
试题三	当我们在职业过程中,经常有人会说:"别干保险了,没面子",请以保险代理人的身份,对这样的观点进行评价

（5）5.0 评价。"评价"学生基于规准或标准作判断。5.0 评价包含核查、评判两项内涵,见表 4-24。

（6）6.0 创造。"创造"是将要素组成内在一致的整体或功能性整体;将要素重新组织成新的模型或体系。6.0 创造包含生成、计划、贯彻三项内涵,见表 4-25。

结合上述布鲁姆教学目标认知领域层级的理解,可以采用"教学目标分配权重一览表"来设定纸笔测验试题各层级占分比例,见表 4-26。

表 4-24　5.0 评价的内涵

5.1 核查	发现一个过程或产品内部的矛盾和谬误；确定一个过程或产品是否具有内部的一致性；查明程序实施的有效性
试题一　学生在做"物质的导电性"实验中，操作实验时发现灯泡不亮，下列是使用的实验器材，请说出两项造成灯泡不亮的可能原因。 A. 1.5 V 电池两个　　　　　B. 电线一组　　　　　C. 电池组一组　　　　　D. 小灯泡一个	
5.2 评判	发现一个产品与外部准则之间的矛盾；确定一个产品是否具有外部的一致性；查明程序对一个给定问题的恰当性
试题二　被保险人吕某，男，40 岁。2000 年 5 月，其所在单位投保了团体人身意外伤害保险，保险金额为 5 000 元。2000 年 11 月 4 日，吕某独自进山打猎（在允许区域内并有持枪证），不慎从树上掉了下来，摔伤腿部。吕某欲爬到公路上等待救援，途中因天气寒冷感染了肺炎，两天两夜后，在公路附近被发现，已死于肺炎。保险公司是否应该支付 5 000 元保险金？为什么？	

表 4-25　6.0 创造的内涵

6.1 生成	涉及表象问题，形成满足特定规准的多种可能性或假设
试题一　社会新闻："禽流感……"请问，你认为引起疫情扩大的原因通常可能有哪些？请写出 4 项	
6.2 计划	要求制定能满足问题规准的解决方法，即发展解决问题的计划。可以请学生发展可行解决方法、描述解决问题的计划
试题二　结合保险产品，制订客户拜访计划（包括事前准备、事中讲解、事后跟踪）	
6.3 贯彻	要求执行明确的问题解决规划方案。制作目标可以是给学生目标功能的条件描述，要求制作能满足条件的产品。如写小说、制作有用的产品
试题三　利用灯泡（LED）、线圈和电池，设计制作一个手摇发电机	

表 4-26　教学目标分配权重一览表

教学目标	1.0 记忆	2.0 理解	3.0 应用	4.0 分析	5.0 评价	6.0 创造
占分比例						

结合培养学生的层次及对应未来岗位工作的需求，分配六向度目标合理权重。一般情况下需遵循以下原则：

第一，一个考核知识点对应一种教学目标。

第二，为了引导学生注重高层次认知的学习，记忆向度题目配分比例一般不应高于 20%。

第三，理解、应用、分析向度题目配分一般应占较大比例。

第四，评价、创造类的题目配分比例一般应不低于 20%。但基础性课程可适当降低其比重。

第五，要注意完整性，应包括阶段或单元的基本知识和基本技能及相应的能力要求。

4. 利用双向细目表，进行试题综合规划

在完成"双向细目表"的横纵向度配分布局后，可以根据"各单元配分表"的理想配分和"教学目标分配权重一览表"的层级配分，具体填制"双向细目表"。在填制过程中，首先，以"教学目标分配权重一览表"中的配分进行纵向规划，然后在纵向保持不变的情况下，横向配置各单元的题型及配分，每个单元的实际配分比应尽量保持在"各单元配分表"中各单元理想配分比允许的范围内，从而完成利用"双向细目表"来规划试题的工作。

（三）双向细目表对试卷的检核应用

对于现有试卷，也可以用双向细目表来检核其规范性、完整性及目标考核的准确性。

可以先将试题界定单元及教学目标层级，然后将试卷中的试题配分按项目填入双向细目表，得出单元配分合计及教学目标层级配分合计。再根据授课单元学时分配情况利用"各单元配分表"计算理想单元配分比，根据教学目标所要求的达成程度进行"教学目标分配权重"设置，将双向细目表中的单元配分和教学目标层级配分与理想预设数值比较，如出现较大偏差，则进行双向细目表横纵向调整，再根据调整后的双向细目表调整试卷试题。

二、评价尺规

评价尺规，也称评价规准、评价指标。当学习成果的评价方式属于质性评价时，应制定评价尺规以评析学生表现。评价尺规是将教师的期待、学生应得的学习成果具体化，将评分时的的心灵感受转成一个量化工具。施作方式为设计"双向表格"，构成要素包括说明、评价向度（评价准则）、评价尺度（分数指标）和向度描述。评价尺规的应用，对于教师而言，可以实现对学生学习成果的客观评价，避免主观的成见或既定印象；能够明确地响应学生对于评分高低的疑问；能够节省教师在评估作业及提供回馈过程中所需时间；能够帮助教师对教学目标与教学行为进行检视和调整。对于学生而言，能够了解成绩的评价标准及各等级范围，引导正确有效学习；能够借此了解自己的优缺点和改进的方向；能够发展自我评估的能力，并形成为自己学习负责的品质。评价尺规根据评价向度性质的不同，设计及操作方式也不同，主要分为检核表、分析型尺规、整体型尺规等类型。

（一）检核表的内涵及应用

1. 质性评价检核表的内涵

在质性评价中，当教师评价学生某项教学目标完成的观测点（评价向度）无程度之分，只有对错或是否完成之分，可以应用检核表，将行为或技能依照发生顺序或逻辑规则逐一详细分项，以条目式列出每一环节的标准，检核者就学生的实际完成状况依序勾选，以逐一评定学生行为或技能是否符合标准，见表 4-27。

表 4-27　质性评价工具——检核表

评价向度	评价行为／标准	行为表现		配分	备注
		是	否		
向度一					
向度二					

在应用检核表的过程中，首先要考虑是否应用得当的问题。在检核表中，每一向度的评价标准为是否正确完成，而不是将完成的程度进行等级划分。比如，教师对一条教学目标对应的一个评价向度为"学生能够准确核算客户的重大疾病保险需求值"，对这一目标的达成就只有对错之分，即根据客户的基本情况及核算公式，重大疾病保险的需求值只能为唯一数值，所以可以应用检核表来评价，即数值准确就得分，数值不准确就没有分数，不存在程度或等级的不同。某一教学目标对应的一个评价向度为"PPT 制作得当"，显然 PPT 制作是有不同程度或等级之分，同样都制作出 PPT，但呈现效果或技能展现是有程度之分的，所以当评价"PPT 制作得当"这一向度时，检核表无法实现评价功能。

检核表中的评价向度是所要评价教学目标的观测点，也称"评价指针"，即认为只要学生能够完成检核表中的评价向度，就能够达成此次评价的教学目标。单次教学目标的评价，检核表向度的设计不宜过多，且应避免重复评价，以免增加教师的工作量。

评价行为／标准是要明确在检核表的具体向度上，学生应完成的标准，这一明确的标准能向学生说明什么情况能够通过评价，更重要的是引导学生明确学习目标，促进其学习成果的达成，实现以评促学的目标。在这里通过一个实例进行说明。某一门课程的一条教学目标是"能够进行空客房的清扫"，其中检核表中的一个评价向度为"进房"，检核表评价行为设计见表 4-28。

表 4-28　质性评价检核表案例

评价向度		评价行为 / 标准
进房	1. 观察门外情况	检查房间指示灯是否显示 DND（请勿打扰）或其他
	2. 第一次敲门	站在房门前中间位置
		用食指或中指关节有节奏地敲击房门三下
		声音适度并自报身份
	3. 等待	等待 3 ～ 5 s，若房内无回应则继续
	4. 第二次敲门	站在房门前中间位置
		用食指或中指关节有节奏地敲击房门三下
		声音适度并自报身份
	5. 开门	房门打开 1/3，轻敲两下，自报身份
		推开房门，观察房内情况
	6. 进房	将吸尘器及布草车摆放在房门口

结合以上案例可以看出，评价向度作为观测学生完成任务实现目标的观测点，必须具体可操作。评价行为的设计要以学生为中心，引导学生按标准达成学习目标。

行为表现是观测学生进行评价向度操作的结果，这一结果学生只有达成或没有达成标准两类，不存在达成程度。因此，达成就是"是"，并给予相应的分数，没有达成就是"否"，不给予分数。

2. 质性评价检核表的应用案例

课程教学目标检核表应用案例见表 4-29 和表 4-30。

表 4-29　应用案例 1——"前厅客房服务与管理"课程教学目标检核表

专业名称：酒店管理	课程名称：前厅客房服务与管理		制作人：
教学单元：中式铺床	学生学习成果（教学目标）：正确完成中式铺床		评价方式：实作评价
班级：	组别：	学生姓名：	学号：
评价说明： 各位同学，此检核表展示了中式铺床的过程和操作规范及流程，请你参照表格中的步骤和标准进行练习。教师将在课堂中进行检核，评定你的行为是否符合标准，符合标准的步骤行为表现评定为"是"，并相应记分			

评价项目	评价行为	行为表现 是	行为表现 否	配分	评价记录
1. 仪容仪表	（1）着职业装，干净整洁			2	
	（2）女生盘发，男生两鬓不过耳			2	
	（3）不留长指甲			2	
2. 拉床	站在床尾，慢慢将床连同床垫同时拉离床头板约50 cm，不能碰到其他家具			5	
3. 整理床面	检查床面是否干净，有无毛发及破损等；床面拉平			3	
4. 铺床单	（1）开单顺畅，两手相距 70 ~ 80 cm 与肩同宽，床单提起到眉眼处			3	
	（2）甩单一次到位（2次扣2分，3次及3次以上不得分）			5	
	（3）不偏离中心线（偏离 1 cm 以内扣 2 分，1 cm 以上不得分）			5	
	（4）床单正面向上，铺反不得分			3	
	（5）包角紧密平整呈 90°，每角 1 分			4	
5. 套被套	（1）被套被芯不能掉地，否则不得分			3	
	（2）一次定位（2次扣2分，3次不得分）			6	
	（3）开口在床尾			3	
	（4）被角饱满（每角 1 分）			4	
	（5）被头拉至床头，与床垫齐平（不足或大于 1 cm 不得分）			3	
	（6）被头反向折起 30 cm			5	
	（7）被子左右下垂要均匀，被尾不落地			3	
6. 套枕套	（1）将枕芯反折 90°，压在枕套口上，把枕芯一次放到位			3	
	（2）套好的枕头四周要饱满平整，枕芯不能外露			2	
7. 放枕头	（1）在距离床头约 10 cm 处，将枕头居中放置			3	
	（2）枕套口反朝向床头柜			4	

续表

评价项目	评价行为	行为表现 是	行为表现 否	配分	评价记录
8. 铺床尾巾	（1）将床尾巾平铺于床尾，距床尾 10 cm			3	
	（2）使两侧自然下垂，下垂量均等			2	
9. 将床复位	将铺好的床缓缓推回原位，不偏移			2	
10. 整体效果	（1）床面平整美观			5	
	（2）操作时间规定 5 min，超时扣 2 分			5	
	（3）按正确程序操作满分，错一个扣 2 分，遗漏一项扣 3 分			10	

分数合计：

总评及建议：

表 4-30 应用案例 2——"UG 机械设计与加工"课程教学目标检核表

专业名称：机械制造与自动化	课程名称：UG 机械设计与加工		制作人：
教学单元：揭秘底面壁加工	学生学习成果（教学目标）：能精准编程，正确生成 NC 程序		评价方式：实作评价
班级：	组别：	学生姓名：	学号：

评价说明：

各位同学，此检核表展示了 CAM 底面壁加工凸台零件的过程和铣削加工应遵守的《切削加工通用工艺守则》，请你参照表格中的操作步骤和守则进行练习，教师将在课堂中进行检核，评定你的行为是否符合守则，符合守则的步骤行为表现评定为"是"，并相应记分

评价项目	评价行为	行为表现 是	行为表现 否	配分	评价记录
1. 制订工艺方案	（1）分组讨论凸台零件加工工艺方案			5	
	（2）严格遵守《切削加工通用工艺守则 铣削》			15	
	（3）正确填写数控加工工序卡			10	
2. 进行 CAM NC 操作	（1）创建程序			5	
	（2）创建刀具			5	
	（3）创建几何体			5	
	（4）创建加工方法			5	

续表

评价项目	评价行为	行为表现 是	行为表现 否	配分	评价记录
3. 创建底面壁加工	创建底面壁加工工序			5	
4. 合理设置加工参数	（1）正确设置切削区域			5	
	（2）合理设置刀轨参数			15	
5. 生成刀轨	（1）生成刀轨，仿真验证			5	
	（2）查看精度偏差，小组研讨优化刀轨			10	
6. 输出 NC 程序	（1）根据三轴数铣设备的型号，正确选用后处理器			5	
	（2）设置单位，输出 NC 程序			5	
分数合计：					
总评及建议：					

（二）分析型评价尺规的内涵及应用

1. 分析型评价尺规内涵

分析型评价尺规是拟定评价指标，将评价指标划分等级，制定等级标准，需要对评价指标的完成质量做出判断，多应用于形成性评价。

分析型评价尺规包括四大要素：评价指标（向度）、指标权重、等级标准（尺度）、评价指标等级描述，见表 4-31。

表 4-31　质性评价分析型评价尺规

尺度 / 向度	优	良	中	尚可
向度 1（权重）	向度 1 "优" 等级描述	向度 1 "良" 等级描述	向度 1 "中" 等级描述	向度 1 "尚可" 等级描述
向度 2（权重）				
向度 3（权重）				

向度是任务所涉及的知识、技能、素养的分解，一般是预定教学目标所必需的行为操作技

术点或操作要点。若评价的教学目标为素养或情谊类教学目标，评价指标为其外在表现的观测点。要根据教学目标设计不同的向度，建议一次分析型评价设立 3 ～ 5 个观测点。例如，某门课程的教学目标"能够诠释险种条款，明晰人身保险险种的适用性"，教师认为此项教学目标为一条技能目标，应用于形成性评价，于是采用质性评价方式，并使用分析型评价尺规。在确定评价指标的时候，教师考虑到两点：一是要正确解读条款；二是能够进行条款应用。根据上述需求，教师设定四个向度，其中"保险条款阐述正确性""保险条款阐述完整性""保险条款阐述逻辑性"直接指向第一个需求，即能够正确诠释险种条款；"举例说明合理性"直接指向第二个需求。这样，既突出教学目标对应的技能点，也达到引导学生做好学习准备的目的，见表 4-32。

表 4-32　质性评价分析型评价尺规——向度

尺度　　向度	优	良	中	尚可
保险条款阐述正确性				
保险条款阐述完整性				
保险条款阐述逻辑性				
举例说明合理性				

指标权重即每项评价指标占此次评价整体分数的权重比例。在形成性评价中，如果要给予学生分数，那么教师要让学生明确完成每一向度学生能够获取的分数。指标权重可以按照数量等分，但大多数情况下，如果各向度对此次评价的教学目标的贡献度不同，即对学生达成教学目标的影响度不同，那就要具体给每一项教学目标分配配分权重，合计权重应该是 100%，以期更好地衡量学生目标的达成情况，见表 4-33。

表 4-33　质性评价分析型评价尺规——指标权重

尺度　　向度	优	良	中	尚可
保险条款阐述正确性（30%）				
保险条款阐述完整性（30%）				
保险条款阐述逻辑性（20%）				
举例说明合理性（20%）				

等级标准（尺度）指各评价指标的达成水平，表现优劣的层次，一般由高到低排列。表示等级标准的方式既可以是定性化的，也可以是定量化的。当教师评价学生的目的仅是为引导学生学习，促进学生反思，可以不给予定量评分，可以采用如下定性等级标准（尺度）来界定学生每项评价指标的完成程度。

（1）字母等级评分：ABC。

（2）优秀、合格、部分合格、需改进。

（3）典范、娴熟、勉强合格、需增强。

（4）高级、中高级、中级、初级。

（5）优秀、娴熟、中级、初级。

（6）精通、普通、有待进步、入门。

（7）优、良、中、及格（尚可）。

如果要给予学生量化成绩，那么等级标准（尺度）的各等级必须明确配分。但在赋分时要统一标准，要么是具体的单一分数，要么是区间分数，不能混合使用。另外，在赋分时，为鼓励学生，应尽量不出现 0 分，原则上学生如果某一项评价指标没有完成，则不会赋予其分数，会采取补救措施，让学生重新考评。如 100、80、60、40，或 100 ~ 80、79 ~ 60，见表 4-34。

表 4-34　质性评价分析型评价尺规——等级标准（尺度）

向度 ＼ 尺度	优（100）	良（80）	中（60）	尚可（40）
保险条款阐述正确性（30%）				
保险条款阐述完整性（30%）				
保险条款阐述逻辑性（20%）				
举例说明合理性（20%）				

评价指标等级描述是用来界定每一评价指标不同等级的完成程度或水平，每个等级皆有一组行为表现的描述语。每一项评价指标的不同等级的描述应该界限清晰，方便教师评定等级。等级的描述应该以学生为中心，多采用鼓励学生的描述语。要将每一个等级的标准具体化，以方便引导学生学习，起到以评促学的作用。学生不能完成的不能作为一个等级的描述，比如，学生没有上交计划书、学生不能阐述正确的观点等，见表 4-35。

表 4-35　质性评价分析型评价尺规——评价指标等级描述

尺度 向度	优（100）	良（80）	中（60）	尚可（40）
保险条款阐述正确性（30%）	所阐述的险种条款全部正确	所阐述的险种条款4处以上正确	所阐述的险种条款2处以上正确	所阐述的险种条款均需进一步修正
保险条款阐述完整性（30%）	将主要保险条款全部说明	阐述出5条以上主要保险条款	阐述出3条以上主要保险条款	需进一步识别险种的主要条款
保险条款阐述逻辑性（20%）	条款阐述清晰，并形成条目，逻辑清晰	条款阐述较为清晰，主要责任能够形成条目，逻辑较为清晰	条款阐述未形成条目，需要听众自主归纳	条目阐述未形成条目，无重点，难以明确逻辑
举例说明合理性（20%）	能够充分、正确列举案例对条款内容进行解释	能够列举案例就关键条款内涵进行较明确说明	能够列举案例，但需进一步与条款解读相结合	需进一步列举条款

2. 分析型评价尺规应用案例

分析型评价尺规应用案例见表 4-36。

表 4-36　"早会"课程教学目标分析型评价尺规

"企业文化"（特殊纪念日）主题早会

班级：　　　　　　受评组别：　　　　　　成员：

评价组别：　　　　　　　　　　　　　　日期：

各位同学：

　　此次评价是针对本单元学习成果的分析型实作评价，评价主要的学习成果——"能够设计并经营'企业文化'主题早会"。采用学生小组互评与教师复评相结合的方式。

　　请针对下列评价向度并依据"评价尺规"进行小组互评及教师复评。其中前四个向度，即"团队协作性""环节连贯性""内容专业性""气氛感染力"为小组共性评价向度；后两个向度，即"团队贡献度""语言表达能力"为个性评价向度。

　　学生小组互评：对同一小组及个人的评价，采用各小组评价分数的平均数。

评价向度	小组互评	教师复评	合计
团队协作性（20%）			
环节连贯性（20%）			
内容专业性（20%）			
气氛感染力（20%）			

续表

评价向度	小组互评	教师复评	合计
团队贡献度（10%）			
语言表达力（10%）			

评价尺规（个性向度）

尺度 向度	A（100～80）	B（79～60）	C（59～40）	D（40以下）
团队协作性 （20%）	团队分工明确；成员参与度极高；各早会单元均由不同成员主持经营	团队分工较明确；成员参与度高；只有1～2名成员没有参加早会经营	团队分工不够明确；早会经营仅有2～3人参加	团队分工不明确；成员较少参与讨论；只有1人进行早会经营
环节连贯性 （20%）	早会经营各环节衔接非常流畅	早会经营各环节衔接流畅	早会经营各环节衔接较为流畅	早会经营出现环节断裂，需进一步完善
内容专业性 （20%）	早会内容与主题吻合，能够准确抓到纪念日对应的保险需求，内容重点突出且准确	早会内容与主题吻合，能够比较准确抓到纪念日对应的保险需求，内容重点较突出准确	早会内容与主题不是十分吻合，但内容比较专业，内容重点有待突出	早会内容与主题不吻合，无法体现与纪念日相对应的保险需求
气氛感染力 （20%）	早会现场气氛热烈，调动现场同学全员参与，引起参会人员共鸣	早会现场气氛较为热烈，调动大部分同学参与，引起大部分参会人员共鸣	早会现场气氛一般，调动现场少数同学参与，没有产生共鸣	早会现场气氛一般，无现场同学参与，没有产生共鸣
团队贡献度 （10%）	在小组早会经营中，主持一个早会环节加5分，以10分为限，超过10分不再累加			
语言表达力 （10%）	声音洪亮、语速适中、表达内容清晰并具有较强感染力	声音、语序、表达内容、感染力均可	声音、语序、表达内容、感染力有2项以上较好	声音、语序、表达内容、感染力均需进一步训练

评价总结：

（三）整体型评价尺规的内涵及应用

1. 整体型评价尺规的内涵

整体型评价尺规是用语言综合描述评价标准的表现特征，把学生的表现看作一个整体，对其表现做出等级判定或评分，多适用于总结性评价。

整体型评价尺规主要包括两大要素，即评价等级、等级描述，见表4-37。

表4-37　质性评价整体型评价尺规

等级 ＼ 描述	等级描述
A（30%）	评价指标1等级A描述；评价指标2等级A描述；评价指标3等级A描述
B（30%）	评价指标1等级B描述；评价指标2等级B描述；评价指标3等级B描述
C（40%）	评价指标1等级C描述；评价指标2等级C描述；评价指标3等级C描述

整体型评价尺规的应用也要先根据教学目标明确观测点，即通过哪些评价指标来指向教学目标的达成，将观测点按照等级进行划分，注意边界清晰，然后将各观测点按照等级集合在统一等级层次中。例如，某门课程的教学目标为"学生能够根据××报告进行主旨演讲"，对于这样一条能力目标，教师在授课的最后采用总结性评价，要求学生进行报告主旨演讲，并给出评价结论。根据教学目标，教师首先分解评价指标，见表4-38。

表4-38　分析型尺规评价指标举例

教学目标	评价指标
学生能够根据××报告进行主旨演讲	报告主旨
	支撑资料
	现场互动
	交流答疑

教师根据上述评价指标，界定4个评价等级，并对同等级进行集合描述形成此目标的整体型评价，见表4-39。

2. 整体型评价尺规应用案例

整体型评价尺规应用案例见表4-40。

表 4-39　整体型尺规评价指标举例

评价等级	等级描述
优	能清楚描述报告主题并提供足够的理由说明其重要性。有充分的资料支持结论，报告方式吸引观众注意。全场保持与观众眼神交流，可以明显感觉到对主题的准备与热情。能使用合适的资料清楚回答观众的问题
佳	能描述报告主题并提供足够的理由说明其重要性。有适量的资料支持结论，内容大致准确。可以感觉到对主题的准备与热情。能够清楚回答观众的问题
可	能描述报告主题，但未能完整说明，且没有提供结论。内容可以理解但有错误，无法感觉到对主题的准备与组织。仅以最基本的答案回答观众问题
需改进	能相对模糊地描述报告问题及其重要性，主题不够明确并且没有适宜的结论。内容不够清晰，需进一步进行材料的准备与整理。对于观众提出的问题仅进行形式上的回答，未给出明确答案

表 4-40　应用案例——"早会"课程教学目标评价整体型评价尺规

"企业文化"主题早会	
班级：　　　　　　　受评组别：　　　　　　　　成员： 评价组别：　　　　　　　　　　　　　　　　　日期：	
各位同学： 　　此次评价是针对本单元学习成果的整体型实作评价，评价主要的学习成果——"能够设计并执行'企业文化'主题早会"。采用教师评价方式。 　　请同学们根据主题以团队形式设计并组织早会内容，有序开展一次集体早会，教师将从参与度、内容、组织成效性等方面对早会团队进行评定	
优选早会（100）	早会团队在每位团队成员均有分工的前提下，切合主题组织早会内容； 能够连贯逻辑性强地组织早会各环节； 在既定的各单元内容下，能够充分调动参会者积极性，引发互动； 早会方案全部实施
良好早会（80）	早会团队在每位团队成员均有分工的前提下，切合主题组织早会内容； 早会环节设计合理，但在连贯性方面要进一步提高； 能够在既定的各单元内容下较充分调动参会者积极性，引发互动； 早会方案全部实施
合格早会（60）	早会团队在每位团队成员均有分工的前提下，有序开展； 早会内容应进一步切合主题进行整理，尽可能围绕主题展开； 应进一步整合早会各单元，使其具有充分的连贯性及逻辑性； 能够有效调动参会人员，早会方案全部实施

需改进早会（40）	早会团队应给予每位成员分工任务，给予团队成员锻炼机会； 早会主题的选取应切合主题进行整理，尽可能围绕主题展开； 早会各单元的衔接有明显的断档，应从内容上设计使其连贯； 要注意和现场参与者的互动，确保能够将早会方案有效实施

　　质性评价评价工具的选择，可以从评价指标的属性来判定。评价指标的完成有程度之分，要应用分析型或整体型尺规；评价指标的完成只有"是、否"选项，要应用检核表来完成相应的评价。评价工具的版式，可以根据课程的实际情况来设计，只需要保证要素不缺失，方便实用即可。

第五章　培养目标及核心能力评价

成果导向学习成果评价在于不断调整和改善学校的培养目标、核心能力及课程目标，形成持续改进的教学质量保障体系，确保学生毕业时获得应具备的能力，为学校健康可持续发展和人才培养质量持续提升提供坚实保障。

第一节　培养目标及核心能力

一、培养目标、核心能力的内涵

（一）培养目标

培养目标是指依据国家的教育目的和各级各类学校的性质、任务提出的具体培养要求。本科工程教育认证中培养目标是对该专业毕业生在毕业 5 年后左右能够达到的职业和专业成就的总体描述[①]。中国台湾 IEET 工程技术教育认证规范中教育目标是指认证学程预期学生于毕业 3 ~ 5 年所应达到之成就。

培养目标的确立要以教育目的为依据，是教育目的的具体化。培养目标必须通过教学目标才能实现，教学目标是在学校培养目标之下，对培养目标的具体落实和结果预期。

（二）核心能力

成果导向教育理念中的核心能力是毕业时的学习成果，是学生毕业时应具备的、助力学生取得专业成就的重要能力，是学生未来获得成功所必备知识、技能和素养的整体行动能力，是个人在不同学习或工作场景以及职业发展历程中所表现出的综合素质。工程教育认证标准中的"毕业要求"是对学生毕业时应该掌握的知识和能力的具体描述，包括学生通过本专业学习所掌握的知识、技能和素养[②]，其与核心能力概念的内涵是统一的。

（三）能力指标

能力指标又称绩效标准，也称毕业要求（毕业能力）指标点[③]。能力指标是从核心能力延伸而出的各项具体指标，对核心能力逐条分解、细化，使核心能力成为若干更为具体、更易落实、更具可测性的指标，是考量核心能力实现程度的绩效标准。能力指标实际上是为毕业生搭建了一个能力结构，而这个能力结构的实现要依托课程目标的达成。

---

①② 中国工程教育专业认证协会. 工程教育认证标准 (2017 年 11 月修订).

③ 李志义. 成果导向的教学设计 [J]. 中国大学教学, 2015(3): 33.

二、培养目标、核心能力的关系

当培养目标确定后，应依据培养目标确定核心能力，再依据核心能力确定能力指标、课程教学目标。培养目标、核心能力、能力指标、课程目标是自上而下的决定关系，反过来又是一种自下而上的覆盖和支撑关系。

从具体程度来看，培养目标较为广泛，核心能力比培养目标具体，但与培养目标一样难以评价。能力指标则是具体的、可评价的预期结果，是课程结束时应展现的绩效标准。课程目标是从某一门或几门课程的角度所规定的人才培养的具体规格和质量要求，能力指标的实现依托于课程目标的达成。培养目标通常为 4～7 项，核心能力的项目通常比培养目标要多。能力指标数量为核心能力的 2～6 倍，且应当与核心能力有明确的对应关系。课程体系中的每门课程都应对学生的核心能力有确定的贡献，在核心能力权重分配中占据合理的比例。课程目标与能力指标互相呼应，课程目标可采取条目式表述，涵盖知识、技能、素养领域。

从外部需求的作用来看，在确定培养目标、核心能力及能力指标时需要参酌政府要求、行业企业需求、校友期望、学校定位和学生发展五个向度，其中培养目标主要由政府要求、行业企业需求和校友期望三个外部需求决定；核心能力及能力指标主要由学校定位和学生个人发展两个内部需求决定。外部需求对于决定与评估培养目标是不可或缺的，但不需要对课程发展负责；核心能力及能力指标则由专业及课程教师决定。

三、培养目标、核心能力制定要点

1. 以学生为中心

制定培养目标与核心能力时要以学生为中心，准确描述出学生毕业后可达成的核心、主要的且具有竞争力的能力。叙述时应跳出以教师为中心的传统思维，注意以教师为中心叙述与以学生为中心叙述的区别。

2. 清楚聚焦

培养目标与核心能力应建立一个能够预期学生表现成果的清楚的学习蓝图，并以此蓝图作为课程、教学、评价设计与实施的起始点。

3. 高度期许

制定培养目标与核心能力时应期待学生达到较高层次的表现，并营造成功情境与机会，让所有学生都能成功。高度期许与高标准内涵不同，如果仅提高标准而没有增加对学生的期望或促使更多学生成功学习，则提高标准只会增加学生成功的障碍与降低学生学习通过率。

243

4. 赋予时代意义与展现特色

根据五向度的变化，在"校训不动"的原则下，赋予培养目标与核心能力以时代性的教育宗旨或培养方向。同时，彰显三级培养目标的各自特色，学校、学院及专业应各具特色，各不相同。

5. 三级纵向连贯

学校、院系、专业三层级的培养目标与核心能力应纵向连贯、环环相扣。学校层面应对培养目标与核心能力作明确说明，以引导院系、专业层面建置培养目标与核心能力。

6. 横向整合相关单位

校级培养目标与核心能力的形成与实现是由正式课程、非正式课程、隐性课程及悬缺课程等共同完成的，有些是跨部门、跨领域的，必须与教务处、学工部（团委）、通识教育中心等部门分工合作、协调统整，才能达成既定的校级核心能力。

7. 发展能力指标

院系及专业应依据培养目标与核心能力形成具体可测的能力指标（绩效标准），若仅仅确定核心能力，没有更明确的能力指标，那么在规划、调整及实施教学评价时，不仅评价效度降低，且出现重叠的概率增大。

8. 民主与审议程序

制定培养目标与核心能力应当经过民主程序审议。校级培养目标与核心能力、院级核心能力及能力指标应经学校学术委员会审议通过，通过决议的培养目标与核心能力应标注通过会议的名称、学年、学期及日期。另外，核心能力应经严谨研究后订立，不宜频繁修订。

9. 沟通凝聚共识

培养目标与核心能力的研究拟订是凝聚共识、吸收不同意见的民主过程，这一过程往往比结果更为重要。沟通与搜集意见可采用问卷、网络、访谈、座谈等方式，其对象应该包括校友、家长、教师、行业企业代表、教育专家等。

第二节　学习成效评价与持续改进机制

一、"三循环"课程开发与学习成效评价机制

"三循环"即短期循环、中期循环、长期循环。结合"三循环"课程发展理念，围绕学生、教师、课程、专业、学校五大关键因子，构建贯通教育教学活动全过程的课程循环、专业循

环、学校循环三个闭环系统，形成具有监控、诊断、回馈、改进功能的学习成效评价与改进机制。

短期循环是课程循环，是对课程教学目标的持续改进。从课程开发设计开始，通过实施课程的教学和评价，将教学过程行为数据和教学评价结果适时进行反馈，对课程教学目标进行微调，再次进入短期循环。中期循环是专业循环，是对专业培养目标及核心能力的持续改进。从制定专业培养目标及核心能力开始，制定更具体、可直接评价的能力指标，以能力指标来调整、设计、实施、评估课程，适时进行反馈，对专业培养目标及核心能力进行修订，反复循环。长期循环是学校循环，是对学校培养目标及核心能力的持续改进。根据内外部需求和专业循环的反馈结果来不断完善学校培养目标。通过持续改进课程教学目标，确保其始终与核心能力及能力指标相符合；持续改进核心能力及能力指标，确保其始终与培养目标相符合；持续改进培养目标，确保其始终与内外部需求相符合。三个循环是三个闭环系统，且环环相扣，互相依存，将人才培养各环节有机紧密地联系起来。

"三循环"是一个动态的、开放的持续改进体系，在确定学习成果、培育学习成果、评价学习成果、应用学习成果的课程发展过程中，形成一套完备的、规范的制度和流程，贯穿成果导向教育课程改革的全过程，推动教学质量和人才培养质量螺旋式上升。保障"三循环"持续运转，是成果导向教育理念落实到课程、课堂层面，推动课程改革不断深化和良性发展的关键。为此，学校应搭建多方参与、职责明确、执行有力的组织结构。学校各专业可在原专业建设委员会的基础上，成立外部咨询委员会和课程委员会，明确组织机构、成员及职责。外部咨询委员会可以由10名左右教育专家、校友代表、行业专家等校外人员构成，其职责为参与专业的学生学习成果制定、评价与改进。课程委员会主要由学校课改骨干教师、课改教学行政部门负责人等校内人员组成，其职责为依据核心能力及能力指标对课程开发与实施进行评价与改进。专业委员会成员由部分课程委员会委员和外部咨询委员会委员组成，其职责为引领专业建设，对学习成果进行制定、评价与改进。三个委员会各司其职，秉持民主、规范的原则，按照既定的路径和流程对专业学习成果进行评价和改进。例如，对专业培养目标持续改进，如图5-1所示。专业建设委员会应依据学校培养目标、学院培养目标、专业标准和相关认证标准，制定专业培养目标，形成初稿。将初稿提交课程委员会、外部咨询委员会审议，形成修订稿。专业建设委员会根据修订稿意见，形成培养目标定稿，确定专业培养目标。将培养目标通过多种途径公开宣传，根据评价结果定期反思和调整。在持续改进系统组织中，应明确各环节的工作职责要求、责任人、基于工作的数据、处理方法、评价周期、持续改进措施和形成的文档记录等，开展专业培养目标、毕业要求、课程体系的顶层层面设计和课程目标、教学大纲、教学活动、教学评价的底层层面设计的持续改进，保证教学过程规范化、流程化和周期性管理。

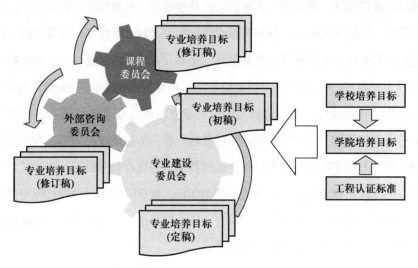

图 5-1 专业培养目标评价改进流程

二、学习成效评价

成果导向学习成效评价是以学生有系统、有步骤地收集、检视和运用各项数据或实例，评析学生在不同学习阶段达到预期学习成效程度和学校达成预期教育目标程度，以帮助大学执行教育任务，增进学生学习，展现课程与毕业生的品质，是持续改进回馈的有效工具。成果导向的学生学习成效评价着重产出化，聚焦培养目标与核心能力，着重产出的能力指标（绩效标准），突破以往以教师为中心、输入的评价方式，转到以学生为中心、产出的评价方式。

检视三级培养目标与核心能力的达成度，应有呼应三级层次评量机制。学习成效评价应包含三个层面：学校层面评价，即学校达成预期教育目标及学生达成学校预期毕业成果的程度；学程层面评价，即评析学生学习成效达到学程预期目标的程度；学科层面评价，即评析学生达成特定学科预期学习成效的程度，重点放在学生与学科[1]。即学校、专业和课程三个层面，每个层面各有其评价重点和方式。美国工程及技术教育认证委员会专业副执行督导长 Rogers 于2009 年提出成果导向评价计划流程。此流程主要包括：是否已建立绩效目标、是否已发展学习成果、是否已定义绩效标准、是否已校准课程与成果、是否已选定评价方法、是否已结束等

---

① 李坤崇. 大学课程发展与学习成效评量 [M]. 台北: 高等教育文化事业有限公司, 2011.

六个历程。简而言之，不论是对培养目标进行评价，还是对核心能力进行评价，都要解决四个基本问题，即评什么（评价内容）、谁来评（评价主体）、如何评（评价方法）、何时评（评价周期）。

（一）符合度评价与达成度评价

符合度评价与达成度评价是学习成果评价的评价内容，即评什么的"什么"。符合度评价也称合理性评价、重要性评价，是对学习成果是否科学合理的评价，是进行学习成果建置和修正调整时的依据。在学习成果建置时，需要评估是否符合或适应国家及社会需求、行业及企业发展、家长及校友期望、学校特色及定位、学生能力及发展等内外部需求。在一定周期内，需要评估学习成果是否满足当下的内外部需求。达成度评价是对学习成果达成情况或实现程度的评价。学习成果的达成与否与课程改革与发展至关重要。

（二）内部评价与外部评价

内部评价要求专业要建立教学质量的内部实时监控与定期评价机制，要有评价标准，评价对象为课程体系设置和教学质量；外部评价要求专业建立毕业生跟踪反馈机制以及定期的社会评价机制，评价对象是培养目标的符合度与达成度[①]。

（三）直接评价与间接评价

学习成果评价采用多元的方法来评价多元的成果。常用的方法有三种：一是统一测验或心理量表，以评量学生心智能力，如课程成绩、核心能力量表等；二是问卷调查，向毕业生、教职工、利害关系人等搜集资料，以评量学生学习行为及毕业后的表现等；三是分析现有学习成果资料，包括学习档案、资格证书、大赛成绩等。

评价方式分直接评量与间接评量两类。直接评量可采用自我发展评量、核心能力或基本能力测验、共同科目或核心课程标准测验、跨领域课程学习成果测验、学科植入评量、学科纸笔测验、学科实作评量、学科档案评量、学生学习档案分析，以及各项证照或检测成果等，借以直接检核校、院系或学科的学习成果。间接评量可采用毕业生离校前或就业一年后的调查或座谈，企业主或雇主、校友或校友团体及教职员工的调查或座谈，毕业生就业率评析等方式，来间接检核校、院系或学科的学习成果[②]。

---

① 李志义. 解析工程教育专业认证的持续改进理念 [J]. 中国高等教育, 2015(15/16).
② 李坤崇. 学习成果评量计划及实例 [J]. 教育研究月刊, 2010(196).

中国台湾相关机构在进行专业认证时提出，直接评价是直接观察或检验学习成效的方法，可以采取实作评量、模拟测验、行为观察、纸笔测验、量表、历程档案、口试等方法。间接评价多为意见调查或自我陈述，用以补充直接评价的结果，如访谈、问卷调查等。

（四）学习成效评价系统

建立以学生学习成果为准绳的学习成效评价系统，适时评估培养目标的达成度与符合度，确保培养目标始终与内外部需求相符合；适时评估核心能力的达成度与符合度，确保核心能力始终与培养目标相符合；适时评估能力指标、课程目标的达成度与符合度，确保能力指标、课程目标始终与核心能力相符合，从而形成不断循环回馈的持续改进机制。

以专业层面的学习成效评价为例，建立学习成效评价系统。专业核心能力学习成效的评价，是记录学生预期目标、学习、行为及实际的表现，这个过程是一个持续改善专业核心能力的循环周期，是一个积极的过程，记录成功的内容，明晰学生某时间节点与课程预期学习目标的差距，了解学生知道什么与能够做什么，也让师生同时了解达成目标的程度，并针对未达成的目标提出课程修正的策略[①]。评价的核心价值在于通过评价持续改善课程，以确保高质量的教育。

学习成效评价系统以检视专业学习成果为目的与起点，包括直接评价与间接评价。直接评价通过正式课程学习评价、非正式课程活动评价、导师观察评价、学生核心能力量表自评、学生学习档案评价，并将学生获得职业等级证书或大赛证书等作为额外加分项，来评价专业能力指标与核心能力的达成度，最终结果可绘制出学生核心能力雷达图；间接评价从学校内外部对毕业生、教职工、校友、用人单位、就业情况等进行问卷调查或座谈。将两类评价的结果综合分析，得出专业核心能力学习成效评估结果回馈至专业核心能力，检视专业核心能力达成度与符合度，不断改进教学活动，调整专业修订核心能力，并作为培养目标修订的依据。评价系统如图 5-2 所示。

三、回馈与改进

对学习成果的评价不是随意的措施，而是周期化的行为。学校、专业、课程层面评价回馈循环应有合适的周期。学校回馈循环周期为 3 ~ 6 年，专业周期为 1 ~ 3 年，课程周期为一学

---

① 李坤崇. 大学课程发展与学习成效评量 [M]. 台北: 高等教育文化事业有限公司, 2011.

年或一学期。各校可依据评价目标与需求调整周期。

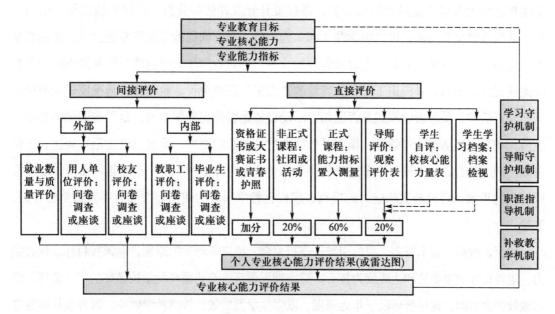

图 5-2 黑龙江职业学院学习成效评价系统

在学习成果之后，需要对评价数据公正客观地进行数理统计分析，以明晰学生学习成果达成度及课程实施情况，全面检视、调整或研修学校、院系、专业三级培养目标、核心能力及能力指标。评价历程与结果应公开呈现，并召开反馈会议，提出具体的回馈或补救改善建议，决定课程体系、课程大纲、课程实施、教法学法、教材、评量的适切性以及决定修订、改善幅度，制定持续改进课程的措施与时限。改进措施可通过建立必要的组织、形成针对性制度、改进专业课程结构与内容、推进校企合作、加强学生守护与辅导等方面来提升课程质量与学生学习成效。措施可分为全校性、专业性、年级性、班级性或个别性等方式，选取何种方式视评价结果而异。此外，修改、改善课程的幅度应充分考虑对教师的冲击及行政配套措施的周延，避免盲目推进而引起反弹。

以课程教学反思为例，在每学期末进行教学后记反思、课程评估分析、课程教学反思交流、教师教学情况反思等活动。教学后记反思主要以教研室为单位，对所辖教师单元教学后的教学后记反思完成情况进行集中检查和交流研讨，检查的重点是教学反思撰写的达标性。交流研讨的重点是教学目标及能力指标达成情况，学生课堂学习表现情况，教学内容及重难点，教学方式、学习方法、评价方法、教学资源建设及使用情况五方面评析。课程评估与分析主要以教研室为单位，对所辖课程进行评估与分析。课程评估与分析以教师／课程为单位填写课程评估与分析表，并召开课程评估与分析专题研讨会，研讨的重点是学生学习成效评估与分析、学生核心能力及能力达成评估与分析、课程设计开发评估与分析、课程实施过程评估与分析。课程教学反思交流是以二级学院（部）为单位，召开课程教学反思专题会议，遴选教学后记反思、课程评估与分析优秀教师做经验分享，针对教师和教研室教学反思提出的问题和改进建议进行研讨，并提出下一步的持续改进意见，形成决议。教师教学情况反思主要可以开展以下活动：反思教学模式是否适切，活动设置是否体现教学重点，是否能调动学生学习热情，增强双边活动的时效性。根据对教师教学基本功的要求，反思自己在语言表达、逻辑思维、归纳整合、板书设计、多媒体使用及课堂掌控等方面的不足。年轻教师反思自己在授课经验的积累、理论与实践能力的提高、现代化教学手段的使用等方面有哪些措施和计划，等等。

综上，按照"需求导向，目标引导，连贯整合，成果驱动"的原则，以课程目标、核心能力、培养目标的重要性和达成度为核心，建立课程循环、专业循环和学校循环的"三循环"学习成效评价机制。课程循环以学年为周期，以学生学习成效、教师教学效率、课程设计实施等为评价指标，通过课程成效分析评估、单元教学反思等路径，建立课程教学目标的评价机制；专业循环以3年为周期，以课程实施满意度、用人单位满意度、毕业生满意度等为评价指标，通过专业课程、通识课程和顶点课程核心能力达成分析等路径，建立专业培养目标及核心能力（毕业要求）评价机制；学校循环以学生毕业后3～5年为周期，以国家、社会、行业企业、校友的需求和满意度为评价指标，通过对利益相关方访谈、座谈、问卷调研等路径，建立学校培养目标及核心能力评价机制。三个循环相互交叉影响，既具有诊断评价功能，又能适时回馈评估结果并持续改进，有效解决内部与外部利益相关方需求度和满意度难以测量、不易落实以评促改和持续改进的问题。

总之，成果导向学习成效评价重在评价与回馈，是一个及时回馈、有效补救、不断循环、持续提升的过程，需要学校各部门及全体教职工凝聚共识齐心协力，运用智慧创新创造，促进学生学习成果的全面达成，帮助每一名学生走向成功。

第三节　培养目标评价

一、关键和重点

在对培养目标进行评价时，首先要明确"毕业生"是指毕业后3～5年的学生，而不是刚毕业的学生。这就规定了培养目标的跟踪评价期为 3 ～ 5 年。评价主体是毕业后 3 年以上的校友和接收毕业生就业的企业。评价的重点不仅在于校友的达成度，更在于专业是否定期进行评价以及评价后是否进行反思和调整。

二、主要方法

培养目标符合度评价主要采用资料分析法、问卷调查法、座谈法与访谈相结合等方式对相关内容进行调查分析，判断培养目标与产业社会经济变化需求、用人单位实际需求、所属学科发展变化需求、学校的办学定位、专业自身的办学资源与条件、专业的培养定位、校友期望等的符合程度及存在的问题。每年一次的定期调研，与不定期座谈会相结合。

（1）资料分析法。对本地区及组织近几年的文本制度、组织实践活动数据以及个人的实践反思记录等进行分析，得出相应的评价结论。如学校在制定培养目标中形成或涉及的各种文字材料、社会中相应的经济产业数据等，均可对其进行深入研究。

（2）问卷调查法。通过设计科学合理的问卷，并将问卷在合适的时间发放给被调查对象，以此对培养目标的各方面进行充分的了解，从不同角度对培养目标进行更为全面的评价。在对培养目标是否反映社会需求的问卷设计中，可以围绕符合国家与地区发展与变化的需求、符合产业发展与变化的需求、满足工程技术全球化发展趋势的需求、与大学定位相符合、反映本专业发展变化需求等多个维度了解相关群体对培养目标认同度的评价。

（3）访谈座谈法。通过邀请相关评价主体，在精心设计访谈提纲的基础上，对其进行访谈，了解培养目标合理性相关意见及建议。同时，在了解培养目标存在个别问题的基础上，充分发挥座谈法的优势，召集相关评价主体，围绕培养目标与经济、社会、高校及专业各方面的需求与现实条件，安排不同主题与内容的座谈会，对培养目标的相关内容进行充分讨论，并记录座谈的相关内容。在座谈中，通过相关话题进行深度交流，对整个调查做出最后的归纳，从而对培养目标的合理性做出科学的评价，找出问题的源头所在。

培养目标达成度评价主要采用间接评价方法，多通过调查问卷、座谈会等方式间接了解毕业生岗位能力以及培养目标达成情况、用人单位对毕业生的满意度评价等。关于问卷调研的对象，校友要选择从事本专业主流发展职业，具有 3 年及以上的专业技术岗位或人力资源管理工作，对母校有深厚情感的毕业生，以不少于 60 人为宜。用人单位代表要选择与学校有多年合作经验、聘用本专业毕业生三届以上，从事人力资源管理或专业技术工作，以不少于 30 人为宜。为扩大样本数量，可以通过网络广泛征求其他用人单位、校友对培养目标满意度情况进行调查，但要与定向的问卷分别统计分析。培养目标达成情况评价应当定期开展，形成常态化评价模式。对一些常规性内容评价要能够做到不定期组织座谈会，充分利用校友返校聚会、作讲座或报告、企业开展招聘会、校企合作、国内外交流的机会，积极收取关于本校培养目标建设相关的意见及建议，为培养目标修订提供参考。

三、案例分析

问卷调研可以搜集到定量数据、定性数据、混合型数据。通过定量数据可以比较不同评价主体之间的差异。因此，在制作问卷时，不同的评价主体的问卷结构要保持一致，便于相互间对比分析。问卷可采用李克特量表式，每一陈述有"非常好""好""一般""不好""非常不好"五种回答，分别记为5、4、3、2、1。可以直接得出校友或用人单位对培养目标的评价，平均值越高表示符合度和达成度越高。可以对所得数据进一步分析，如可以进行分项达成情况的对比，找出得分较低的分项目标，分析原因并改进。也可以通过标准差，判断调研对象评分结果的一致性。例如用人单位的评分结果标准差小，表明用人单位的评价一致高；若标准差大，则要分析极值原因。分析结果可用饼形图、柱状图、雷达图等呈现。

以黑龙江职业学院数控技术专业为例，专业规定在每年5月至6月开展培养目标达成度与重要性的评估工作，评估的主要方法是对毕业3年以上校友、用人单位进行问卷调查以及个人访谈。调研问卷见表5-1。

为了解专业毕业生培养目标的达成度情况和培养目标对其职业生涯发展的重要性，专业对毕业3年以上的校友开展问卷调查，问卷调查实际发放了56份，回收有效问卷50份，回收率89%。校友对三项培养目标整体达成度为90.6%，校友对三项培养目标评估整体重要性为93.3%，详见表5-2、图5-3和图5-4。

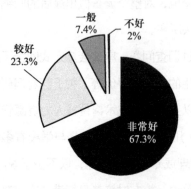

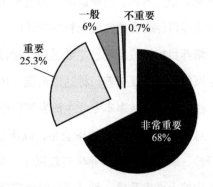

图5-3 校友对三项培养目标整体达成度评价　　　　图5-4 校友对三项培养目标整体重要性评价

表5-1 数控技术专业校友调研问卷

一、您的工作情况	
工作单位	
工作岗位	
所在区域	省　　　　市

二、您认为自己现在的表现是否达成了学校的培养目标

培养目标是指毕业后 3 ~ 5 年在企业展现出的知识、技术、态度等内容，请您根据自己在企业的真实表现填写达成情况。同时，对于专业培养目标是否符合企业及社会需求，即培养目标的重要性进行评价

	您认为自己在工作中此项目标达成情况如何？				
1.具备沟通协作能力和独立思考能力的终身学习者	非常好	较好	一般	不好	非常不好
	您认为此项培养目标是否重要？				
	非常重要	重要	一般	不重要	非常不重要
2.具有必备数控加工专业知识，较强数控加工设备运用、工艺规程制定和数控程序编制能力的技术技能人才	您认为自己在工作中此项目标达成情况如何？				
	非常好	较好	一般	不好	非常不好
	您认为此项培养目标是否重要？				
	非常重要	重要	一般	不重要	非常不重要
3.具有敬业精神，德智体美劳全面发展的负责任公民	您认为自己在工作中此项目标达成情况如何？				
	非常好	较好	一般	不好	非常不好
	您认为此项培养目标是否重要？				
	非常重要	重要	一般	不重要	非常不重要

注：在空格内画"√"，每一项培养目标只能选一项，多选无效，空选无效

表 5-2 校友对培养目标达成度及重要性的调查

1.具备沟通协作能力和独立思考能力的终身学习者	您认为自己在工作中此项目标达成情况如何?									
	非常好		较好		一般		不好		非常不好	
	次数	%	次数	%	次数	%	次数	%	次数	%
	35	70	10	20	4	8	1	2	0	0
	您认为此项培养目标是否重要?									
	非常重要		重要		一般		不重要		非常不重要	
	次数	%	次数	%	次数	%	次数	%	次数	%
	32	64	16	32	2	4	0	0	0	0
2.具有必备数控加工专业知识,较强数控加工设备运用、工艺规程制定和数控程序编制能力的技术技能人才	您认为自己在工作中此项目标达成情况如何?									
	非常好		较好		一般		不好		非常不好	
	次数	%	次数	%	次数	%	次数	%	次数	%
	35	70	11	22	2	4	2	4	0	0
	您认为此项培养目标是否重要?									
	非常重要		重要		一般		不重要		非常不重要	
	次数	%	次数	%	次数	%	次数	%	次数	%
	40	80	8	16	1	2	1	2	0	0
3.具有敬业精神,德智体美劳全面发展的负责任公民	您认为自己在工作中此项目标达成情况如何?									
	非常好		较好		一般		不好		非常不好	
	次数	%	次数	%	次数	%	次数	%	次数	%
	31	62	14	28	5	10	0	0	0	0
	您认为此项培养目标是否重要?									
	非常重要		重要		一般		不重要		非常不重要	
	次数	%	次数	%	次数	%	次数	%	次数	%
	30	60	14	28	6	12	0	0	0	0

第四节　核心能力评价

一、关键和重点

在对核心能力进行评价时，要明确评价主体"毕业时的学生"一般来说是应届毕业生，在特殊情形时也可以是毕业一年内的学生。在工程教育认证中，评价主体也包括用人单位。此外，还可以将导师观察评价纳入核心能力评价中。核心能力评价的重点不仅在于毕业生的核心能力达成度，更在于专业是否定期进行评价以及评价后是否进行反思和调整。

二、主要方法

核心能力符合度评价主要采用文本分析法、座谈法、问卷调研法。利用文本分析法，通过对学校现有专业毕业要求设计及实施的相关制度文件、文本资料等对核心能力各指标点、课程教学支撑环节及权重系数等进行文本分析，判断核心能力合理与否。同时，通过安排一定量的座谈会，创造良好的座谈条件，能够促进专业负责人、课程负责人、任课教师等对毕业要求的设置畅所欲言，为核心能力持续改进提供建设意见。在座谈内容设计上，可以就核心能力是否合理，其与课程体系、教学环节的支撑情况是否科学等各方面是否得当等相关问题进行问题设计，并围绕该问题展开调查与深入讨论分析。核心能力的符合度评价周期可以根据实际情况安排，如每学期一次的文本分析与不定期座谈会相结合。

核心能力达成度评价可以采取直接评价和间接评价多种方式相结合的评价方式，建立起学生核心能力达成情况的交叉评估机制，从而解决毕业生评价方法单一、评价缺乏系统性和标准化，且难以通过信息技术显现等问题。运用雷达图评价法，将核心能力的多项指标点作为雷达图的维度，根据核心能力权重矩阵与所修课程成绩，统计学生所修全部课程的分项核心能力总值，绘制出每位在校生动态核心能力雷达图及毕业生核心能力达成雷达图，直观形象地反映学生的能力提升及达成情况。可结合高职教育特点，开发顶点课程，统整深化学校所学，细化能力观测点，分项评定学生核心能力达成度，直接评价学生的综合能力。依据核心能力内涵，运用量表编制技术，开发学生核心能力量表，定期对全体学生进行自我评测，作为班主任评价与核心能力达成度评价的重要依据。运用问卷编制技术，编制开放性、封闭性、混合型、定性、定量等多种类型问卷，对用人单位、学校教职员工、毕业生、校友、职教专家、家长进行广泛调研。

在工程教育专业认证过程中，对毕业要求达成度的评价普遍采用的方法是课程成绩分析法，该方法的基本原理就在于由任课教师及管理人员评估自己负责的毕业要求达成情况。评价的依据为各门课程考核材料，包括试卷、测验、小作业、大作业、实验报告、实习报告或设计资料等，其主要针对可以用课程成绩进行量化的毕业要求指标。

三、案例分析

（1）顶点课程评价法。顶点课程一般在学生在校学习的最后一学期开设。其课程目标呼应学校学生核心能力，课堂教学一般采用项目教学法，按照项目"支架理论"将大项目分解为低风险任务，学生以小组为单位确定选题、以专业人员身份解决实际且开放性的专业问题，多个教师共同指导。课程评价采取书面报告、口头报告、实作作品等质性评价方法，行业企业人员参与评价。顶点课程是最直接有效地检视课程成效、评价毕业生核心能力达成度的途径，特别是评价问题解决、团队合作、跨界整合、有效沟通和项目管理等能力。通过实施顶点课程，学生对学习情况进行总检视，了解到自身知识、技术或素养的不足，从而在毕业前加以充实和强化。

以黑龙江职业学院数控技术专业为例。本专业设置一门整合工程实务技术能力的专题或实作课程。顶点课程开设在大二下学期，该课程旨在引领学生运用机械制造理论与实践技能完成机械零部件数字化设计与制造，从而获得解决实际问题的能力。通过对已有机械零部件的功能改进与添加完成产品的数字化设计，在此基础上对产品进行数控加工工艺设计，最终完成产品的加工及检验。通过本课程的学习，学生可总结和评估数控加工领域的学习经验，反思和整合所学知识技能，成功过渡到职业生涯。

顶点课程"机械零部件数字化设计与制造"涵盖了数控技术专业六项核心能力，该课程为综合运用课程，主要考核学生的数控技术专业能力、问题解决能力和学习创新的能力。

顶点课程学生核心能力评量见表5-3。

该专业顶点课程核心能力达成度评量表见表5-4。通过对各组学生的成绩分析可以看到，该专业学生的专业技能平均分为78，获得了较好的锻炼；其中学生学习创新能力、责任关怀和职业素养的能力与全班学生六项核心能力平均分相近，这说明"三力"均得到了锻炼，但分值偏低说明还有待提高；而学生的沟通整合能力和责任关怀能力平均都为74分，低于班级六项核心能力平均值的5.1%，因此在今后课程中需加强数控技术专业责任关怀（责任力）和沟通整合（协作力）核心能力的养成。

表 5-3　数控技术专业顶点课程学生核心能力评量

20××—20××学年度第二学期

课程：机械零部件数字化设计与制造　　　　　　　　年级：20××级

学生：李×　汪××　赵×　晁×　张××　　　　　教师：蒋××

专题题目：对机械零部件进行数字化设计，编写该零件的生产工艺和加工程序，并对该产品进行数控加工

成绩：93

专业核心能力	权重	得分	权重得分
A 沟通整合（协作力）	10%	95	9.5
B 学习创新（学习力）	15%	90	13.5
C 数控技术专业技能（专业力）	50%	95	47.5
D 数控技术专业问题解决（执行力）	15%	90	13.5
E 责任关怀（责任力）	5%	90	4.5
F 职业素养（发展力）	5%	90	4.5
总分			93

表 5-4　数控技术专业 20××—20×× 学年顶点课程核心能力达成度评量表

专业核心能力	权重	A组	B组	C组	D组	E组	F组	平均
A 沟通整合（协作力）	10%	62	60	71	70	85	95	74
B 学习创新（学习力）	15%	70	72	80	78	92	90	80
C 数控技术专业技能（专业力）	50%	72	75	90	94	96	95	87
D 数控技术专业问题解决（执行力）	15%	60	61	80	79	91	90	77
E 责任关怀（责任力）	5%	64	64	75	70	80	90	74
F 职业素养（发展力）	5%	61	68	79	83	90	90	79
各组总分	100%	68	70	84	85	92	93	78

（2）核心能力量表法。旨在协助学生了解核心能力的达成程度。采用 Likert-type 六点量表，分数越高，代表此核心能力越高。量表于入学初、每学年、毕业时对全体学生进行自我评测。以黑龙江职业学院为例，学生核心能力量表编制历经四个关键环节：

第一，确定量表架构。组织评价开发核心团队，确定六项校级核心能力为量表的六项维度，对核心能力内涵指标分解，面向广大教师征集关键行为。

第二，确定量表预试题本。组织多次研讨，确定 108 题预试题本。

第三，实施预试。随机抽样千余名学生，回收问卷 1 114 份，有效问卷 1 088 份，有效诚实样本 982 份。

第四，确定正式量表。运用测量及统计学原理，删除挑选题目，进行信度效度分析，确定 56 题正式量表题本。

数控技术专业通过对 20×× 级学生进行了四次学生核心能力量表的自测工作，每次自测都有主试工作人员在场组织，学生严格按照测试步骤和要求进行测试，确保测试结果的可靠性与正确性。

通过对回收的有效量表数据进行统计分析，专业技能结果见表 5-5。学生在校的三年中，六项核心能力是逐渐增长的，如图 5-5 所示。学生刚入学时六项核心能力分值分别为 5.61、5.56、5.69、5.56、5.69 和 5.69，其中专业技能、责任关怀和职业素养的分值较高；学生毕业时的六项核心能力分别为 5.96、5.87、5.93、5.93、5.91 和 5.97，较入学时分别提高 6.24%、5.58%、4.22%、6.65%、3.87% 和 4.92%，由此可见，学生的六项核心能力都得到了不同程度的提升。其中学生的问题解决能力增加的比重较大，表明学生这方面的核心能力得到了较强的锻炼，而学生的责任关怀增长的比重较低，应在该方面进行持续改进。

表 5-5　20×× 级数控技术专业学生核心能力自测量表数据统计

核心能力 测试时间	A 沟通整合 （协作力）		B 学习创新 （学习力）		C 专业技能 （专业力）		D 问题解决 （执行力）		E 责任关怀 （责任力）		F 职业素养 （发展力）	
	M	SD	M	SD	M	SD	M	SD	M	SD	M	SD
入学初	5.61	0.12	5.56	0.09	5.69	0.03	5.56	0.14	5.69	0.11	5.69	0.05
第一学年末	5.65	0.13	5.64	0.09	5.74	0.11	5.69	0.04	5.72	0.04	5.74	0.10
第二学年末	5.7	0.10	5.7	0.05	5.78	0.07	5.71	0.07	5.76	0.03	5.78	0.10
毕业时	5.96	0.02	5.87	0.04	5.93	0.03	5.93	0.03	5.91	0.02	5.97	0.02
增长比重	6.24%		5.58%		4.22%		6.65%		3.87%		4.92%	

注：M 代表平均数；SD 代表标准差。

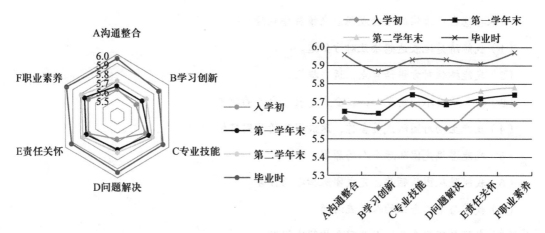

图5-5 专业学生核心能力量表自评结果

【量表说明】

1. 您想知道自己的核心能力孰强孰弱吗？您想知道自己与他人的差异吗？本量表旨在增进您对自己核心能力的了解，这有利于您更好地取长补短，提升综合素质，增强您的就业竞争力。

2. 核心能力因人而异，所以您对题目的回答没有对错之分。请您务必诚实、独立作答，以便获得有效、正确的结果。

3. 本量表共有56个题目，描述日常学习、生活、工作等活动中的实际经验或真实想法。请您仔细阅读每一个题目后，选出它在您心目中所感受或体验的符合程度。

4. 选择符合程度时，有下列六种不同的等级：

A. 完全符合（100%）：表示它对您的符合程度约100%。

B. 大部分符合（80%）：表示它对您的符合程度约80%。

C. 多数符合（60%）：表示它对您的符合程度约60%。

D. 少数符合（40%）：表示它对您的符合程度约40%。

E. 极少数符合（20%）：表示它对您的符合程度约20%。

F. 完全不符合（0%）：表示它对您的符合程度约0%。

六种符合程度由完全符合依序递减到完全不符合，请选择其中一个作为您的答案。虽然您可能认为每个部分都很接近，但请您努力加以区分。

5. 每题只选择一个答案，请勿多选或遗漏未答。每页答毕后请您单击"下一页"继续答题，直至全部题目答毕后单击"完成"结束调查。谢谢您参与调查！

基 本 信 息

姓名   性别   学号   分院   专业代码   年级

请依据您自己真实的经验或想法来填符合程度。

（1）我能清楚地表达想法让对方知道。

（2）我能抓住对方讲话重点，适当提问。

（3）与大家有不同意见时，我会充分表达自己的观点。

（4）我能主动与团队成员合作，达成团队的共同目标。

（5）我能遵循先团队后个人的原则。

（6）我能服从团队领导，完成团队指派的任务。

（7）我常与不同专业的人交流沟通。

（8）我能与不同专业的人共同合作解决问题。

（9）我能整合相关领域的知识来解决问题。

（10）我能合理地制订学习计划并有效实施。

（11）我能根据自身特点采用恰当的学习方法，提高学习效率。

（12）我拥有良好的学习习惯。

（13）我能在大量的资讯中发现、记录有价值的信息。

（14）我能对所搜集的资料总结归纳提炼。

（15）我对信息具有敏感度，能够及时获取信息。

（16）我常能提出一些新颖的想法或新奇的创意。

（17）我能不断改进工作方法。

（18）我能在自己的专业中产生新想法或作品。

（19）我能遵守公共场所的基本秩序。

（20）我能承担工作职责。

（21）我能对自己的行为后果负责。

（22）我能主动参加捐款、捐物、志愿者等公益活动。

（23）我能在公共场合随手关灯、关水龙头。

（24）我能在重要节日为家人准备小礼物。

（25）我乐于参与文化传承活动。

（26）我能够珍爱生命，亲近自然。

（27）我能积极参与学校的艺术活动。

（28）赶时间时，我会在公共场所插队争取时间。

（29）我善于关注事物细节并发现不同点。

（30）我能发现问题的主要矛盾和关键点。

（31）在工作过程中，我能运用专业知识发现问题。

（32）我能找出问题产生的诸多原因。

（33）我能将复杂问题分解成简单问题。

（34）我能与其他人探讨，找出解决问题的方法。

（35）我能运用专业知识和技能解决问题。

（36）我能依照制定好的方案解决问题。

（37）我能利用现有条件解决问题。

（38）我能利用专业实践和顶岗实习的机会获取更多专业知识。

（39）我能在他人技术分享过程中获取专业知识。

（40）我知晓就业岗位中所要求的专业能力。

（41）我能将学习到的专业技术有效应用到岗位上。

（42）我能在掌握一项技能后更快学会其他相关的技能。

（43）我能把专业知识和工作实践相结合，做到学以致用。

（44）我能清楚了解岗位的工作内容。

（45）我能胜任组长或其他管理岗位。

（46）我能设计出一套完整的工作方案并组织实施。

（47）我能遵守自己从事的岗位规范。

（48）我能恪守职业道德。

（49）我能按照要求完成工作任务。

（50）为了更好完成工作，我会在工作时间之外自动自发地加班。

（51）我能脚踏实地，干一行爱一行。

（52）看到别人有违反组织或公司规定的举动，我会向有关部门反映。

（53）我能通过不断学习来应对职场需求。

（54）工作岗位变化时，我能快速转换角色，进入工作状态。

（55）我能承受学习和生活中的压力和挫折，并有效自我调适。

（56）我不喜欢与他人共同探讨解决问题的方法。

（3）雷达图评价法。旨在通过学生达成核心能力与预设核心能力的对比，分析学生毕业时核心能力达成度。评价主体为毕业的所有学生。因最终评价结果以雷达图形式呈现，故称为雷达图评价法。

以数控技术专业为例。该专业所开设的课程按照课程大纲撰写要求在课程大纲中标明课程与核心能力的关系，每门课程的教学目标要标注出其对应的专业能力指标，再根据能力指标权重法计算出每门课程所培养学生的能力指标权重，然后再换算每门课程预设的六项核心能力权重；最后统计出本专业课程培养学生毕业时应具备的核心能力权重。

在课程实施过程中，要求每位任课教师在课程结束时，通过课程成绩核算出每门课程学生实际获得的六项核心能力权重，最后统计出本专业所有课程培养学生毕业时实际获得的六项核心能力权重。以某学生为例，计算该学生课程核心能力权重，见表5-6。

表5-6 数控技术专业某学生课程核心能力评量表

序号	课程名称	学分	成绩	A 沟通整合（协作力）权重（%）	B 学习创新（学习力）权重（%）	C 专业技能（专业力）权重（%）	D 问题解决（执行力）权重（%）	E 责任关怀（责任力）权重（%）	F 职业素养（发展力）权重（%）
1	机械制图	4	95	0/0	0/0	5/19	70/266	15/57	10/38
2	金属材料与热加工技术	2.5	92	5/11.5	5/11.5	0/0	70/161	20/46	0/0
3	车铣加工	5.5	92	10/50.6	0/0	0/0	75/379.5	5/25.3	10/50.6
4	多轴加工技术	1	89	10/8.9	0/0	0/0	80/71.2	0/0	10/8.9
						......			
毕业得学分		124	3 867	10/9.32	10/9.01	50/46.51	10/9.78	10/9.05	10/9.36

注："/"前数字为预设值，后面数字为实际值。

取该专业某班所有学生成绩单，按上述计算方法计算出其毕业时所获得的核心能力权重，见表5-7和图5-6。学生通过在校三年所有课程的学习，六项核心能力均获得较好的锻炼。其中学生的问题解决和专业技能的能力分别达到专业预设权重的97.7%和82.3%，说明通过课程学习学生这两方面的核心能力得到了较高的培养；学生的沟通整合、职业素养和学习创新的能力分别达到专业预设权重的75.4%、74.3%和73.8%，说明通过课程学习学生这三方面的核心能力得到了培养；学生的责任关怀能力为专业预设权重的71.6%，在六项能力中达成度最低，专业需要通过持续改进加强学生的责任关怀能力。

表 5-7 数控技术专业学生课程核心能力分析表

	A 沟通整合（协作力）权重（%）	B 学习创新（学习力）权重（%）	C 专业技能（专业力）权重（%）	D 问题解决（执行力）权重（%）	E 责任关怀（责任力）权重（%）	F 职业素养（发展力）权重（%）
平均权重	7.54	7.38	41.12	9.77	7.16	7.43
预设权重	10.00	10.00	50.00	10.00	10.00	10.00
占预设权重比例	75.4	73.8	82.3	97.7	71.6	74.3

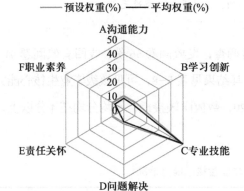 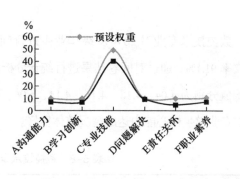

图 5-6 学生核心能力达成度雷达图

（4）问卷调研法。核心能力问卷调研的对象主要是应届毕业生和用人（实习）单位。为确保评价的准确性和有效性，专业所有的毕业生都应进行核心能力的问卷调查，专业所有毕业生的实习单位或就业单位都应进行核心能力的问卷调查。问卷的编制和统计分析可参照培养目标评价的问卷调研法。例如，数控技术专业毕业生学生核心能力调查问卷如下：

数控技术专业毕业生学生核心能力调查问卷

为了提高我校数控技术专业的教学水平，请你参与该调查问卷，你的调查问卷将作为我校数控技术专业的反馈资料，对专业持续改进提供依据。

1. 毕业生信息

班级： 学号： 姓名：

2. 毕业生核心能力调查问卷

该调查问卷主要是为了了解你在校学习三年核心能力的达成程度。请根据个人实际情况填写，答案没有对错之分，不要遗漏和多选。

程度 核心能力	5 高	4 中上	3 中	2 中下	1 低
A 沟通整合（协作力）					
B 学习创新（学习力）					
C 数控技术专业技能（专业力）					
D 数控技术工程问题解决（执行力）					
E 责任关怀（责任力）					
F 职业素养（发展力）					

注：在空格内画"√"，每一项核心能力只能选一项，多选无效，漏选无效。

数控技术专业对20××级毕业生进行问卷调查，发放问卷56份，收回有效问卷51份，回收率91.1%。通过对问卷结果进行统计分析，其结果见表5-8，可见该级毕业生核心能力的平均值分别为4.04、4.18、4.16、4.14、4.06、4.20，数值比较接近，平均分均在4分以上，说明本专业学生核心能力达成情况整体良好。

表5-8　数控技术专业毕业生核心能力情况

程度 核心能力	5 高 次数	百分比 （%）	4 中上 次数	百分比 （%）	3 中 次数	百分比 （%）	2 中下 次数	百分比 （%）	1 低 次数	百分比 （%）	平均 分数
A 沟通整合（协作力）	18	35	21	41	8	16	4	8	0	0	4.04
B 学习创新（学习力）	17	33	27	53	6	12	1	2	0	0	4.18
C 数控技术专业技能（专业力）	18	35	24	47	8	16	1	2	0	0	4.16
D 数控技术工程问题解决（执行力）	14	27	31	61	5	10	1	2	0	0	4.14
E 责任关怀（责任力）	14	27	28	55	7	14	2	4	0	0	4.06
F 职业素养（发展力）	18	35	26	51	6	12	1	2	0	0	4.20

注：以问卷有效样本51人为例，若核心能力A得分5、4、3、2、1的人数各为18、21、8、4、0，则相应比率（除以51）各为35%、41%、16%、8%、0%。平均分=5×35%+4×41%+3×16%+2×8%+1×0%=4.04。

　　总之，雷达图评价法侧重于对专业某一类型或全部课程核心能力达成度的评价；顶点课程评价法能直接客观地实现对核心能力的分项评价和整体评价，帮助学生整合、反思、强化所需的核心能力；核心能力量表评价法通过学生自我评测，可帮助学生准确了解核心能力内涵，从自我认知的层次反映学习成果达成度；问卷调研法体现了评价主体的多元性和开放性，是学习成果是否满足外部利益相关者需求的重要支撑。为了使多种评价结果具有可比性，从而分析各种评价方法的有效性，可以采取"min-max 标准化算法"，即将数种评价结果数据转化为无量纲的纯数值，避免评价结果倾向绝对量指标中数值较大的指标，使各项指标得到平等评价。

　　以数控技术专业为例，该专业采用"min-max 标准化算法"去除评价结果中数据单位限制，将五种评价结果转化为量纲为一的纯数值，并将数据统一映射到 [0-1] 区间上的数值，再计算出各评价结果的平均值，进行对比分析，如图 5-7 所示。

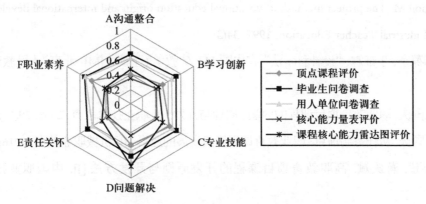

图 5-7　多元评估结果对比分析

　　五种评价方法所显示数值基本相互吻合，学生具备的六项核心能力的变化趋势基本一致。这说明该专业评价学生核心能力的五种方法都是有效的，结果符合要求。

参考文献

[1] 徐联恩, 林明吟. 成果导向教育的改革及其在美国实践的经验 [J]. 教育政策论坛, 2005(8).

[2] 安胜利, 陈平雁. 应答条目的级数及条目数对量表内部一致性信度影响的研究 [J]. 中国卫生统计, 2002(2).

[3] Knoll M. The project method: its vocational education origin and international development[J]. Journal of Industrial Teacher Education, 1997, 34(3).

[4] 瞿葆奎, 丁证霖. "设计科学法" 在中国 [A] // 教学 (上册) [M]. 北京: 人民教育出版社, 1988.

[5] 徐国庆. 职业教育项目课程的内涵、原理与开发 [J]. 职业技术教育, 2008, 29(19).

[6] 徐国庆. 从任务到项目: 职业教育课程模式发展的逻辑 [J]. 机械职业教育, 2016(3).

[7] 郝超, 蒋庆斌. 高职教育项目课程的开发原则与开发方法 [J]. 中国职业技术教育, 2008(4).

[8] 温海燕, 潘杰义. 行动学习法简介 [J]. 学位与研究生教育, 2003(5).

[9] 姜大源. 职业教育学研究新论 [M]. 北京: 教育科学出版社, 2007.

[10] 严中华. 职业教育课程开发与实施 [M]. 北京: 清华大学出版社, 2009.

[11] 王明海等. 成果导向高职课程实施 [M]. 北京: 高等教育出版社, 2016.

[12] 王晓典等. 成果导向高职课程开发 [M]. 北京: 高等教育出版社, 2016.

[13] 李坤崇. 教学评估 [M]. 上海: 华东师范大学出版社, 2011.

[14] 王利明等. 高等职业教育课程开发与实施技术 [M]. 北京: 中国轻工业出版社, 2011.

[15] 史银志, 杨琳. MES 课程模式在高等职业教育教学中的应用研究 [J]. 新课程 (教研版), 2009(5).

[16] 张忆雯. 基于 MES 模式的 "机械制图" 课程模块化教学设计 [J]. 职教通讯, 2012(33).

[17] 唐立伟, 李宇才. 中外高等职业教育课程模式的演变与比较研究 [J]. 职教与经济研究, 2009(1).

[18] 王哉. 加拿大职业培训的特色: CBE 课程 [J]. 职业技术, 2006(19).

[19] 田英玲. CBE 课程模式评价 [J]. 职教通讯, 2012(25).

[20] 陈冬松. 国际创新型工程教育模式中国化研究述评 [J]. 化工高等教育, 2010, 27(6).

[21] 张英. 基于 CDIO 理念我国机械设计制造及其自动化专业水科课程体系研究 [D]. 杭州: 浙江大学, 2014.

[22] 徐涵. 德国学习领域课程: 职业教育教学体系的转变 [J]. 比较教育研究, 2015, 37(1).

[23] Wagenaar T C. The capstone course [J]. Teaching Sociology, 1993(21).

[24] Durel R J. The capstone course: a rite of passage [J]. Teaching Sociology, 1993(21).

[25] Heinemann R L. The senior capstone, dome or spire [J]. Paper presented at the Annual Meeting of the National Communication Association(83rd, Chicago, USA).

[26] Jervis, K. J., Hartley, C. A. Learning to design and teach an accounting capstone [C]. Issues in Accounting Education, 2005, 20.

[27] 董盈盈, 文新华. "高峰体验" 课程: 大学生实践能力建设的新探索 [J]. 江苏大学学报 (高教研究版), 2006, 28(3).

[28] Zechmeister E B, Reich J N. Teaching undergraduates about teaching undergraduates: a capstone course [J]. Teaching of Psychology. 1994, 21(1).

[29] Rosenberry J, Vicker L A. Capstone course in mass communication programs [J]. Journalism & Mass Communication Educator, 2006(6).

[30] Todd R H, Magleby S P. Elements of a successful capstone course considering the needs of stakeholeders [J]. European Journal of Engineering Education, 2005, 30(2).

[31] Rand C. O. , Deleveaux V J. Developing and conducting an industry based capstone design course [J]. Frontiers in Education Conference, 1997(2).

[32] Kerrigan S, Jhaj S. Assessing general education capstone courses: an in-depth look at a national recognized capstone assessmen model [J]. Peer Review, Spring, 2007.

[33] 叶信治, 黄璐. 美国大学的顶点课程初探 [J]. 教育考试, 2009(6).

[34] 唐仁春. 我国普通高校本科生综合素质多重视角评价研究 [D]. 长沙: 中南大学, 2009.

[35] 叶信治, 杨旭辉. 顶点课程: 高职学生从学校到职场的桥梁 [J]. 中国高教研究, 2009(6).

[36] Black K E, Hundley S P. Capping off the curriculum [Z]. Assessment Update, 2004.

[37] Rowles C J, Koch D C, Hundley S P, et al. Toward a model for capstone experiences: mountaintops, magnets and mandates [Z]. Assessment Update. January-February, 2004.

267

[38] Lee L S, Lai C C. Capstone course assessment approaches and their issues in the enginnering programs in Taiwan[Z]. Intentional Conference on Engineering Education & Research, December 2-7, 2007.

[39] Berheide C W. Doing less work, collecting better data: using capstone courses to assess learning[Z]. Spring, 2007.

[40] 黄璐. 顶点课程: 评价大学生综合素质的一种有效方式 [J]. 教育考试, 2010(10).

[41] 杨茜. 大学 "顶点课程" 与高质量应用型人才的培养 [J]. 黑龙江高教研究, 2019(2).

[42] 刘小强, 蒋喜锋. 质量战略下的课程改革: 20 世纪 80 年代以来美国本科教育顶点课程的改革发展 [J]. 清华大学教育研究, 2010(2).

[43] 孙耀辉. 基于翻转课堂模式的畜牧兽医专业顶点课程设计 [J]. 现代畜牧科技, 2018(11).

读者意见反馈

为收集对图书的意见建议，进一步完善图书编写并做好服务工作，读者可将对本图书的意见建议通过如下渠道反馈至我社。

咨询电话 400-810-0598

反馈邮箱 gjdzfwb@pub.hep.cn

通信地址 北京市朝阳区惠新东街 4 号富盛大厦 1 座 高等教育出版社总编辑办公室

邮政编码 100029